KB075736

한니발

한니발

로마의 가장 위대한 적수

필립 프리먼 지음 · 이종인 옮김

책과함께

차례

일러두기

• 이 책은 Philip Freeman의 HANNIBAL(Pegasus Books, 2022)을 우리말로 옮긴 것이다.
• 각주는 옮긴이가 덧붙인 해설이다.

프롤로그

맹세

그 아프리카 소년은 동이 트기 한 시간 전에 아버지와 함께 사원의 차가운 돌계단을 올라갔다. 드넓은 만 너머로 머나먼 동쪽 산 뒤편으로 솟아오르는 아침 햇살이 도시 전체로 막 퍼지기 시작하는 중이었다. 고작 아홉 살이었지만 태어난 뒤로 죽 이 도시에서 살아왔기에 소년은 시내의 거리와 뒷골목을 속속들이 꿰고 있었다. 소년은 육중한 도시 성벽의 가장자리에 있는 도자기 가마와 금속 제련소 구역에서 시작해 비르사라고 불리는 언덕 아래 거대한 중앙부 시장에 이르기까지 도시 곳곳을 날마다 돌아다녔다. 비르사 언덕에서는 상인들이 아름답게 장식된 켈트식 단검, 발트해의 호박 목걸이, 스페인의 은 제품, 아프리카 사막 곳곳에서 수입해 온 알록달록한 타조 알들, 달콤한 이집트 대추, 인도 향신료, 최고급 아라비아 유향은 물론이고, 심지어 멀리 중국에서 수입해 온 비단 등 온갖 물품을 판매했다. 이렇듯 온 세상의 온갖 보물이 끊임없이 카르타고의 거대한 항구로 흘러들었다.

소년의 아버지인 바르카 가문의 하밀카르는 당시 카르타고 역사상 최고의 장군으로서 호전적 인물이었다. 그러나 도시를 통치하는 정치인과 부유한 상인 가문들은 전쟁보다 협상을 더 선호했고, 가능한 한 전쟁은 피하려 애썼다. 하밀카르는 카르타고 아디림adirim(원로원)이 점점 더 세력이 커지는 로마 정부에 굴복하여 시칠리아 근처의 오래된 카르타고 식민지들을 포기한 걸 보고서, 몇 년 전부터 속으로 끓어오르는 분노를 간신히 삭이고 있었다. 하밀카르는 로마가 조국에 부과한 막대한 배상금 지급을 돕기 위해 이베리아의 풍부한 광산들을 점령하러 곧 스페인으로 떠날 예정이었다.

하밀카르는 장남과 함께 카르타고 최고 신인 바알 함몬 대사원의 서늘한 어둠 속으로 들어갔다. 주님이라 불리는 바알은 몇 세기 전 페니키아의 티레에서 건너온 최초 식민지 이주민들을 따라 이곳으로 왔다. 이 이주민들은 당시 새로운 시장과 정착지를 찾아 지중해 서부로 항해했다. 전설에 따르면 바알은 모든 가정에서 처음 태어나는 아이를 몰크molk(희생 제물)로 요구했다. 항구 근처 카르타고의 토펫tophet(제물을 바치는 성소)에 바알의 청동상이 있었는데, 크게 뻗은 조각상의 팔이 몰크로 바쳐진 그 아이를 받으면 아이는 그 바닥에서 천천히 타오르는 불구덩이 속으로 굴러 떨어졌다. 부모는 이 광경을 지켜봤고, 수행원들은 음악을 크게 연주해 어린아이의 비명을 연주 소리로 덮었다. 근년에 들어와서는 아이들을 대신하여 때때로 동물이 바쳐졌지만, 그들은 여전히 신이 인간 제물을 바치라고 요구한다고 생각했다.

하지만 오늘은 몰크를 바치는 날이 아니었다. 이날은 하밀카르가 바다 건너 스페인에서 수행할 군사 활동을 도와달라고 신에게 간구하는, 그야말로 첫 시작의 날이었다. 이제 그는 카르타고로 돌아올 수 있을지 기약이 없었고, 설사 돌아올 수 있다 하더라도 몇 년이 걸릴지 알 수 없었다. 사원의 제관들은 옛 페니키아어로 쓰인 성스러운 기도문을 암송하고, 제단에 올린 티 없는 양의 목을 따 그 피가 희생의 제석祭石을 적시게 했다.

축성을 비는 모든 의례가 끝나자 하밀카르는 제관들과 수행원들에게 아들에게만 하고 싶은 말이 있으니 잠시 자리를 비켜달라고 요청했다. '바알의 총애를 받는 자'라는 뜻의 한니발이라는 이름을 가진 소년은 다른 사람들이 자리를 뜨길 기다렸고, 아버지가 무슨 말을 할지, 혹은 하지 않을지 내심 두려워하며 떨면서 기다렸다. 소년은 무엇보다도 아버지와 함께 스페인으로 가서 온갖 군사 전술을 배워 자신도 아버지와 마찬가지로 언젠가 조국 카르타고를 위해 싸울 수 있길 바랐다. 아버지는 미소를 지으며 아들을 내려다보다가, 곧 바다 건너편으로 갈 텐데 아버지를 따라 함께 가겠느냐고 물었고 아들은 그 말에 무척 안도하며 숨을 내쉬었다. 한니발은 기쁨을 이기지 못해 아버지를 꼭 껴안으며 그것이 자신이 가장 바라던 일이라고 대답했다.

이어 하밀카르의 표정이 일변했다. 그는 아주 진지하게 아들에게 말했다. 먼저 제단 위에 올린, 아직도 따뜻한 양의 몸에 손을 올리고 바알과 모든 신 앞에서 가장 엄숙하게 맹세해라. 나와 함께 스페인으로 간다면 카르타고의 군인이 되어야 할 텐데, 그러자면 먼저 로마를 영원히 증오하겠다고 맹세해야 한다.[1] 최후의 숨을 내쉴 때까지 그들에 대한 분노를 거두어들이지 않고 끝까지 싸우겠다고 이 아버지 앞에서 맹세해라.

한니발은 태어날 때부터 로마인들에게 깊은 적개심을 품고 자랐기에 아버지가 요구한 맹세를 하는 데 단 한순간도 주저함이 없었다. 신들이 그에게 어떤 미래를 내리든 간에 그는 자신의 목숨과 영혼을 바쳐 카르타고의 최대 적수인 강력하고 무자비한 로마에 대항하여 끝까지 싸우기로 맹세했다.

◇◇◇◇◇◇

카르타고 사원에서 맹세하는 소년에서부터 시작하는 한니발 이야기는 2000년이 넘도록 세상 사람들의 상상력을 사로잡아왔다. 로마인들은 이 아프리카 지도자를 야만적이고 미개한 적들의 대표자로 여겨 무슨 수를 써서라도 그를 정복하길 갈망했다. 하지만 사실을 말해보자면, 한니발은 세계사에서 더없이 뛰어나고 대담한 장군이었고, 로마를 거의 멸망시킬 뻔한 사령관이었으며, 로마인조차 무시할 수 없을 만큼 뛰어난 군사 전략가였다. 고대 세계에서 가장 무자비한 군사력을 보유했다고 알려진 국가인 로마를 상대로, 경제난으로 힘겨운 조국을 일으켜 전쟁에 나선 사람은 과연 어떤 부류였을까? 우뚝 솟은 알프스산맥을 넘어 카르타고 군대를 진군시키고 이탈리아 심장부에서 정복전을 수행하는 대담한 계획을 어떻게 구상할 수 있었으며, 실제로 어떻게 수행할 수 있었을까? 지속적으로 수적 열세에 있고 늘 적의 영토 깊숙이 들어가 있던 한니발이 어떻게 로마군을 연달아 패퇴시켜 로마의 운명을 거의 자신의 손안에 움켜쥘 수 있었을까?

한니발은 결국에는 전쟁에서 패배한 사람이었지만 많은 이들에게 매력적으로 다가간 불세출의 영웅이다. 로마라는 골리앗과 싸우는 카르타고 다윗이었다. 하지만 그를 돋보이게 한 것은 전장에서 발휘한 천재적 군사 전략만은 아니었다. 소년으로서 그리고 이어 성인으로서 그가 보여준 자기수양과 결단력은 가히 전설적이었다. 군사 지휘관으로서 그 이전 알렉산드로스 대왕과 그 이후 율리우스 카이사르처럼 휘하 장병들의 마음을 잘 알았고, 적의 보이지 않는 약점을 귀신같이 읽어내는 초자연적 능력을 가진 사람이었다. 전쟁 지휘관이라는 관점에서 볼 때, 한니발에 견줄 만한 역사 인물은 몇 없으며 그는 전략적·전술적 천재성의 모범 사례로 오랜 세월 높이 평가되어 왔다. 심지어 오늘날에도 각종 군사 학교에서 그의 전술이 연구될 정도다. 하지만 한니발은 위대한 장군 이상의 존재였다. 그는 노련한 정치인이자 능숙한 외교관이었고, 자기 가족과 나라에 진심으로 헌신한 애국자였다.

다른 수많은 사람들이 그랬듯이, 나도 소년 시절에 한니발이 겉보기엔 가망 없는 전쟁에서 조국을 구원하겠다는 일념으로 전투용 코끼리들을 이끌고 알프스산맥을 넘어 무적의 로마 군대를 물리치는 이야기에 매료되었다. 하지만 오랜 세월 궁금한 점이 있었다. 이 전설 뒤에 숨어 있는 실제 인물 한니발은 도대체 어떤 사람인가? 우리가 듣는 한니발 이야기는 거의 다 그에게 적대적인 로마 사료에서 나왔는데, 어떻게 그것을 한니발에 관한 진정한 얘기라고 볼 수 있겠는가? 로마가 아닌 카르타고 관점에서 한니발을 본다면 이야기가 어떻게 달라질까? 한니발을 괴물로 묘사하는 데 열을 올렸던 리비우스 같은 로마 역사가의 설명에서 드러나지 않은 부분을 찾아서 좀 더 인간적인 면모를 발견할 방법은 없을까? 한니발의 생애를 근거로 로마인을 색다른 관점에서 볼 수 있는 길은 없을까? 우리가 현대 역사서를 통해 익숙하게 보아서 알고 있는 로마인의 모습은 고귀하고 인자한 문명의 수호자라는 것이다. 하지만 한니발의 생애를 중심으로 살펴본다면 로마인의 또 다른 모습, 바로 지독한 탐욕과 제국주의를 원동력으로 삼은 게걸스럽고 무자비한 정복자의 모습을 볼 수 있지 않을까?

이 전기는 그런 질문들에 답하려는 나의 시도다. 이 책은 잔혹한 전쟁 양상, 카르타고와 로마 양국의 훌륭한 군사적 책략을 다루지만, 그보다는 고대 세계 강대한 제국의 압도적 힘에 저항했던 한 지도자의 실제 모습을 그려내는 데 더 중점을 두었다. 이 책은 한 자락 흠결도 없는 인물에 대한 성인전 같은 이야기가 아니다. 한니발도 여러 결점을 지니고 있었고 결국 그 때문에 그 자신과 그의 나라는 파멸을 맞았다. 이 책은 온갖 역경에 맞서 감히 역사의 흐름을 바꾸고자 했던 한 남자의 이야기다.

연대표

주요 인물 소개

카르타고 엘리트는 몇 안 되는 기존의 이름들을 가지고 자손의 이름을 짓는 전통이 있었기에 누가 누구인지 추적하기가 어려운 경우가 있다. 로마 가문도 이와 비슷하게 대대로 같은 이름을 활용해 할아버지, 아버지, 아들이 서로 혼동되기 쉽다. 아래 목록은 한니발의 생애에서, 그리고 카르타고와 로마의 역사에서 활약한 핵심 인물들이다.

가이우스 테렌티우스 바로: 기원전 216년에 벌어진 칸나이 전투에서 한니발에게 대항한 로마 집정관이자 사령관.

가이우스 플라미니우스: 로마 장군. 비천한 가문 출신인데 장군으로까지 승진하여 로마 귀족 사회에서는 별로 인정을 받지 못했다. 트라시메네 호수에서 한니발의 함정에 빠져 휘하 장병 대다수와 함께 그곳에서 전사했다.

마고: 카르타고 장군. 한니발의 막내 동생.

마시니사: 누미디아 국왕이자 로마의 동맹.

마하르발: 카르타고 기병 지휘관. 한니발에게 칸나이 전투 이후 로마로 진격하자고 재촉했다.

스키피오: 푸블리우스 코르넬리우스 스키피오 아프리카누스. 2차 포에니 전쟁에서 한니발을 물리친 로마 장군.

파비우스 막시무스: 로마의 독재관으로 임명된 인물. 직접적인 전투를 피하는 전술로 한니발과의 전쟁을 성공적으로 수행했고, 그렇게 하여 쿤크타토르 Cunctator('지연하는 사람')라는 별칭을 얻었다.

폴리비오스: 인질로 로마에 잡혀온 그리스인. 스키피오 가문과 친분을 쌓아 현존 하는 2차 포에니 전쟁 기록 중 가장 훌륭한 기록을 남겼다.

피로스: 에피루스의 국왕. 로마와의 전쟁을 수행했고, 이탈리아를 침공했다.

하밀카르 바르카: 카르타고 장군이자 한니발의 아버지. 1차 포에니 전쟁에서 시칠 리아의 카르타고 병력을 지휘했고, 그 후 스페인으로 건너가 여생을 스페인 남 부 지역 대부분을 정복하는 데 보냈다.

하스드루발: 한니발의 동생. 한니발이 이탈리아로 떠나자 스페인 남부에서 지휘 권을 행사했다. 형을 도우러 이탈리아로 진군했고, 메타우루스 전투에서 전사 했다.

한노: 아프리카 대서양 해안을 따라 항해한 카르타고의 탐험가. 지금의 시에라리 온까지 갔을 것으로 추정된다.

한노: 한니발과 바르카 일족의 라이벌인 카르타고 귀족 정치인.

한니발: 하밀카르 바르카의 아들이자 카르타고 최고의 장군.

대서양

갈 리 아

에브로강

스 페 인

○ 사군툼

○ 가데스

○ 카르타고 노바

누 미 디 아

아 프 리 카

한니발의 로마 침공 경로

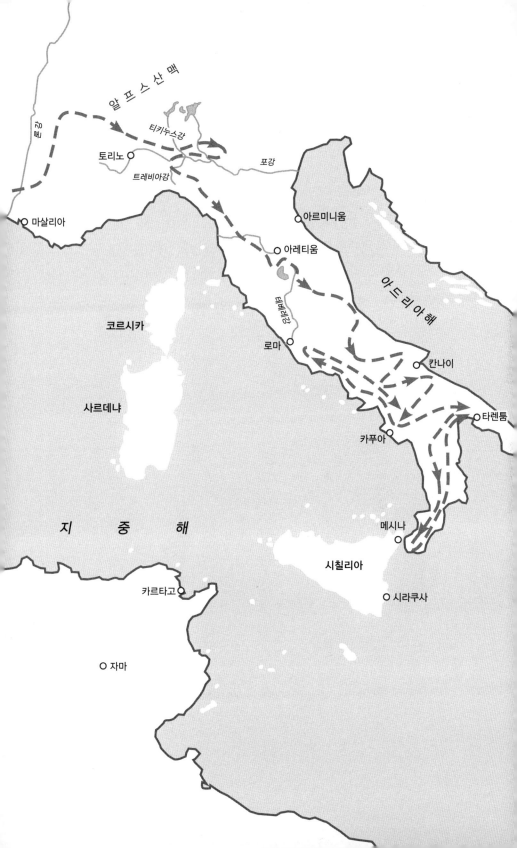

알 프 스 산 맥

론강

티키누스강

토리노

트레비아강

포강

마살리아

아르미니움

아레티움

코르시카

테베레강

로마

아 드 리 아 해

칸나이

사르데냐

카푸아

타렌툼

지　중　해

메시나

시칠리아

카르타고

시라쿠사

자마

1

카르타고

한니발의 조국은 한 여장부가 창건했다. 그 사실에는 모든 사람이 동의한다.

그러나 고대 도시는 여자들이 건설하는 경우가 거의 없었다. 테세우스는 아티카의 마을들을 통합해 아테네시를 세웠고, 다윗 왕은 가나안 사람들을 물리치고 유대 왕국의 수도로 예루살렘을 세웠다. 로물루스와 그 동생 레무스는 로마의 첫 성벽을 쌓아 올렸다. 카르타고를 창건한 여장부의 이야기는 너무 괴이하다는 바로 그 사실 때문에 오히려 사실일지 모른다는 느낌이 든다. 그런 여장부 얘기는 누군가 간단히 꾸며낼 수 있는 게 아니기 때문이다.

전설에 따르면, 아름다운 여왕 엘리사는 사악한 오빠 피그말리온이 자신의 남편을 살해하자, 페니키아 도시 티레에서 탈출해 무작정 항해에 나섰다.[2] 여왕은 멜카르트 신*에게 기원을 올리고 소수 추종

---

* 그리스에선 헤라클레스, 로마에선 헤르쿨레스와 동격의 신.

자와 함께 출발했고 우선 키프로스에 들렀다. 그곳에서 여왕은 매춘부가 될 뻔했던 처녀 80명을 구조했는데, 이 여자들은 여왕을 따라 새로운 고향으로 이주하여 여왕의 정착민들과 결혼한다. 티레 사람들이 마침내 아프리카에 도착했을 때 그곳 토박이 왕은 여자가 통치자로서 나라를 다스린다는 생각에 코웃음을 치고 잘난 체하며, 소 한 마리의 가죽으로 덮을 만한 땅 덩어리를 그녀가 세울 새로운 도시로 제공하겠다고 말했다. 하지만 영리한 여왕은 소가죽(그리스어로 '비르사')을 잘라 가늘고 긴 조각으로 만들어 해안 근처 비탈 전체를 덮는 거대한 원을 만들었고, 이렇게 하여 나중에 비르사로 알려지는 성채를 차지했다. 이 성채는 그녀가 장차 세우게 되는 새로운 도시의 중심지가 된다. 페니키아에서 온 식민지 주민들은 그 도시를 카르트하다시트Qart-Hadasht('새로운 도시')라고 불렀다. 그러나 후일 그리스인은 그곳을 카르케돈Carchedon이라 불렀고, 로마인은 카르타고Carthago라고 호칭했다. 몇 년 뒤, 엘리사 여왕의 도시가 훌륭하게 자리를 잡자 토박이 리비아 왕이 엘리사에게 자신과 결혼할 것을 강요했고, 여왕은 자신의 의지에 반해 결혼하는 것을 거부하고 화장火葬용 장작더미에 몸을 던져 자살했다. 나중에 로마 시인 베르길리우스의 독자들은 몇몇 부분이 수정된 동일한 이야기를 읽는다. 그의 장편 서사시《아이네이스》에서 트로이 영웅 아이네이아스는 카르타고를 방문했다가 이 건국의 여왕과 사랑에 빠진다. 베르길리우스의 서사시에서 그녀의 이름은 디도로 바뀌었는데, 디도는 사랑하는 사람 아이네이아스가 이탈리아로 가기 위해 아프리카 해안을 떠나자 슬픔을 이기지 못하고 자살한다.•

한니발의 선조들은 실제로 지중해 동부 레반트의 멀리 떨어진 해안에서 왔다.[3] 그리스인은 그들을 포이니케스Phoinikes라 불렀는데, 바다조개의 분비 기관에서 추출한 귀중한 보라색 염료를 가리키는 그리스어에서 나온 말이다. 이 진귀한 염료는 왕들이 애용하는 색깔이 되었지만, 염료 공장에서 풍기는 악취가 너무나 고약해서 공장은 늘 도시에서 가장 먼 가장자리에 있었다. 로마인이 나중에 페니키아인을 맞닥뜨렸을 때 그들은 페니키아인을 포에니(포이니)Poeni 혹은 푸니키Punici라고 불렀다. 카르타고인은 이웃인 히브리인이 쓰는 언어와 밀접하게 연관된 셈족 언어를 썼으며, 알파벳을 발전시킨 최초의 민족들 중 하나였다.

페니키아인은 한 번도 통합된 제국을 세운 적이 없다. 그 대신 티레, 시돈, 비블로스를 비롯한 독립적인 도시 국가들을 세웠다. 종종 적대적인 제국들에게 침략을 당했고, 도시 위로 우뚝 솟은 레바논의 산맥에서 산출되는 삼나무와 바다 조개 외에는 천연자원이라고 할

• 디도 관련 글은 베르길리우스의 《아이네이스》 1권 364행에 나온다. 카르타고의 여왕 디도는 원래 페니키아 사람이었다. 페니키아에 살던 시절, 그녀의 남편 시카이오스는 그녀를 무척 사랑했다. 그러나 페니키아를 지배하던 그녀의 오빠 피그말리온은 몹시 사악한 남자였다. 시카이오스와 피그말리온 사이에 분쟁이 벌어졌고, 탐욕에 눈이 먼 피그말리온은 시카이오스를 은밀히 살해한다. 피그말리온은 그 범죄를 오랫동안 숨기면서 디도가 헛된 희망을 품도록 계속 부추긴다. 하지만 땅속에 매장되지 않은 남편의 망령이 디도의 꿈에 나타나, 그녀의 창백한 얼굴을 쓰다듬으며 자신이 살해되어 피 묻은 제단을 보여주고 칼에 찔린 자국도 보여준다. 그리고 그녀에게 페니키아를 떠나라고 권유한다. 그녀의 여행을 돕기 위해 오래된 보물, 그러니까 수천 톤에 이르는 금과 은이 묻힌 곳도 가르쳐준다. 디도는 여행을 준비하고, 땅에서 캐낸 금을 배에 실어 바다로 나섰다. 그리하여 마침내 카르타고에 도착한 디도는 그곳의 여왕이 된다. 이 모든 일이 여자가 주동이 되어 한 일이라고 하여 베르길리우스는 '페미나 둑스 팍티(femina dux facti, 여자가 사건의 주관자)'라는 표현을 썼다.

만한 것이 거의 없었지만 페니키아인들은 바다에 의지하여 살아가면서 고대 세계에서 가장 훌륭한 선원이 되었다. 10세기가 되자 그들은 물자가 부족한 동부 시장에 각종 원자재를 수출하기 위해 지중해 곳곳에 교역소를 설치했다. 키프로스섬과 사르데냐섬은 티레와 다른 페니키아 도시들이 전초 기지를 처음 세운 장소였는데, 그곳들에는 구리, 납, 철이 풍부하게 매장되어 있었다. 이내 그들은 스페인까지 계속 진출해 '헤라클레스(헤르쿨레스)의 기둥' 바로 너머 대서양 연안의 이베리아 지역의 도시 타르테수스의 풍부한 은 광산을 개발했다. 티레인은 곧 타르테수스 바로 남쪽의 가데스(현대의 카디스)에 식민지를 세웠는데, 이곳은 그들의 고국 페니키아에서 3200여 킬로미터 떨어진 곳이었다. 히브리 예언자 이사야는 이렇게 선언한 바 있었다.

티레는 왕들을 만들어내는 고장이다. 그곳 상인들은 왕자들이며 그 무역상들은 세상에서 가장 존경받는다.[4]

티레인은 정복자가 아니라 상인이자 사업자로서 항해해 왔으며, 여러 토착민들을 상대로 평화로운 상업적 유대 관계를 구축했다. 그런 현지 주민 중에는 그리스인도 있었는데 이들은 자기 언어를 글로 쓰기 위해 페니키아 알파벳을 받아들였다.

엘리사 여왕이 세운 도시는 완벽한 곳에 자리 잡았다.[5] 레바논에서 출항하여 스페인으로 나아갔다가 다시 귀국하는 배들은 아프리카의 툭 튀어 나온 부분과 시칠리아섬 사이의 비좁은 바닷길을 통해 페니키아인의 정착 식민지(카르타고)에서 가까운 해역을 항해하는 것 말고는 다른 선택지가 거의 없었다. 카르타고는 사르데냐와 이탈리아의 부유한 에트루리아 도시들, 지중해 동부를 연결하는 분주한 북남 해로변에 있기도 했다. 카르타고 근처 산악 해안 지대는 훨씬 남쪽에 있는 사하라 사막과 다르게 강이 많아서 물이 충분히 공급되었고, 그 덕분에 보리, 밀, 귀리, 올리브, 과일, 포도를 기르는 밭과 과수원 농사가 번창할 수 있었다. 도시 자체는 반도의 널찍한 곳에 세워졌는데, 이곳은 천연 지리적으로 내륙으로부터의 공격을 막아주었을 뿐만 아니라 바다와 그 너머의 땅에서 쉽게 접근할 수 있었다. 현지 여러 부족은 카르타고에 매우 우호적이었고, 카르타고인이 지중해 전역에서 들어오는 수입품을 얻고 싶어 했다. 이들 토착민과 카르타고인은 처음부터 서로 통혼하여 새롭고 독특한 아프리카 민족 문화를 형성했다. 이렇게 해서 남쪽의 아주 오래된 땅, 북쪽과 동쪽의 지중해 세계, 이 두 가지 서로 다른 문화적 방식이 결합했다.

고고학적 발굴이 엘리사와 그녀의 정착민 무리가 실재하는 인물들이었는지 아닌지 확실하게 밝혀내지는 못했지만, 발굴 결과 카르타고가 8세기 중반에 이미 번창했음을 밝혀냈다. 그리스에서 들어온 훌륭한 도자기와 이탈리아 에트루리아에서 온 사치품이 도시의 가장 오래된 지층에서 발견된 것이다. 정착지 주변은 곧 석축으로 된 성벽으로 둘러싸였다. 이렇게 방비에 나선 것은 고대 세계의 어떤 도시도 이웃의 선의를 전적으로 믿지 않았기 때문이다. 초기 공동묘지를 살펴볼 때 그 도시가 건설된 후 100년 이내 시점에서의 인구는 대략 3만 명 정도였음을 알 수 있다. 무덤에는 공들여 단장한 시신이 매장되었고, 향수가 담긴 병, 등, 작은 조각상 따위가 더불어 들어갔다. 카르타고는 해외에서 수입품을 들여왔을 뿐만 아니라 곧 뛰어난 품질의 상품을 자체 생산했다. 카르타고 상선 함대는 점점 더 규모가 커졌는데, 이 선단을 통해 수출의 대들보 역할을 한 품목은 금속 세공품과 도자기였다. 다양한 색깔의 카펫과 현지 공방에서 생산되는 보라색 염료도 수출에 크게 기여했다.

카르타고는 도시의 창건 초기부터 아프리카와 지중해 세계의 민족들과 독특한 무역 관계를 발전시키고 육성시켰다. 서쪽으로는 누미디아에서, 동쪽으로는 리비아와 이집트에서, 통행이 잦은 무역 도로가 카르타고로 이어졌다. 마찬가지로 남쪽 멀리 세네갈, 나이저, 나일강 상류를 따라 여러 영토와 왕국에서 사하라 사막을 가로질러 대상隊商이 이동하거나, 아니면 교역로가 멀리까지 뻗어 나갔다. 카르타고 무역선은 지중해에서 정기적으로 티레로 향했지만, 그 너머 서쪽과 북쪽으로 나아가기도 했다. 스페인, 이탈리아, 특히 사르데냐와 시칠리아는 카르타고 상인이 자주 기항하는 곳이었으며 이내 그런 섬들엔 영구 교역소가 설치되었다. 6세기에 바빌로니아 왕 네부카드네자르가 티레를 정복한 뒤로 티레에서의 교역이 쇠퇴하자, 카르타고는 빠르게 그곳 무역의 상업적 공백을 메워주는 대체 무역 도시로 등장했다.

하지만 카르타고의 해양 무역과 탐험은 지중해에만 국한되지 않았다. 도시 상인들은 유럽과 아프리카의 더 먼 지역과 바다를 통해 무역을 직접 발전시키는 데 큰 관심을 보였다. 다른 항해들도 많이 있었지만, 기원전 500년 직후에 이루어진 두 차례의 탐험에 관한 이야기가 지금도 여전히 전해진다.⁶ 첫 번째 탐험은 히밀코라는 카르타고인이 지휘하는 배 한 척이 '헤라클레스의 기둥'을 지나 그 북쪽 스페인과 갈리아의 대서양 해안을 따라 항해해 오이스트림니 사람들의 섬에 도착했는데, 그곳에는 주석이 풍성했다. 아마도 그곳은 오늘날의 브르타뉴나 콘월일 것이다. 그곳에서 히밀코는 영국 북부와 아일랜드로 나아갔을 수도 있다. 두 번째 탐험은 훨씬 큰 규모로, 한노라는 카르타고인이 이끄는 여러 식민지 개척자 가문들이 함대를 구축하여 진행했다. 전하는 바에 따르면 이 항해 기록은 한니발 생전에 카르타고의 바알 함몬 사원에 전시되었다고 한다. 한노는 소함대의 통솔자가 되어 거친 바다인 대서양을 지나 모로코 해안을 따라 움직였으며 항해 중에 새로운 카르타고 정착지를 설립했는데, 그중 하나가 오늘날 모리타니의 서니섬에 세워졌다. 그곳에선 인근 아프리카 본토에서 사자 가죽과 코끼리 엄니를 들고 오는 토착민과의 무역이 활발하게 이루어졌다. 카르타고 식민지 개척자들 중 마지막 집단이 정착한 뒤, 한노는 계속 사하라 남쪽으로 나아가 세네갈강 입구와 그 너머, 어쩌면 나이저강 삼각주 혹은 그 너머까지도 나아갔을지 모른다. 그러던 중에 그들은 '고릴라'라는 털투성이 동물에게 공격을 받자 그 동물의 가죽을 벗겨서 카르타고로 가지고 돌아갔다. 또 그들은 자기들끼리 '신들의 마차'라고 부르는 화산의 분출을 보았다. 이와 관련하여 그리스 역사가 헤로도토스는 회의를 드러내며 다음과 같은 간략한 이야기를 전했다. 페니키아 선원 중 일부가 대략 기원전 7세기에 아프리카 대륙의 해안을 일주했고, 이 항해는 아프리카 대륙 최남단에까지 이르는 광대한 무역 네트워크를 형성한 카르타고가 실행한 수많은 항해 중 하나였을 수 있다는 것이다.● 헤로도토스가 전한 얘기의 사실 여부는 차치하더라도 히밀코, 한노, 또 다른 카르타고인 등이 실제로 탐험을 벌여 멀리 나아갔으며, 그들의 항해는 카르타고 인이 새로운 시장과 교역 상품을 열심히 개척했고 그들이 엄청나게 강한 호기심과 모험심을 지닌 진취적 민족이었음을 보여준다.

그럼에도 카르타고는 항상 본국과 더 가까이 있는 곳에서 얻을 수 있는 상업적 기회에 더 신경 썼다. 특히 좁은 해협을 건너 이탈리아 와 거래하는 기회를 아주 소중하게 여겼다. 에트루리아 여러 도시와 의 교역은 카르타고에게 오랫동안 중요했지만, 기원전 509년에 카 르타고인은 테베레강 강둑에 자리한 중부 이탈리아의 한 작은 도시 와 협정을 맺었다.[7] 겉보기에 별로 중요하지 않은 이 일곱 언덕의 정 착지는 압제적인 마지막 왕의 굴레를 막 벗어던진 상태였다. 당시 그 도시 국가는 빈곤했음은 물론이고 적대적인 이웃들이 사방을 둘러 싸고 있어서 안보에 위협을 받고 있었다. 그리하여 아무도 이 초창기 공화국에 별로 신경을 쓰지 않았다. 하지만 카르타고인은 그 나라의 미래가 밝다고 보고 우호 협정을 체결했다. 그 나라는 신생 로마 공 화국이었다.

● 헤로도토스의 《역사》 4권 섹션 42~45에 나오는 내용. 테아스페스의 아들 사타스페스가 이집 트에 도착했을 때 선박과 선원을 확보하여 지브롤터 해협으로 항해했고, 이어 해협을 통과하여 남쪽으로 내려가 여러 달 동안 항해했으나 끝이 보이지 않아 중간에 이집트로 돌아왔다는 것이 다. 그러나 이 이야기는 아마도 전설일 것이다. 고대에서 중세를 거치는 동안, 지브롤터 해협 너머 서쪽 바다는 유럽인에게 미지의 영역인 동시에 죽음의 처소였다. 유럽인들은 대서양의 반대편에 있는 인도양이 해로로 접근할 수 없는 닫힌 바다라는 프톨레마이오스 지리학의 대전제를 믿었다. 그래서 중세가 저물 무렵까지 유럽인들은 인도양과 대서양은 서로 연결되지 않는 두 바다로 간주 했다. 유럽이 본격적으로 아프리카 해안 탐사에 나선 것은 15세기 중반 대항해 시대의 초창기다.

그리스 철학자 아리스토텔레스는 카르타고가 지중해 국가 중 최고의 정치 체계를 보유한 나라라고 칭찬했다.[8] 그 도시는 알렉산드로스의 마케도니아처럼 국왕이 통치하지도 않고 아테네 같은 민주주의 의회가 통치하지도 않았지만, 선출 행정관, 귀족 원로원, 민회라는 세 가지 다른 정부 기관이 공동으로 통치하여 참주가 되려는 자를 견제하는 균형의 권력 체계를 구축했다.

카르타고의 두 최고 행정관을 로마인은 수페테스suffetes라고 불렀고, 카르타고인은 쇼페팀shophetim이라고 했다. 똑같은 용어가 삼손과 데보라 같은 이스라엘 판관들을 서술한 히브리어 성경에서도 발견된다. 수페테스는 로마의 집정관처럼 부유하고 지위 높은 자로, 매년 선출되는 카르타고 국정의 최고 행정관이었다. 두 번째 정부 기관은 카르타고의 원로원인 아디림으로, 가장 부유하고 가장 유력한 사람들로 구성되었다. 원로원 의원 대다수는 부유한 지주였고, 다수는 도시의 상업 세계에 깊이 관여하면서 그 세계를 철저히 보호했다. 마지막으로, 자유민의 민회가 평민들의 관심사를 대변했다. 고대 세계의 거의 모든 곳과 마찬가지로, 여성은 정부의 어느 분야에서도 공식적인 목소리를 내지 못했다.

다른 고대 도시들과 카르타고를 구별하는 한 가지 특징은, 카르타고가 방위와 전쟁을 용병에게 의존했다는 점이다. 대다수 도시 국가가 때로 시민 민병대를 보충하고자 소수의 외국 군인을 고용하기도 했지만, 카르타고는 아예 용병을 고용하여 국가 방위를 맡겼다. 이렇게 하면 대규모 상비군 유지에 따르는 비용을 부담하지 않아도 된다는 이점이 있지만, 때로는 봉급이나 대우에 불만을 품은 용병들이 폭동을 일으킨다는 단점도 있었다. 이러한 사태는 도시 국가에는 물론이고, 특히 한니발의 아버지에게는 아주 골칫거리였다. 이 용병 부대의 지휘관은 통상적으로 카르타고의 저명한 시민이 맡았지만, 전투에서 승리하지 못한 카르타고 장군은 패전 직후에 십자가형에 처해지는 등 엄청나게 강력한 처벌을 받았다.

카르타고의 거리는 말끔한 바둑판 모양으로 설계되었는데, 새벽부터 일몰 이후까지도 사람들로 북적거리고 활기가 넘쳤다. 어부는 수산물을 해안으로 끌어올려 판매했고, 노점상은 분주한 길을 따라 늘어서서 고기를 구워 빠르게 먹을 수 있는 식사를 제공했고, 제빵사는 꿀과 허브를 곁들인 따뜻한 빵을 팔았다. 평민이 사는 주택은 북적거리지만 쾌적한 공동 주택이었는데, 어떤 것들은 높이가 6층에 달하기도 했다. 부유한 가문들은 비르사 언덕 북쪽, 부자 동네인 메가라 구역에 거대한 저택을 갖고 있었다. 메가라는 그리스 작가들이 푸른 정원과 과일나무가 많은 동네라고 찬양했던 곳이다. 모든 저택은 지하에 수조를 두어 빗물을 모아 저장했고, 그렇게 받은 물로 마시고 몸을 씻었다. 물통을 등에 지고서 위로 올리는 건 노예가 하는 일이었는데, 노예는 주로 도시와 주변 농장에서 살았다. 사실 노예는 고대 지중해 세계 어디에나 있었다. 카르타고, 로마, 아테네를 가리지 않았고, 특별히 어떤 민족에 국한되지도 않았다. 대다수는 카르타고에서 멀리 떨어진 땅에서 다른 나라들이 수행한 여러 전쟁에 패배하여 잡혀 온 포로들이었지만, 소수는 해적이 침입했을 때 붙잡혀 왔거나, 아니면 처음부터 노예로 태어난 사람도 있었다. 그들의 삶은 언제나 학대와 수모로 가득했고, 특히 여성은 더 심하게 학대받았다. 하지만 시간이 흘러가면서 근면히 일하면 대다수는 몸값을 치르고 노예 신분에서 벗어날 수 있었다. 비상시에 젊은 남자 노예는 카르타고 군대에 복무하여 그에 대한 보상으로 자유를 얻을 수도 있었다.

종교는 카르타고인의 삶에서 중요한 요소였다. 사람들은 페니키아 고향에서 함께 모시고 온 수많은 신에게 엄청난 관심을 갖고 헌신하며 숭배했고, 종종 토착 아프리카 종교 전통에 영향을 미치기도 했다. 에시모운, 레셰프, 아스타르테를 비롯해 많은 신을 모신 사원이 도시 곳곳에 건립되었고, 매년 죽고 다시 부활한다는 멜카르트 신의 성소도 여럿 세워졌다. 하지만 카르타고의 최고 신은 바알 함몬으로, 이 신은 보통 초승달로 상징되었다. 이 신은 도시를 후원하는 여신이자 배우자인 타니트를 대동했다. 양팔을 하늘로 쭉 뻗어 올린 바알의 모습은 예술품과 기념물에서 자주 묘사되었다.

외부 관찰자가 볼 때, 카르타고 종교의 가장 놀랍고도 논란이 되는 특징은 몰크라는 희생 제의, 즉 바알 함몬 신전의 타오르는 불길에 갓 태어난 아이를 바치는 행위였다.[9] 유대인은 카르타고인의 가나안 쪽 친척들이 이와 비슷한 대학살을 겪는 것을 끔찍하게 여기며 그들의 경전에 기록했다. 그리스와 로마 작가들은 카르타고인을 잔혹한 야만인으로 묘사하고자 서로 경쟁하듯 그 희생 제의를 과장되게 묘사했다. 카르타고인이 실제로 몰크를 치르는 동안 한 일이 무엇인지, 그리고 얼마나 자주 그런 인신 공양을 수행했는지, 그 진실을 분명히 말하기는 어렵지만, 적어도 국가가 아주 위험한 때 실제로 바알 함몬에게 종교적 헌신을 보이는 행위로서 아이를 제물로 바쳤을 가능성이 커 보인다. 그런 인신 공양 행위는 한니발 생전에도 또 그의 사후에도 계속되었다. 하지만 다른 한편으로 로마인들도 정기적으로 원치 않는 아이들, 특히 여자아이를 길거리에 그냥 내다 버려서 죽게 하는 경우가 매우 잦았으며, 율리우스 카이사르 때까지도 신들에게 성인을 공개적으로 인신 공양하는 의식을 수행했다.[10] 하지만 로마인들은 정작 그들의 역사서에서 이러한 사실을 거의 언급하지 않는다.

2
시칠리아

카르타고가 부와 권력 양면에서 성장하자 지중해 주변 이웃 나라들은 그 도시에 질투 어린 시선을 보내기 시작했다. 특히 카르타고가 시칠리아 내에 설치한 식민지들은 당장이라도 따 먹을 수 있는 잘 익은 과일처럼 보였다. 그런 나라들 중 아프리카로 침공할 정도로 충분히 대담한 지도자들은 카르타고 자체도 정복할 수 있을지 그 가능성을 따져보기 시작했다. 카르타고인이 선천적으로 전사가 아닌 상인이고 국가 방위를 용병에게 의존한다는 건 모두가 아는 사실이었다. 누구든 카르타고를 정복하거나, 혹은 적어도 그 도시 국가의 해외 식민지들을 정복할 수 있다면 실제로 부를 공짜로 손에 넣을 수 있었다.

시칠리아 내 동부 지역의 번창하는 그리스 도시 시라쿠사는 참주 겔론이 이끌고 있었는데, 이 도시는 기원전 483년에 카르타고에게 싸움을 거는 첫 세력이 된다. 이때 겔론과 경쟁 관계이던 그리스 통치자 테릴로스는 시칠리아 북부의 히메라에서 반대 파벌에게 밀려나자 카르타고에 도움을 호소했다.[11] 마고 가문으로 알려진 카르타고의 이 일가는 그 도시에서 오랜 세월 현지 정계를 좌지우지했고 히메라와 무척 유용한 교역 관계를 맺고 있었기에, 주저하는 카르타고 원로원의 만류에도 불구하고 용병을 고용해 테릴로스가 도시를 탈환하는 데 도움을 주자고 주장하고 나섰다. 시라쿠사 주민들은 카르타고 사람들이 멀쩡한 귀를 뚫고, 수치심도 없이 돼지고기나 먹고, 아들에게 할례를 시키기까지 하는 야만인이라며 경멸했다. 그런 카르타고 인들이 시칠리아의 그리스 영토를 침공하려고 하니 시라쿠사 주민들은 반드시 막아야 한다고 대내외에 선포하려면 적당한 구실이 필요했다. 이때 카르타고의 원군이야말로 딱 거기에 부합하는 좋은 구실이었다. 시라쿠사인들은 카르타고 용병에 맞서 그리스 동맹을 다수 결집시키지는 못했지만, 그럼에도 용병 부대를 이끌고 시칠리아로 온 마고파 장군을 압도할 수 있었다. 이에 겁을 먹은 카르타고 원로원은 겔론에게 사절을 보내 강화를 맺자고 제안하면서 시라쿠사가 요구하는 바를 모두 들어줬다.

하지만 황금으로 사들인 손쉬운 승리와 평화는 오히려 적을 더 뻔뻔하고 대담하게 만들었을 뿐이다. 기원전 397년, 새로운 시라쿠사 참주는 디오니시오스라는 대단치 않은 혈통의 청년이었는데, 페니키아의 압제라는 멍에를 벗어던지고 쉽게 얻을 수 있는 부를 나누어 갖자는 새로운 포퓰리즘을 통해 시칠리아의 여러 그리스 도시를 카르타고에 맞서 분기하도록 유도했다.[12] 두 민족 사이의 전쟁은 시칠리아 전역의 그리스인들이 이웃 카르타고 사람들을 학살하면서 시작되었다. 시칠리아 서쪽 끝에 있는 카르타고 도시 모트야는 시라쿠사 병력에 포위되었다. 그 도시의 카르타고인들은 탈출할 가능성이 사라지자 가족을 지키기 위해 최후의 한 사람까지 처절하게 싸웠지만 몰살되었고, 학살을 피한 여자와 아이들은 노예로 팔려갔다. 카르타고 원로원은 모트야를 구원할 병력을 마지못해 보냈으나 도시를 구하기엔 시기적으로 너무 늦었다. 그렇지만 카르타고인과 용병 부대는 힘을 합해 마침내 시라쿠사인들을 시칠리아 서쪽에서 몰아내고 그 섬에서 여러 페니키아 도시의 독립을 되찾을 수 있었다.

◇◇◇◇◇◇

기원전 323년, 알렉산드로스 대왕이 페르시아 제국을 정복하고 도나우강에서 인더스강에 이르기까지, 당시에 알려진 세상의 대부분을 지배했다. 이는 대왕이 서른세 번째 생일을 맞이하기 전의 일이다. 그는 대담무쌍한 방식으로 티레를 점령했고, 그곳에 거주하던 카르타고 상인들을 학살하지 않고 그대로 놓아주었다. 카르타고는 알렉산드로스 대왕이 새롭게 수도로 삼은 바빌론에서 한참 떨어진 곳에 있었지만 세상 돌아가는 움직임을 다 파악하고 있었다. 도시의 원로들은 대왕의 왕궁에 사절을 보내 선물을 전달하고 우호 관계 맺기를 청했다. 알렉산드로스는 사절을 정중하게 대했지만, 자신은 카르타고와 북아프리카 나머지 지역을 장차 자신의 제국 일부로 병합하려 한다는 뜻을 분명하게 고지했다. 필요하다면 전쟁도 불사하겠다는 것이었다. 알렉산드로스의 때 이른 죽음은 이런 꿈을 좌절시켰지만, 서쪽을 정복하려는 대왕의 야심은 정복자가 되려는 여러 후계자가 곧 그대로 물려받았다.

시라쿠사는 이때 새로운 통치자를 옹립했는데, 바로 무자비한 참주 아가토클레스였다. 그는 카르타고와 전쟁을 치르는 것이 자신의 권력을 굳히고 국고를 풍성하게 만드는 손쉬운 방법이라고 생각했다. 이 참주는 시칠리아 내부의 카르타고 세력과 처음 충돌했을 때 성과를 거두지 못하자 그 이후로는 알렉산드로스의 대담한 스타일이 승리 전략이라고 판단해, 아프리카 자체를 침공하기 시작했다. 자신의 병력이 카르타고 근처에 상륙하자, 참주는 함대의 배를 전부 불태우고 휘하 장병들에게 만약 카르타고를 정복하지 못하면 모두 죽어야 할 것이라고 선언했다. 카르타고인들은 자국 영토 내에서 적의 공격을 마주한 적이 단 한 번도 없었기에 처음엔 겁에 질려 바알 함몬에게 도움을 간청하고자 200명의 아이를 산 채로 불에 던졌다고 한다.[13] 그들과 서쪽으로 인접한 누미디아인은 피 냄새를 맡고 자국의 뛰어난 기병대를 이끌고 카르타고를 상대로 벌이는 전쟁에 합류했다. 하지만 시라쿠사에서 내전이 발발하자 아가토클레스는 아프리카 원정을 포기했고, 뒤에 남겨진 그의 군사들은 은을 받고 매수되거나 카르타고 군대로 징집되었다.

몇십 년 뒤, 카르타고인은 더욱더 가공할 적과 마주했다. 당시 타렌툼 사람들은 이탈리아에서 남쪽으로 끊임없이 확장하는 정복을 꾀하던 로마인에게 대항하여 필사적으로 싸우고 있었다. 그들은 곧 패배할 것 같자 피로스라는 그리스 왕을 초청해 아드리아해를 건너오게 했다. 그리스 세계의 위대한 장군 중 한 명인 피로스는 자신을 알렉산드로스 대왕의 정신적 후계자로 여겼고, 기꺼이 로마 정벌의 초청을 받아들였다. 그는 전투용 코끼리들을 대동했는데, 이탈리아 땅에선 처음 보는 거대한 동물이었다. 로마와 좋은 관계를 유지해야 한다고 판단한 카르타고는 마고라는 해군 지휘관에게 100척이 넘는 배를 제공해 로마에 도움을 주겠다고 제안했다. 그런 제안을 수상하게 여긴 로마인들은 결국 거부했지만, 카르타고와의 또 다른 우호 협정에는 서명했다. 로마인은 엄청난 노력을 기울여 자력으로 간신히 피로스를 격퇴했다. 피로스 왕은 대다수 전투에서 승리를 거두기는 했으나 엄청난 병력 손실을 거쳐 얻은 승리였기에 '피로스의 승리'(큰 희생을 치르고 얻은 승리)라는 신조어가 생겨날 정도였다. 좀 더 손쉬운 희생자를 찾던 피로스는 시라쿠사의 요청에 응답해 시칠리아로 건너가 카르타고인을 공격하는 시라쿠사 군대에 합류할 결심을 했다. 그는 자신이 카르타고 야만인들을 상대할 최후의 그리스 구원자라고 선언하고 이내 시칠리아에 상륙했다. 이 싸움에서 카르타고는 통렬한 패배를 연달아 당했고 로마의 도움도 전혀 받지 못했다. 그리하여 카르타고에게 마지막으로 남은 도시는 섬 서쪽 끝의 포위된 릴리바이움뿐이었다. 하지만 때맞추어 마치 카르타고를 도와주기라도 하려는 듯이 이탈리아 남부의 그리스인들이 피로스에게 제발 이탈리아로 다시 돌아와 재개된 로마의 침략을 막아달라고 간청했다. 그는 시칠리아에서 물러나 다시 로마인과 싸웠으나 이번에는 패배하는 편에 서서 싸우는 상황이 되었다. 카르타고인은 이 전쟁의 여러 중대한 국면에서 도움을 꺼리는 로마인들에게 해군을 보내 도움을 주었다. 결국 피로스는 그리스로 달아났고, 그곳에서 한 노파가 옥상에서 던진 기와에 맞고 의식을 잃은 채로 쓰러진 뒤 사망했다.

카르타고는 피로스와 전투를 치른 이후 몇십 년 동안 다시 평화로운 시기를 보냈고, 시칠리아에서 여러 식민지와 상업적 관계를 재건하고자 열심히 일했다. 카르타고인은 로마인과 우호적 관계를 유지하는 정책을 견지했고, 이탈리아에서 오로지 상업적 이익만 추구하며 로마와의 협정을 존중했다. 하지만 이제 이탈리아반도 전역을 지배하게 된 로마인은 군단을 재건하며 점점 더 커지는 정복욕을 채우고 부를 제공해줄 새로운 적을 해외에서 찾기 시작했다. 그들은 이탈리아와 시칠리아를 분리하는 좁은 해협 너머를 호시탐탐 노렸다. 하지만 전쟁의 구실이 마땅치 않은 데다 그 섬에 대규모 공격을 퍼붓는 데 필요한 해군도 보유하지 못한 처지였다.

기원전 265년, 로마인은 침공 기회를 잡는다. 소규모 이탈리아 용병들이 시라쿠사로부터 메사나라는 도시를 빼앗았는데 시라쿠사 사람들이 다시 공격해 올 것을 우려하여 카르타고인에게 도와달라고 간청했다. 카르타고는 시라쿠사인들을 메사나에 들이지 않기 위해 이탈리아 용병들의 요청에 응했으나, 로마인은 그런 움직임을 시칠리아를 향한 로마의 야심을 견제하는 위협으로 받아들였다. 그래서 집정관 아피우스 클라우디우스 카우덱스를 메사나로 보냈다. 카우덱스는 이탈리아의 여러 동맹에게서 간신히 얻어낸 배 몇 척을 거느리고 바다로 나섰지만 폭풍우를 만났고, 그의 소함대는 한 카르타고 제독의 방해로 항해가 지체되었다. 그 제독은 로마인들이 이후 이탈리아를 떠나지 않고 머물러준다면 로마의 함대와 병력을 온전하게 돌려주겠다고 제안했다. 로마 집정관은 거래를 거부했고, 이내 해협을 다시 건너 이번엔 무력으로 메사나를 점령했다. 로마인은 이제 시칠리아에 발판을 두게 되었으니 만큼 앞으로 그 땅을 절대 내주지 않을 생각이었다. 이렇게 해서 마침내 로마와 카르타고 사이에 벌어질 전쟁의 무대가 마련되었다.[14]

로마인은 병력을 태워 이탈리아와 시칠리아 사이 1킬로미터 남짓 되는 해상에서 운송할 때는 배를 여러 척 동원할 수 있었지만, 카르타고와 대규모 무력 충돌을 벌이려면 해군력을 적절하게 키워야 했다. 운 좋게도 이 시기에 로마인은 오도 가도 못하게 된 카르타고 전함을 나포했다. 언제나 재주가 좋았던 로마인은 이 배를 그대로 모방하여 불과 두 달 만에 자국 함대를 구축했다. 메사나에 정박 중이던 새로운 로마 함대의 로마인 제독은 승리를 갈구했고, 어리석게도 경험도 별로 없는 해군을 인근 에올리에 제도로 진수시켜 그곳을 점령하고자 했다. 카르타고인은 로마 함대를 제압했고, 로마인 병사들은 배 밖으로 뛰어들거나 항복했다. 로마 제독은 결국 몸값을 내고 조국으로 돌아왔고, 이 실패를 두고 자신을 제외한 모든 사람을 비난했다. 그는 아시나asina('암나귀')라는 결코 호의적이지 않은 별명을 얻었는데도 집정관에 재선되었다.

하지만 결단력이 없으면 로마인이 아니었다. 그들은 곧 다른 함대를 구축하고 코르부스corvus(까마귀)라고 부르는 새로운 종류의 독창적인 탑승교를 발명했다. 이 장치는 위에서 아래로 덜컥 내리면 새의 부리처럼 생긴 거대한 못이 적함에 걸려 로마의 병사들이 마치 육지에 있는 것처럼 적함에 승선하여 적의 선원들을 제압할 수 있게 해주었다. 이것은 해전 수행에서 혁명적 발전이었으며, 시칠리아 주변 해역에서 로마인이 카르타고인을 상대로 빠르게 우위를 점할 수 있는 원동력이었다. 그들은 레굴루스 장군에게 지휘권을 맡겨 아프리카 북부까지 침공하여 카르타고 인근 여러 도시를 점령했으나 결국 육지에서 패배하고 말았다. 그렇게 공격하는 동안 폭풍우가 불어와 바다에 남아 있던 로마 함대를 거의 다 파괴했고, 몇만 명에 이르는 로마 선원과 군인이 희생되었다. 그럼에도 불구하고 로마인은 이때 카르타고가 관할하는 섬 서쪽의 몇 개 성채를 제외하고 시칠리아 대부분을 정복했다. 기원전 249년, 로마 집정관 클라우디우스 풀케르는 새 로마 함대를 이끌고 시칠리아의 드레파나에 자리 잡은 카르타고의 해군 사령부를 공격할 준비를 했다. 조점鳥占을 치기 위해 갑판에 데려온 닭은 그 앞에 놓인 곡식을 먹지 않았고, 그런 부정적 반응은 제독에게 불운한 결과를 예고했다. 클라우디우스는 벌컥 화를 내며 조점용 닭을 배 밖으로 다 내던지고는 이렇게 소리쳤다. "먹기 싫으면 물이나 마시면 되겠군!" 로마인은 결국 전투에서 패했다.

카르타고 원로원은 시칠리아에 하밀카르 바르카라는 젊은 지휘관을 보내 전쟁의 교착 상태를 깨보려 했다. 하밀카르는 카르타고가 시칠리아에 남겨놓은 얼마 안 되는 방어 시설을 관리하는 데 그치지 않고 (그의 아들 한니발이 추후에 채택하는) 독특한 전술을 써서 선전했다. 그는 대담하게도 이탈리아 남부를 습격함으로써 로마인의 허를 찔러 그들의 간담을 서늘케 했다. 하밀카르는 시칠리아로 돌아온 뒤, 산맥의 높은 위치에 자리 잡은 카르타고 근거지에서 로마인에게 연달아 속공을 펼치기 시작했다. 하지만 그 몇 년 동안 하밀카르가 여러 차례 승리했음에도 로마인은 함대를 재건하고 시칠리아에 남아 있던 카르타고 해군을 섬멸했다. 카르타고 원로원은 사태가 그렇게 돌아가자 이제 전쟁을 그만둘 때가 되었다고 판단했다. 그들은 화평을 청했고, 시칠리아 전체를 영구적으로 로마에게 넘기는 데 동의했다. 여기까지가 우리가 '1차 포에니 전쟁'이라고 부르는 것의 개요다.

카르타고에게는 불행하게도, 시칠리아에 남아 있던 수천 명의 고용 용병이 여전히 봉급을 받길 기대했다. 이들은 아프리카로 돌아가 도시 성벽 밖에 진을 치고서 밀린 봉급을 수령할 때까지 물러서지 않겠다며 일대 혼란을 일으켰다. 자금이 부족한 카르타고인들은 입장이 난처했다. 그들은 자신들을 모두 죽이고 자신들의 아내와 아이를 노예로 팔아넘겨 임금을 되찾으려는 베테랑 군대에 포위되었음을 깨달았다. 카르타고는 남은 군인들과 더불어 현지 상인, 상점 주인, 심지어 노예에 이르기까지 임시로 편성한 민병대를 재빨리 투입했다. 그러고는 고대 세계의 기준으로 볼 때도 잔인하기 짝이 없는 전쟁을 벌이기 시작했다. 그야말로 생존의 문제라 어느 쪽도 일말의 자비를 보여주지 않았다. 도시를 포위한 용병 군대가 카르타고인 포로를 몇 명 잡으면 그들을 성벽 앞에서 거세했고, 이어 양손을 자르고 다리를 부러뜨린 뒤 산 채로 매장했다. 이런 처절한 절체절명의 시점에 하밀카르는 다시 카르타고군 장군으로 선정되었고, 반란군을 진압하는 무자비한 군사 작전을 펼쳤다. 용병들은 이에 흥분하여 더 맹렬한 보복에 나섰다. 무자비한 학살과 끝없는 십자가형이 몇 달간 지속되고 나서야 하밀카르와 카르타고인은 마침내 용병 부대를 상대로 승리를 거둘 수 있었다.

소년 한니발은 이런 투쟁과 학살 과정을 모두 지켜봤고, 도시를 위해 무수히 희생된 수많은 평민을 결코 잊지 못했다. 그는 조국이 결국 엄청나게 피를 흘려가며 치를 수밖에 없었던 끔찍한 대가에 대하여 반드시 로마에 책임을 물어야 한다고 단단히 각오했다.

◇◇◇◇◇◇

한니발은 기원전 247년에 태어났는데, 그 무렵 아버지 하밀카르는 시칠리아에서 카르타고군의 지휘를 맡고 있었다. 한니발이 스페인으로 떠나기 전 카르타고에서 보낸 소년 시절에 관해 알려진 바는 거의 없지만, 한니발의 가족, 그가 성장한 도시와 당시 그가 겪은 격동기 등 그의 삶에 관한 일부 정보는 우리가 알고 있는 바와 상당히 비슷할 것으로 짐작된다.

한니발의 바르카 일족은 카르타고에 깊이 뿌리 내린 유서 깊은 가문이었고, 토착 아프리카 귀족 가문들과 통혼하는 오랜 전통이 있었다. 바르카 일족은 도시 남부에서 막대한 농토를 경영하는 부유한 지주 계급이었다. 한니발은 대부분의 시간을 카르타고에서 보냈지만, 때로는 바위투성이 산골에서 친구들과 함께 강 계곡을 돌아다니는 것도 편안하게 여겼고, 아버지가 드물게 휴가를 받아 시칠리아에서 카르타고로 돌아와 지낼 때면 숲이 울창한 카르타고의 산속에서 아버지와 함께 사냥을 하기도 했다. 한니발의 어머니에 관해서는 이름조차 알려지지 않았지만, 그녀가 도시의 정계를 지배했던 부유한 귀족 페니키아 가문이나 인근 부유한 아프리카 왕가 출신임은 거의 틀림없다. 한니발이 어렸을 때 아버지가 시칠리아로 떠나면 어머니가 혼자서 양육과 교육을 책임졌다. 한니발은 여아보다 남아를 더 귀중하게 여긴 세계에서, 그것도 가문의 장남으로 태어난 아이였다. 그에겐 손위 누이가 세 명 있었다. 하밀카르가 고국에서 한참 떨어진 시칠리아에서 마침내 아들을 봤다는 소식을 들은 날은 틀림없이 경사스러운 날이었을 것이다. 한니발의 누이 중 두 사람은 나중에 카르타고의 제독과 장군이 될 중요 인사와 좋은 결혼을 했고, 마지막 한 명은 인근 누미디아 왕자와 결혼했다. 누미디아 왕족과의 혼인은 바르카 일족에게는 중요한 동맹 관계를 형성하는 절차였고, 나중에 한니발이 전쟁을 치를 때 그를 훌륭하게 뒷받침해줄 아프리카 기병대와의 돈독한 관계 형성에도 큰 도움이 된다. 한니발의 어머니는 하스드루발과 마고라는 두 아들을 더 낳았는데, 이들은 장차 로마와의 전쟁에서 큰형을 따라 싸우게 된다.

고대에 귀족 소년은 읽기, 쓰기, 음악, 수학, 그 외 많은 과목을 공부했다. 한니발의 부모는 아들을 위해 최고의 개인 교사를 고용했다. 그런 이들 중에는 소실로스라는 전설적인 스파르타 출신 그리스인 가정교사도 있었다. 그리스어는 알렉산드로스 대왕의 정복 이후 지중해 세계에서 고등 교육을 받는 사람에게 필수 언어였다. 따라서 소실로스는 어린 한니발에게 그리스의 언어와 문학을 가르쳤다. 그는 페르시아의 침공에 대항해 그리스를 지키다 테르모필라이 고개에서 장렬하게 전사한 스파르타의 선조 레오니다스 같은 위대한 영웅의 이야기도 들려주었을 것이다. 그리스어를 배우는 학생이라면 으레 호메로스의 시를 읽었으니 한니발도 틀림없이 아킬레우스가 트로이에서 헥토르와 싸우는 이야기, 꾀가 많은 오디세우스가 고향으로 돌아오는 이야기를 잘 알았을 것이다. 그의 가정교사는 또한 공부에 열심인 어린 한니발의 마음을 알렉산드로스 대왕의 정복에 관한 이야기로 채워주었을 것이다. 소실로스는 한니발의 생애에서 지속적으로 중요한 영향을 미친 사람이다. 그는 한니발을 따라 스페인으로 갔고 나중에는 이탈리아를 침략할 때 동행하여 포에니 전쟁의 역사를 기록한 책을 일곱 권 썼다. 그의 역사서는 지금은 인멸되어 전해지지 않지만, 폴리비오스 같은 역사가들이 한니발의 심리와 행위에 관해서 카르타고 쪽의 중요한 정보를 이 역사서에서 얻었을 것이다.

이집트의 알렉산드리아처럼 카르타고는 파피루스 문헌 두루마리가 한없이 쌓인 선반이 꽉 들어찬 도서관을 여럿 자랑하는 도시였다. 한니발은 소실로스와 함께 이런 도서관을 돌아다니며 플라톤, 아리스토텔레스, 사포, 헤로도토스 같은 그리스 문인들의 저술을 읽었을 것이다. 그런가 하면 카르타고에도 풍성한 페니키아어 문헌이 있었으므로 이런 서적들도 틀림없이 배웠을 것이다. 그중에 마고라는 이름의 카르타고인이 농업에 관해 쓴 책의 일부만이 그리스어와 라틴어로 번역되어 남아 있는데, 당시 로마인들은 마고가 펴낸 많은 저술을 보고서 내심 놀라며 그 박학함에 감탄했다. 하지만 카르타고의 여러 도서관에는 도시의 역사, 더 넓은 세상, 신화와 종교, 과학과 탐험, 논리학과 형이상학을 포함한 다른 페니키아어 저술도 넘쳐났다. 하스드루발이라는 카르타고 학자는 고향 도시 카르타고에서 몇 년 동안 페니키아어로 철학을 가르치다가 나중에 이름을 그리스식으로 바꾸어 클리토마코스라고 불리며 플라톤의 유명한 아테네 학교의 지도자가 되었다.

카르타고라는 흥미로운 세상은 한니발 같은 영리하고 호기심 많은 소년이 성장하기에 이상적인 도시였다. 유럽, 아프리카, 아시아에서 매일 이 도시의 항구에 들어오는 배들이 수많은 상인과 방문객들을 데려와 풍성한 용광로 같은 그 도시에 진출하게 해주었다. 그곳은 진정한 의미의 세계적 도시였다. 편협한 지역주의가 없었고 늘 새로운 사상을 받아들일 준비가 되어 있었으며, 모든 사람에게 널리 개방된 세계 도시였다. 한니발은 곧 스페인으로 떠나 오랜 세월 고향으로 돌아오지 못하지만, 분주한 거리, 생기 넘치는 문화, 더 넓은 세상을 향한 비전 등을 갖춘 카르타고가 늘 그의 마음속에 남아 있었을 것이다.

3
스페인

한니발이 카르타고를 떠나 스페인으로 갈 준비를 하던 때와 거의 동시에 한 아이가 로마에서 태어났다. 그의 이름은 아버지와 마찬가지로 푸블리우스 코르넬리우스 스키피오였다. 그 아이는 오래되고 고귀한 로마 가문이자 원로원의 고문 겸 부유한 지주인 귀족 가문에서 태어나는 행운을 누렸다. 어린 스키피오의 선조는 거의 300년 전 로마 공화국이 출범할 때부터 나라를 위해 자랑스럽게 싸웠다. 그 시절로마는 북쪽으로는 부유한 에트루리아 도시 국가들, 동쪽과 남쪽으로는 여러 사나운 산간 부족들에게 시달리며 적대적인 세상에서 생존을 위해 몸부림치는 자그마한 이탈리아 소도시에 지나지 않았다. 당시 이탈리아는 강자가 지배하고 약자는 집어삼켜지는 폭력적인 약육강식의 세상이었다.

　로마는 살아남기 위해 지속적으로 전쟁을 벌였다. 처음엔 동료 라틴 부족들을 상대로, 나중에는 이탈리아 중부에서 계속 늘어나기만하는 적대적 부족 집단을 상대로 싸웠다. 로마인은 봄에 작물을 심은 뒤 주신 유피테르와 군신 마르스에게 제물을 바치고 그해 자국을 위협하는 온갖 세력에 대항하여 무기를 들고 싸웠다. 로마의 군대는 해마다 선출되는 두 집정관이 하루씩 교대로 지휘하는 자유민의 군대였다. 집정관을 매년 선출하는 건 어떤 한 사람에게 장기 권력을 부여하지 않기 위함이었다. 기원전 390년에 로마 공화국이 세워지고 100년가량 흐른 후, 이탈리아 북쪽 켈트족인 갈리아인이 라티움을 침공하고 로마를 약탈했다. 이 부족은 로마인이 막대한 몸값을 지급한 뒤에야 비로소 도시를 떠났다. 몇몇 로마인이 저울로 매긴 가격이 지나치게 높다고 불평하자• 갈리아 왕은 저울 위에다 칼을 내던지면서 이렇게 소리쳤다. "바이 빅티스Vae victis(정복된 자에게는 고난이 있을 뿐)!" 이 고함은 로마인이 앞으로 영원히 잊지 못하는 교훈이 되었다.

로마인은 대단한 용기를 발휘하고 지독한 규율을 지켜가며 전쟁을 치렀다. 로마인은 전열을 형성할 때 전우와 함께 나란히 서서 철저히 그 대열에서 자기 자리를 지켰으며, 종종 로마 군대의 병사들은 처남과 매부 사이인 경우가 많았다. 적이 괴성과 욕설을 부르짖으며 로마군 전열에 달려들어도 그들은 절대로 뒤로 물러서지 않았으며, 그대로 버티고 서서 칼과 창으로 적을 찌르고 육중한 방패로 적을 밀어냈다. 그들은 무너뜨릴 수 없는 벽과 비슷한 존재였고, 무슨 수를 써서든 대열의 양쪽에 있는 전우를 보호하려 했다. 심장이 미친 듯이 뛰고 본능이 도망쳐서 목숨을 구하라고 경고해도 그들은 절대 뒤로 물

• 저울에 금이나 동 따위 배상금의 무게를 달았는데 갈리아인이 눈금을 속임으로써 정해진 금보다 더 많은 금을 요구했다는 뜻.

러서지 않았다. 전투가 끝난 뒤 살아남은 병사들은 기진맥진한 채로 서서 죽은 적을 내려다보며 자신의 무용에 자긍심을 가졌다. 그들은 피범벅이 된 적에게서 갑옷과 귀중품을 벗겨냈고, 여전히 숨이 붙은 패잔병들은 모조리 죽였다. 다친 전우는 잘 보살폈으며, 전사한 전우는 예우를 갖추어 매장했다. 대열에서 탈주한 자는 끝까지 추적하여 생포한 후에 죽을 때까지 고문을 가했다.

이런 식으로 로마인의 군사적 영향력은 점차 이탈리아 전체로 퍼져나갔다. 로마가 카르타고 및 고대 지중해의 대다수 국가와 다른 점은 무엇일까? 바로 다른 나라를 자국의 세력 판도 내로 흡수하는 능력이었다. 이전에 적이었던 나라는 부득불 로마의 동맹이 되어, 외인부대 자격으로 새로운 전쟁에 투입되어 로마 군단을 위해서 싸웠다. 로마에 대항한 경험이 있는 자들 중 선별된 소수는 결국 로마 시민이 될 수 있었고, 그들의 후손은 능력이 뛰어난 경우에 장차 로마 원로원의 의원으로서 스키피오 가문과 어깨를 나란히 할 수도 있었다. 이러한 혜택 덕분에 로마는 무한히 성장할 수 있었고, 군대에 복무할 인력을 외부에서 점진적으로 늘리며 끌어들일 수 있었다. 하지만 명예와 애국심이 국가의 영혼 속에 깊이 뿌리내린 반면, 전쟁을 끊임없이 치르면서 그 부산물인 물질적 부에 중독되는 부작용도 있었다.

◇◇◇◇◇◇

1차 포에니 전쟁이 종결되자, 로마인은 카르타고인에게 평화 협정의 대가로 카르타고가 시칠리아섬 안에서 누리던 기존 권리를 포기하라고 요구했다. 여기에 덧붙여 카르타고는 10년 안에 은 3000탈렌트가 넘는 전쟁 배상금을 지급해야 했는데, 이는 현대의 시세로 따지면 수백만 달러에 이르는 엄청난 금액이다. 로마인은 카르타고가 사르데냐와 코르시카를 차지해도 좋다고 약속했지만, 이내 마음을 바꿔 두 섬을 점령하고는 국력이 허약해진 카르타고에게 수백 탈렌트가 넘는 돈을 추가로 내놓으라고 요구했다. 이런 탐욕스러운 행동은 심지어 친로마 역사가인 폴리비오스조차 부당하다고 규탄했다.[15]

시칠리아를 잃고 처참한 패전을 겪은 데다 최근 용병들의 반란으로 황폐해진 카르타고는 로마와 논쟁을 벌일 처지가 아니었다. 카르타고 원로원은 코르시카와 사르데냐의 로마 합병에 굴복하고, 추가 배상금을 지급하는 데 동의했다. 하지만 카르타고가 어디서 그런 큰돈을 마련해야 하는지에 대해서는 의견 충돌이 심했다. 카르타고 원로원의 보수 파벌은 한노라는 사람이 영수였는데 그는 장차 한니발의 숙적이 된다. 한노는 신중히 처신하고 경계해야 한다면서 위험한 해외 원정 사업은 전부 중단할 것을 주장했다. 그는 가난한 농민들에게 부과되는 세금을 더 늘리면 로마인의 비위를 건드리지 않고도 배상금에 해당하는 세입을 충분히 얻을 수 있다는 것이었다.

하지만 한니발의 아버지 하밀카르와 그의 추종자들은 그보다 훨씬 더 대담한 계획을 세웠다. 그들은 카르타고 원로원 보수파가 아무런 항의도 못하고 시칠리아, 이어 사르데냐와 코르시카를 로마에 빼앗기는 모습을 보고서 커다란 모욕감을 느꼈다. 카르타고의 통치권은 이제 아프리카에만 국한되어 있었기에 하밀카르와 그의 파벌은 로마의 배상금을 지급하는 방안을 마련하고 도시의 권력과 정신을 일신하는 해결책은 새로운 땅, 즉 스페인에서 대담하게 사업을 확장하는 것이라고 생각했다. 카르타고인들, 그들 이전에 티레인들은 이베리아반도에서 폭넓은 교역 경험을 쌓았기에 그 지역을 잘 알았다. 내륙 산맥에 있는 금광과 은광의 풍부한 생산량도 널리 알려져 있었고, 토박이 이베리아인 부족과 켈트족의 전투 능력도 높은 평가를 받았다. 카르타고가 이베리아의 광산을 통제할 수 있다면 로마인에게 배상금을 지급하는 건 물론이고 더 나아가 국고도 풍부하게 채울 수 있었다. 이 새로 들어온 돈으로 해상의 함대를 재건할 수 있을 테고, 스페인 병사들을 카르타고군에 복무시키면 차후에 발생할지도 모르는 충돌에서 로마에 맞서 싸울 수도 있을 터였다. 카르타고의 위신을 다시 세우고 로마의 해외 확장에 저항할 만한 국력은 앞으로 몇 년 뒤면 충분히 확보될 것이었다.

그러나 원로원 보수파와 그 영수인 한노는 그런 야심 찬 계획에 귀 기울이지 않았다. 그들은 카르타고가 아프리카에서 조용히 칩거하며 로마의 비위를 건드리지 말아야 할 때라고 강력히 주장했다. 그러자 하밀카르는 원로원 승인 없이 스페인 원정을 준비하기 시작했다. 그런 행동은 좀처럼 비밀로 유지될 수 없었지만, 그렇다고 해서 병력부터 장비까지 하밀카르가 자비로 개인적 차원의 전쟁을 준비하는 것까지 보수파가 막을 수는 없었다. 몇몇 보수파 인사는 그런 그를 격려했는데, 스페인을 정복하겠다는 어리석은 시도를 하다 보면 그 과정에서 하밀카르가 죽을 테니 특별히 애쓰지 않고도 골칫거리를 제거할 수 있다는 속셈이 숨어 있었다.

그런 우여곡절 끝에 기원전 237년 여름, 아홉 살의 한니발은 아버지와 그 휘하의 소규모 병력과 함께 스페인에 진출하기 위해 카르타고를 떠났다. 한니발의 어머니는 틀림없이 눈물을 흘리며 출발을 앞둔 남편과 아들을 마지막으로 끌어안았을 것이다. 전쟁은 위험한 과업이었기에 그녀는 남편과 아들을 다시 볼 수 없을지도 모른다고 생각했다. 실제로 한니발은 그 후 근 40년 동안 카르타고 땅을 밟지 못했다. 그가 귀국했을 때 어머니는 이미 무덤 속으로 들어간 뒤였다. 어쨌든 그 이후 한니발의 어머니 이야기는 더는 전해진 것이 없다.

하밀카르의 군대는 카르타고를 보호하는 넓은 만을 나와 친숙한 아프리카 해안을 따라 서쪽으로 움직였다. 배들이 지중해 해안에서 날마다 서진하는 동안, 남쪽으로는 높이 솟은 누미디아의 산맥이 보였다. 함대는 때때로 우호적인 항구에 정박하여 앞으로 약 1300킬로미터를 더 가야 하는 여정에 필요한 보급품을 사고 물 항아리에 식수를 채웠다. 어린 한니발에게 그 항해는 틀림없이 흥분을 억누르기 어려운 새로운 경험이었을 것이다. 한니발은 생애 대부분을 육지에서 군대를 지휘하며 싸우게 되지만, 그의 페니키아 유산은 바다에 있었다. 호기심 많은 아이였던 한니발은 이 항해에서 배와 항해술에 관한 한 세계 최고로 노련한 카르타고 선원들에게서 배울 수 있는 건 다 배웠다.

마침내 아프리카 해안을 따라 움직이던 소함대는 지중해의 최서단에 도착했다. 그곳의 홀로 우뚝 솟은 산이 그 너머에 있는 광대한 대서양의 입구 역할을 하고 있었다. 그리스인은 헤라클레스가 열두 가지 과업을 수행하는 동안 세상의 가장자리를 뜻하는 그 두 개의 기둥을 어떻게 세웠는지 상세히 경과를 전했다. 이 두 기둥은 하나는 아프리카 땅에, 다른 하나는 비좁은 해협을 건너 유럽 땅에 세워졌다. 한니발은 뱃길 건너 북쪽을 응시하면서 지금은 지브롤터로 불리는 이 우뚝 솟은 바위를 바라보았다. 카르타고인은 아프리카를 뒤에 남긴 채 힘차게 이베리아 해안으로 나아갔고, 이어 서쪽으로 배를 돌려 대서양으로 나아갔다. 하루가 지나가자 그들은 고대 페니키아 도시인 가디르에 도착했다. 그리스인과 로마인은 이곳을 가데스라고 불렀다. 가데스는 카르타고와 마찬가지로 티레인이 몇 세기 전에 정착하여 세운 도시로, 자매 도시 카르타고와 오랜 세월 우호적인 관계를 맺어왔고 똑같은 언어와 종교를 공유했다. 하밀카르와 바르카 일족은 이 도시에 수많은 친구와 협력자를 두었던 것으로 짐작된다. 하밀카르의 첫 번째 스페인 사령부가 된 가데스는 저명한 이베리아 교역 도시 타르테수스로 들어가는 관문이었다. 또 이곳으로부터 동쪽 산맥 깊숙한 곳에 있는 은광을 비롯해 스페인의 풍성한 광물에 접근할 수 있었다. 가데스는 페니키아 신 멜카르트의 유명한 사원과 순례 성소가 있는 곳이기도 했다. 멜카르트는 한니발의 가문에서 특히 존중하는 수호신이었기에 아버지와 아들은 이 도시에 도착하고 나서 곧바로 멜카르트 사원을 방문하여 제물을 바치며 앞으로 수행할 위험한 모험에 축복을 내려달라고 부탁했을 것이다.

◇◇◇◇◇◇◇

스페인에서 하밀카르가 펼친 전략은 단순하면서도 기발했다. 산간 지대가 많은 이베리아반도는 무수한 부족이 나눠서 차지하고 있었는데, 이들은 늘 서로 반목하면서 전쟁을 벌였다. 해안을 따라 설립된 작은 식민지에서 살면서, 먼 땅에서 생산되는 사치품과 공산품을 판매하는 그리스인과 페니키아인 상인들은 오랜 세월 그들에게 환영받는 사람들이었다. 스페인 병사 다수가 카르타고 군대에서 후한 봉급을 받고 용병으로 복무했고, 카르타고 장교에게서 명령을 받는 데 익숙했다. 하밀카르는 총력전으로 정복에 나서는 것은 휘하 소규모 군대에게 자살 행위나 마찬가지라는 점을 잘 알았기에, 세력을 키우는 동안 동맹을 얻고 한 부족을 다른 부족과 서로 싸움 붙이는 식으로 느리지만 꾸준한 이간 정책을 써서 차츰 군사적 효과를 거두었다. 그리스 왕들의 잘 증명된 정복전을 모방한 하밀카르는 훈련된 용병으로 뒷받침되는 소수의 엘리트 외인 병사들과 현지 부족 출신 병사들만으로도 얼마든지 현지의 많은 토착민을 통치할 수 있다는 걸 알았다. 카르타고 군사령관이 병사들에게 봉급을 후하게 지급하고 수익성 높은 모험을 두려워하지 않는다면, 더욱 그러했다.

하밀카르는 이후 몇 년 동안 동쪽 산맥으로 움직였고, 뇌물, 협박, 정복 등 다양한 수법을 적절히 활용해가며 인근의 부족을 연달아 정복하고 그의 세력 판도 내에 추가했다. 때로는 그러한 군사적 입장을 명확히 보여주기 위해 잔혹한 행동이 필요했다. 가령 공공연하게 반란을 일으킨 어떤 켈트족 왕을 불구로 만들고 십자가형에 처한 것이 그런 경우다. 하지만 그런 식의 난폭한 의사 표현은 신중히 했으며 아주 드문 일이었다. 한니발은 아버지 하밀카르의 효과적인 통솔 방식을 곁에서 유심히 보고 배웠다. 병사들을 단호하고 공정하게 대우하는 것으로 그들의 충성을 얻고, 전투가 벌어지면 사령관 자신이 선두에 서서 그들을 직접 이끌고, 자신이 꺼리는 일은 절대로 부하 병사들에게 시키지 않는 것. 이런 것이 하밀카르 리더십의 요체였다. 그 결과 하밀카르는 10년도 되지 않아 스페인 남부 지역 전체를 카르타고의 판도 안에 편입시켜서 통제할 수 있게 되었다.

하밀카르가 휘하 군대로 받아들인 스페인 토착 이베리아인 병력과 켈트족 병력은 용맹하고 자긍심 높은 자들로, 장차 한니발에게도 큰 도움을 준다. 이들 중 주력 부대는 태곳적부터 스페인에서 살아온 선조들의 후예인 이베리아 부족들이었다. 그 부족들은 이베리아반도 동부와 남부 대부분을 점령했으며, 많은 부족이 저마다 독립된 왕이 이끄는 개별적 단위였다. 많은 로마인 역사가들이 이베리아인을 야만인으로 묘사한 것과는 완전히 다르게, 그들은 태어난 지역에서 갈고닦은 창의성, 지중해 세계에서 들여온 해외의 사상과 기술 등에 영향을 받은 세련된 문화를 보유했다. 그들이 쓰는 언어는 라틴어·그리스어·켈트어 등 많은 인도유럽어족이 속한 언어가 아니라, 스페인에서 수천 년 동안 사용된 언어였는데, 후대에 들어와서야 비로소 그리스어와 페니키아어 알파벳에서 가져온 문자로 자신들의 언어를 기록하기 시작했다. 이베리아인들은 외딴 숲과 성스러운 샘에서 수많은 남신과 여신을 숭배하는 매우 종교적인 민족이었지만, 더 넓은 세상에 그들을 널리 알린 건 전쟁에서 발휘한 전투 능력이었다. 이베리아 귀족은 전투에서 능숙한 기병으로 활약했고, 평민 병사들은 치명적인 투창 솜씨로 커다란 두려움의 대상이 되었다.

스페인에서 하밀카르와 한니발에 맞서 싸웠다가 마침내 그들의 부하 병사로 들어온 켈트족은 이베리아반도에선 비교적 최근에 현지에 도착한 신참이었다. 몇 세기 전 알프스 근처 고향에서 이베리아반도로 이주한 그들은 반도의 북부·중부·서부로 널리 퍼져나갔다. 로마인이 켈트이베리아인이라 부른 이 부족은 키가 크고 뻔뻔할 정도로 허풍을 떨었으며, 전투에 나서면 전혀 두려움을 느끼지 않았다. 갈리아와 이탈리아 북부의 친척들처럼, 그들 역시 각종 기술의 신인 루구스나 말의 여신인 에포나 같은 신들을 숭배했다. 그들은 산꼭대기 마을에서 살았고 가축을 길렀으며 종종 서로를 급습했다. 그들은 목에 찬 황금 목걸이와 근접전에서 타의 추종을 불허하는 검술로 유명했다. 스페인의 켈트족과 토착 이베리아인은 강력한 전사였지만, 하나의 단위로 운용되도록 훈련받은 적이 없고 수천 명으로 구성된 조직적인 대군을 상대로 싸운 경험도 거의 없었다. 하밀카르가 그들을 자신의 잘 훈련된 병력에 통합시킬 수 있다면, 나중에 로마 군단에 맞서서도 조금도 꿇리지 않는 군대를 보유하게 될 터였다.

군대의 규모를 키우기 위한 신병 모집은 하밀카르의 계획에서 중대한 일이었지만, 그 일을 확실히 하려면 많은 자금이 필요했다. 가데스에서 동쪽으로 움직이는 동안 하밀카르는 금광과 은광을 장악하고 새로운 기술로 광석 추출에 일대 혁명을 일으켰다. 기존에 토착 부족들이 한정된 기술로 작업했던 광산은 이제 카르타고 감독관들이 일괄 통제했고, 이 감독관들은 노예 노동과 수리학과 야금술 등 새로운 기술을 도입하여 금은 생산의 효율과 규모를 크게 증대했다. 수직 갱도를 땅속 깊이 파고 들어갔고 강의 흐름을 바꾸어 원광을 부수고 씻어내는 데 적절히 활용했다. 이렇게 하여 그들은 금과 은이 함유된 바위에서 귀중한 금속을 추출했다. 이렇게 얻어진 귀금

속은 삼엄한 호위를 받으며 여러 해안 도시로 수송되었고, 그런 뒤에는 카르타고로 보내지거나 현지에서 하밀카르의 군대에 나눠줄 화폐로 주조되었다. 이 은화는 독특한 그리스 스타일로 주조되었다. 앞면에는 헤라클레스(멜카르트) 신의 이미지를 그려 넣었고, 뒷면에는 카르타고 전함의 모습을 새겼다. 이 주화는 지중해 서부에서 순도와 가치의 새로운 기준이 되었고, 노련한 용병을 하밀카르의 군대에 끌어들이는 데 큰 도움을 주었다. 카르타고에 도착한 금괴와 은괴는 하밀카르가 스페인에서 펼치는 모험을 견제하려는 보수파의 반대를 누그러뜨렸고, 한동안 한노와 다른 반대자들의 목소리를 잠재웠다.[16] 특히 스페인에서 카르타고로 쏟아져 들어오는 금과 은 덕분에 카르타고는 로마에 치러야 할 전쟁 배상금을 예정보다 몇 년 앞당겨 지급할 수 있었다.

하밀카르는 실제로 스페인 남부에 자리 잡은 독립적인 카르타고 제국의 통치자였고, 그 모습은 지중해 동쪽 끝에서 알렉산드로스 대왕을 계승한 그리스 왕들과 무척 비슷했다. 그는 여전히 자신의 영토에 미치는 카르타고 원로원의 통치권을 인정했지만, 실제로는 막대한 부 덕분에 본국의 감독을 거의 받지 않고 마음대로 그 지역을 통치할 수 있었다. 지중해 세계의 다양한 병사들이 스페인으로 들어오기 시작했고, 곧 하밀카르는 몇만 명에 이르는 군대를 양성할 수 있었다. 아프리카에서 전투용 코끼리 10여 마리도 수입해 올 수 있었는데, 코끼리는 이베리아반도 사람들이 처음 구경하는 동물이었다. 토착 이베리아인과 여러 켈트 부족은 서서히 이 탁월한 지도자의 강요와 승전을 통해 그의 편에 서게 되었고, 그렇게 해서 하밀카르는 몇 년 만에 대서양 해안에서 지중해 서부에 이르는 스페인 남부 지역을 완전히 장악했다. 나아가 아크라레우케Akra Leuke('하얀 도시'라는 뜻의 그리스어)라는 도시를 오늘날의 알리칸테 근처에 세웠다. 이 도시는 하밀카르가 스페인 내륙과 지중해 해안까지 확장하려는 정복을 뒷받침하는 새 사령부가 된다. 이처럼 짧은 몇 년 동안에 하밀카르 바르카는 1차 포에니 전쟁에서 패배를 맛본 우울한 장군에서 부유하고 강력한 헬레니즘식 군왕으로 변신했다.

4

카르타고 노바

한니발은 아홉 살 때부터 성년이 될 때까지 아버지의 군사령부라는 시끌벅적한 환경에서 자랐다. 그곳은 위협과 전투, 전우들 사이의 결속이 끈끈한 남자들만의 고된 세상이었다. 하밀카르가 직접 뽑은 역전의 베테랑 전사들은 소년에게 호의와 자비 따위는 전혀 보이지 않으면서 칼과 창을 다루는 치명적 기술을 훈련시켰다. 기병 장교들은 그에게 말을 타고 싸우는 법을 끊임없이 훈련시켜서 나중엔 말과 한 몸처럼 움직이도록 단련시켰다. 또 아프리카 코끼리 조련사들은 그에게 코끼리 타는 법, 코끼리 돌보는 법, 그리고 전투에서 가장 효율적으로 이 머리 좋은 야수를 활용하는 비법을 가르쳤다. 낮에 한니발은 진지의 누미디아인, 이베리아인, 켈트족 사이를 편안하게 돌아다녔고, 그들의 전투 기술, 언어, 관습 등을 배웠다. 언젠가 이들을 전투에서 지휘하려면 그들에게 존경받아야 한다는 것을 그는 잘 알았다. 저녁에는 모닥불 둘레에 앉아 머리가 희끗희끗한 베테랑들에게 시칠리아에서 로마와 싸우던 이야기를 귀 기울여 경청했다. 그들은 로마인이 전쟁에서 강력하고 무자비하지만 얼마나 오만하고 자신감 넘치는 사람들인지 말해주기도 했다. 이것은 카르타고인이 역이용할 수 있는 로마인의 약점이었다. 한니발은 아버지가 부관들과 동석하여 진행한 회의에 참석하여 장차 어느 부족을 공격할지, 어떤 외교 방식으로 접근할지, 말과 동물을 먹일 식량과 물을 어떻게 확보할지, 직무 유기로 처벌할 병사가 누구인지 등 군사 운용에 따르는 무수한 결정을 현장에 직접 참가하여 공손하게 보고 들었다. 어린 한니발은 거의 10년 동안 장래에 사령관이 되기 위해 필요한 최고의 군사 훈련을 받은 셈이다.

그런데 한니발이 어린 시절에 전쟁 대비 훈련만 한 것은 아니다. 두 동생인 하스드루발과 마고 역시 곧 카르타고에서 떠나 그와 합류했고, 형제는 평생 가장 가까운 친구처럼 지냈다. 이들 모두가 어린 아이일 때부터 로마를 철천지원수로 증오하며 자랐다. 하밀카르는 이렇게 말했다. "내 아들들은 로마를 파괴하고자 기른 사자 새끼와도 같소."[17] 장차 측근이 되어 도와줄 한니발의 어린 시절 친구로는 검투사라는 별명을 가진 또 다른 소년 한니발, 한노라는 이름의 소년, 이탈리아 구릉 지대에서 살아온 선조의 후예인 삼니움인 마고 등이 있었다. 그중 마고의 경우 선조들이 오랜 세월 로마와 싸운 데다, 그 아버지가 하밀카르의 군대에서 용병 장교로 근무했던 것 같다. 아리스토텔레스에게 개인 교습을 받은 알렉산드로스처럼, 한니발은 스파르타인 소실로스를 비롯해 최고의 교사들에게서 그리스어를 비롯해 여러 학문을 계속 익혔다. 학자인 소실로스는 카르타고에서 활동하다가 제자 한니발을 따라 스페인으로 건너왔다. 한니발은 그리스어에 무척 능통하게 되어 평생 유창하게 구사했으며, 만년에는 그리스어로 전사戰史를 집필하기까지 했다.[18]

성장하는 과정에서 한니발은 카르타고군을 따라 스페인으로 건너온 창녀들의 막사에도 들렀을 테지만, 그의 생애에서 여자에 관한 언급은 거의 없다. 하지만 이런 점이 고대 세계에서 특기할 만한 사항은 아니다. 우리는 고대 그리스나 로마 시대의 대다수 장군과 황제의 부인이나 정부情婦에 관해 아는 바가 거의 없다. 당시 세상은 여자들에게 충실하고 순결하고 보이지 않는 존재로 살아야 한다고 요구하는 남성 우위의 시대였다. 아테네 지도자 페리클레스가 이에 대해 남긴 유명한 말이 있다.

여자의 평판은 남자들이 그녀에 대하여 할 말이 거의 없을 때가 가장 좋다. 그게 호평이든 악평이든.[19]

한니발이 훗날 정치적 동맹의 일환으로 이밀세라는 스페인 토착민 여자와 결혼했을 때조차 우리가 그녀에 대해 아는 바라고는 그 이름뿐이다.[20]

◇◇◇◇◇◇

한니발은 아버지에게서 전술을 배우며 청년으로 성장했고, 열여덟 살이 되자 아버지 곁에서 직접 전투에 참가해 싸웠다. 스페인 전쟁을 시작하고 아홉 번째 해가 저물어가던 때, 하밀카르는 두 아들 한니발과 하스드루발을 아크라레우케의 새로운 사령부에서 그리 멀리 떨어지지 않은 헬리케라는 완강한 토착민 도시를 포위하는 작전에 데리고 갔다. 작은 도시여서 그리 격한 전투가 벌어지지 않으리라 예상되었지만, 상호 최소한의 인명 손실을 보면서 상대의 항복을 이끌어내는 유익한 교훈을 아들들에게 가르치기 위해서였다. 하밀카르는 먼저 헬리케 앞에 진지를 설치했다. 이어 막강한 병력을 앞세워 성벽 뒤에 숨어 있는 이베리아인들에게 겁을 준 후, 전투 코끼리를 포함한 아군 대다수를 월동 진지로 보냈다. 그는 적을 소탕하는 작업에 필요한 대규모 동맹군이 곧 오리라 예상했지만, 토착민 족장이 배신하고서 오지 않았다. 그 바람에 수적 열세에 몰린 카르타고군은 간신히 도시에서 벗어나 탁 트인 지역으로 나왔다. 하지만 평소의 전쟁 수행과 다르게 수적으로 우월한 적의 군대가 돌진해 와서 약자의 입장에 내몰리자, 하밀카르는 충성스러운 병사들로 구성된 별동대를 이끌고 카르타고군의 주력에서 이탈했다. 적의 시선을 자기 쪽으로 이동시켜서 두 아들 한니발과 하스드루발이 본진으로 도망갈 시간을 벌어주기 위함이었다. 하밀카르는 강 한가운데서 적과 백병전을 벌이던 중에 전사했고, 죽는 순간에도 바르카의 이름이 앞으로 계속 살아남을 것이고, 자신이 키운 새끼 사자들이 언젠가 로마를 파괴하는 전쟁에 나서리라는 것을 확신했다.

당시 고작 열여덟 살이었던 한니발은 아버지에게서 스페인 지휘권을 인수하기엔 너무 어렸다. 그래서 카르타고 본국의 바르카 일족 동맹들은 한니발의 누나의 남편인 하스드루발을 후계자로 임명했다. 얼굴이 밝은 색깔이어서 '하얀 하스드루발'이라는 별명으로 알려진

이 남자는 하밀카르의 충실한 부관이자 최고의 해군 장교이자 절친한 친구이기도 했다. 그는 스페인에서 하밀카르를 잘 보좌했고 카르타고 본국에도 사절로 자주 다녀왔다. 로마 역사가들은 하밀카르와 사위 사이에 부적절한 성적 관계가 있었다고 넌지시 암시하지만, 이는 로마 저술가들이 적에 대해 펼친, 흔해 빠진 중상모략이었다. 하스드루발에 관한 소수의 기록에 따르면, 그는 실용적이면서도 유능한 군사 지휘관이었고, 카르타고 본국의 정적들과 협력하고 타협하는 일에 하밀카르보다 훨씬 더 개방적인 태도를 취했다.

하스드루발은 바르카 일족에 충성했고, 처남인 한니발도 잘 대해주었다. 그는 나이 어린 처남을 자기 권력에 대한 위협으로 경계하면서 축출하려는 일 따위는 하지 않았다. 매부 하스드루발의 지휘 아래, 한니발은 점점 더 많은 군사적 책임을 떠안았고, 지휘권을 일부 넘겨받아 스페인 중부 산간 지대의 적대적인 켈트 부족들과 대적했다. 그는 병사들과 다른 특별 대우를 바라지 않았고 위험을 마주해도 전혀 움츠러들지 않는 지휘관이라는 평판을 얻으며 병사들 사이에서 빠르게 신임을 쌓아나갔다. 심지어 적대적인 로마 역사가 리비우스조차 그가 모범적인 군인이자 지휘관임을 인정했다.

그는 육체적으로나 정신적으로나 지칠 줄 몰랐다. 무더위든 혹한이든 똑같이 쉽게 견뎌냈다. 식욕을 채우려 하기보다 목숨을 유지할 만큼만 먹고 마셨다. 그는 의무를 수행해야 하면 하루 어느 때든 깨거나 잠들 수 있었다. 쉴 때라고 해서 조용한 곳에서 푹신한 침대를 찾지 않고, 경계 업무 중인 병사들 사이에서 군용 모포를 두르고 맨땅에서 잠든 모습도 흔히 목격되었다. 그의 장비와 말은 최상의 것이었지만, 그가 입은 군복은 비슷한 나이의 다른 젊은 병사와 전혀 다르지 않았다. 그는 말에 탈 때든 내릴 때든 한결같이 노련했고, 언제나 가장 먼저 공격에 나서고 가장 나중에 전장을 떠났다.[21]

한니발은 전투에서 장병의 사기를 고무하는 가장 확실한 방법은 그들과 고통을 나누고 그들을 보호하기 위해 목숨을 내놓을 각오도 기꺼이 하는 것임을 어려서부터 아버지에게서 확실하게 배웠다.

하스드루발은 8년 동안 스페인에서 카르타고 군대를 지휘했고, 이베리아반도 남부 전역에서 카르타고의 지배권을 굳건히 다져놓았다. 그는 지중해에 있는 최상의 항구에 카르타고 노바(현대의 카르타헤나)라는 도시를 세웠고, 이곳은 스페인 전역에 카르타고의 영향력을 떨치는 핵심 사령부가 되었다. 그 도시는 가데스보다 카르타고에 더 가까운 곳으로, 스페인 남부의 채광 중심지들을 도시와 연결해주는 여러 강을 근처에 거느리고 있었다. 폴리비오스가 언급한 것처럼 그곳은 카르타고의 권력에 광채를 더해줬고, 바르카 가문이 이베리아를 지배하고 있음을 여실히 상징했다.[22]

새로운 도시는 로마인의 관심을 끌었다. 그동안 로마인들은 1차 포에니 전쟁이 끝난 이후 아드리아해 건너편에 있는 일리리아인, 그리고 이탈리아 북부의 켈트족과 전쟁을 치르느라 정신이 팔려 있었다. 그들은 로마 국고에 전쟁 배상금으로 스페인의 은이 계속 흘러드는 한, 머나먼 이베리아에서 카르타고인이 무슨 일을 벌이든 거의 관심을 보이지 않았다. 하지만 카르타고인의 부와 영향력이 서쪽에서 급속히 확장되자, 로마인은 점차 그런 상황을 우려하기 시작했다. 당연히 로마인은 사절을 카르타고 원로원이 아닌 카르타고 노바의 하스드루발에게 바로 보냈고, 지중해 서부에서 카르타고와 로마의 영향권 사이에 경계선을 규정하는 조약을 작성했다. 이것이 바로 에브로 협정이라는 것인데,[23] 에브로는 피레네산맥 바로 남쪽에서 북부 스페인을 가로지르며 흐르는 강의 이름이다. 협정의 내용은 간단했다. 카르타고는 활동 무대를 광대한 이베리아반도의 중부와 남부 지역으로 한정하고 무장 병력을 에브로강 북쪽으로 보내면 안 된다는 것이었다. 이는 실질적으로 스페인 거의 전체를 카르타고 영토로 인정하는, 평소의 로마인답지 않은 관대한 양보였다. 그러나 로마인은 이탈리아 내부, 그리고 바다 건너 일리리아 지역에서 여러 위협에 직면했기에 그쪽에 신경을 집중해야 해서 카르타고에 신경 쓸 여력이 없었다. 여전히 로마인은 카르타고를 전에 로마와의 전쟁에서 패배하여 허약해진 나라로 보고 있었다. 그리하여 장차 카르타고와 분쟁이 생긴다 해도 간단히 처리할 수 있을 것이라고 확신했다.

에브로 조약이 체결되고 4년 뒤, 하스드루발은 불만을 품은 이베리아 동맹국에 의해 살해되었다. 그의 처남 한니발은 이제 스물다섯이 되었고, 카르타고인과 스페인 용병 모두가 "예리하고 창의력이 풍부한 생각과 대담한 기백"을 겸비한 그를 존경했다.[24] 그는 스페인에서 병사들에 의해 먼저 장군으로 옹립되었고, 카르타고 정부도 곧 그의 지위를 인정하고 공포했다. 하지만 저항이 없지는 않았다. 그의 아버지 하밀카르의 정적 한노는 카르타고 본국에서 한니발의 승진 임명에 반대하고 나섰다.

하밀카르의 아들이 그 아비가 움켜쥐었던 터무니없는 권력, 왕이나 다를 바 없는 권위를 자기 것으로 하고, 하밀카르가 가족에게 마치 자기 것인 양 물려준 그 권력으로 인해 우리가 노예로 전락할 날이 머지않아 도래할 것이오![25]

하지만 당장 카르타고 권력의 중심은 스페인에 나가 있는 바르카 일족의 손에 있었고, 이제 한니발이 그 권력을 손에 틀어쥐고 있었다. 젊은 장군은 마침내 온전한 지휘권을 인수했다. 그의 시선은 이미 로마 쪽을 향했다.

5

사군툼

한니발은 스페인에서 카르타고군의 지휘권을 인수한 이후 시간을 낭비하지 않았다. 그는 휘하 장병들이 자신을 아버지만큼 대담하고 유능한지 의심하는 상황 자체를 용납하지 않았다. 그는 카르타고 노바의 사령부에서 빠르게 진군하여 북쪽의 산간 지대인 올카데스 부족의 땅으로 나아갔다.[26] 리비우스에 따르면, 강력한 이베리아 도시인 사군툼에 더 가까이 다가갈 수 있어서 한니발은 신중하게 이 지역을 첫 상대로 선택했다고 한다. 하지만 그보다는 올카데스 부족이 그의 패기를 신속하게 증명할 수 있는 편리한 대상이었는지도 모른다. 올카데스의 수도를 가리켜 폴리비오스는 알테아, 리비우스는 카르탈라라고 불렀는데, 그곳은 철저한 방어 시설을 갖춘 요새 도시였다. 그러나 한니발은 이곳을 점령한다면 휘하 장병에게 깊은 인상을 남길 수 있을 뿐만 아니라, 나머지 올카데스 부족 도시들은 겁만 줘도 전투 없이 항복시킬 수 있다고 판단했다.

한니발은 "일련의 격렬하고 강력한 공격"으로 알테아를 압도해 항복하게 만들었다.[27] 인근 도시들도 마찬가지로 빠르게 항복해, 올카데스 부족의 전체 영토에서 막대한 공물을 받기에 이르렀다. 한니발은 카르타고 노바의 월동 진지로 돌아가는 길에 그 공물을 카르타고와 동맹의 병사들에게 골고루 분배했다. 고작 스물다섯에 불과한 청년 장군은 자신이 아버지처럼 노련한 전사이고, 자신을 위해 목숨을 걸고 싸운 자들에게 전리품을 나눠주는 데 더 관대하다는 것을 증명했다. 용병술과 관대함의 조합은 그야말로 압도적 위력을 발휘하여 한니발의 군대는 장차 그에게 기꺼이 목숨을 바칠 정도로 단단히 결속되었다.

한니발은 카르타고 노바에서 통치하며 무수히 많은 행정적 세부사항들을 처리하며 이듬해 봄에 있을 새로운 군사 행동을 준비했다. 그는 이베리아 중부를 가로지르며 뻗은 산길에서 눈이 녹자마자 휘하 군대와 40마리의 코끼리를 인솔하여 멀리 떨어진 바카이이 부족을 공격하러 떠났다.[28] 높은 산과 불어난 강을 통과해 600킬로미터가 넘게 가야 하는 힘든 행군이었지만, 한니발은 이베리아반도 최후의 강력한 켈트 부족을 반드시 물리쳐야 한다고 단단히 결심했다. 바카이이 부족을 지배하면 더 많은 물질적 부와 추가 병력을 얻는 건 물론이고 스페인의 치안을 완벽하게 단속하게 되므로, 이를 바탕으로 필생의 적 로마를 공격하는 작전에 시선을 돌릴 수 있을 것이기 때문이었다.

현지에 도착하자마자 바카이이 부족의 도시 헤르만디카(현대의 살라망카)를 급습했고, 첫 공격에 그곳을 점령했지만 더 인구가 많고 저항도 심한 도시 아르바칼라가 점령되기까지는 몇 주의 포위와 공격이 추가로 필요했다. 한니발은 전투에서 살아남은 바카이이 지도자들과 동맹을 맺었고, 두 도시의 황금과 보물을 챙겨서 노새에 싣고 카르타고 노바로 돌아오는 개선 여행길에 올랐다. 하지만 남쪽으로 귀환하다가 중부 산맥에 이르렀을 때 카르타고인은 카르페타니 부족의 사나운 전사들을 조우하게 되었다. 이들은 불만이 끓어오르는 바카이이 난민들과, 한니발에 의해 작년에 고향에서 축출된 올카데스 망명 군인들이 모여 급조한 군대였다. 폴리비오스와 리비우스가 추정한 이 군대의 10만이라는 군사 수는 아마도 과장이었을 것이다. 어쨌든 한니발은 노련한 켈트족과 이베리아인 전사로 이루어진 막강한 연합군에 비해 수적으로 크게 밀리는 상황이었다. 대규모 적군과 야전을 벌였다가는 아군이 전멸하리라는 걸 알았기에, 그는 상대방이 예상치 못한 전술로 최초의 군사적 난제를 해결했다. 적을 기만하고 유인하여 승리를 거두는 그 기발한 전술은 훗날 로마를 상대로 펼치는 전쟁에서 그의 단골 메뉴가 된다.

한니발은 밤이 될 때까지 기다렸다가 코끼리를 포함한 전군을 조용히 움직였다. 그들은 완전히 깜깜해졌을 때 물살이 빠르고 깊은 타구스강을 건넜다. 아침이 되자 연합군은 한니발 부대가 겁을 먹고 밤중에 도망쳤다고 생각했다. 전투 상황이 자신들에게 유리하다고 판단한 켈트족과 이베리아인 전사들은 겁쟁이 카르타고인을 쫓아가 죽이겠다는 생각에 목만 나올 정도로 물속 깊숙이 들어가 도강을 시도했다. 지휘관도 더는 그들을 제지할 수 없었다. 한니발은 건너편 강기슭에서 적이 도강하면서 기진맥진해질 때까지 휘하 장병을 기다리게 했다. 그런 뒤에 카르타고 기병대를 앞고 안전한 강 쪽으로 보내, 적이 깊은 물에서 안간힘을 쓰며 겨우 강기슭에 도착하면 곧바로 공격해서 죽이게 했다. 그래도 어떻게든 카르타고 기병대의 칼날을 피해 도강에 성공한 적병들은 이번에는 코끼리를 만났다. 그들은 강 건너편 기슭에 도착하자마자 거대한 동물의 발굽에 짓밟혀 숨도 제대로 쉬지 못하고 진흙에 파묻혀 죽었다. 마침내 한니발은 전군에 명령을 내려 이쪽 강둑에서 강물 속으로 들어가 그때까지 남아 있던 적병을 공격하여 궤멸시켰다.

한니발은 완벽한 덫을 놓아 적을 그곳으로 유인했다. 타구스강은 켈트족과 이베리아인 전사 수천 명이 흘린 피로 검붉게 물들었고, 그에 비하여 카르타고인 전사자 수는 미미했다. 한니발은 바카이이 부족 영토를 점령하고 적의 대군을 상대로 완승을 거두면서 스페인을 통틀어 명성을 확고히 굳혔다. 그리하여 휘하 장병들과 카르타고 본국의 지도층 사이에 혹시라도 남아 있었을지 모를, 사령관의 지휘 능력에 대한 의심은 일거에 해소되었다. 폴리비오스가 기록한 것처럼, 이 시점 이후로 스페인의 그 누구도 감히 한니발과 카르타고 군대에 맞서 싸우려 들지 않았다. 하지만 예외가 하나 있었으니 바로 사군툼이었다.

◇◇◇◇◇◇

사군툼(현대의 사군토)은 한니발이 활약하던 시대보다 300년 전에 그리스 식민지 개척자들이 스페인의 지중해 해안에 세운 도시로, 이베리아 토착민이 지배했으며 활달한 국제 교역의 중심지로 성장했다.

이베리아인들은 바다 근처 높은 산등성이에 거대한 성벽을 갖춘 요새를 세우고 외적의 침입에 단단히 대비했다. 사군툼은 카르타고 노바에 있던 한니발 사령부에서 북쪽으로 140킬로미터 떨어진 곳에 있었다. 북쪽이라고는 하지만 에브로강에서 보면 남쪽에 있는 도시였고, 로마와 맺은 에브로 조약에서 규정된 스페인 내 카르타고 지배 지역에 해당했다. 사군툼 시민 다수가 카르타고인을 동맹으로서 선호했는데, 오랜 세월 이 아프리카 연안 도시와 교역을 하면서 상호간의 상거래로 번창해왔기 때문이다. 하지만 또 다른 시민들은 로마를 지중해의 떠오르는 세력으로 보고 이탈리아 도시와 우호 관계를 확고히 구축하길 바랐다. 이 친로마 파벌은 몇 년 전 로마 당국에 호소하여 도시의 친카르타고 파벌과의 내부 분쟁을 중재해달라고 요청했다. 당연히 로마 당국은 사군툼의 친로마 협력자의 편을 들어 사태를 처리하고 반대 파벌을 희생시켰다. 이렇게 하여 반로마 파벌 대다수가 부당하게 처형되었다. 하지만 이제 카르타고인이 스페인에서 확고한 패권을 확립한 데다 사군툼의 카르타고 지지자들에 대한 로마의 부당한 조치에 분노한 상황이었기에, 사군툼의 친로마 파벌은 자신들이 이제 보복을 당해 망할 날이 얼마 남지 않았다고 두려워했다.

바카이이 부족과 그들의 동맹들을 상대로 승리를 거두고 카르타고 노바로 개선했을 때, 한니발은 로마의 선임 원로원 파견단이 사절로 찾아와 자신을 기다리고 있다는 사실을 알게 되었다. 이 사절단엔 전직 집정관 푸블리우스 발레리우스 플라쿠스와 전직 법무관• 퀸투스 바이비우스 탐필루스도 포함되어 있었다. 한니발의 사령부에 나타난 로마 사절은 즉시 공세를 취하며 지금 한니발이 사군툼의 내정에 간섭하면서 로마의 오랜 동맹 도시를 위협하고 있으니 명백한 에브로 조약 위반이라고 비판했다. 그들은 젊은 장군에게 카르타고가 강대한 로마에 비해 한참 열등한 예전의 패전국임을 기억하라고 경고했고, 로마가 대대적인 카르타고 파괴 작전에 나서기를 원치 않는다면 사군툼에서 물러나라고 요구했다.

하지만 로마인은 위협의 상대를 잘못 골랐다. 한니발은 평생 자신이 로마인을 어떻게 생각하는지 분명하게 알려줄 기회를 기다린 인물로, 이제 절대 권력을 틀어쥐었으니 자신의 생각을 충분히 알려줄 수 있었다. 그는 지난 전쟁에서 로마에게 패배한 쓰라림을 단 한순간도 잊지 않은 가문에서 성장했고, 로마인이 파렴치하게 그들 입맛에 맞게 강화 조약의 내용을 일방적으로 변경했다는 사실도 잊지 않았다. 한니발은 위엄 넘치고 강력한 어조로 로마인의 위선과 탐욕을 맹비난했다. 그는 에브로 조약상 사군툼은 명백히 스페인 내부의 카르타고 영향권 아래에 있는 지역으로 규정하며, 따라서 로마는 이 문제에 개입하여 이래라저래라 할 입장이 아니라고 지적했다. 또 전에 사군툼의 정치에 간섭하여 그 도시의 카르타고 지지자를 살해하도록

• 재무관-토목관리관-법무관-집정관-감찰관으로 이어지는 로마의 관직 사다리 중 하나. 선거로 선출하며 임기는 1년이었다. 집정관 다음가는 지체 높은 행정관직이었다. 법무관은 민사 임무와 군사 임무를 다 수행했다. 평시에는 법적 판결에서 결정을 내리고, 전시에서 전장에 나가 군대를 통솔했다. 한니발 전쟁 중에는 로마의 야전군 병력이 25개 군단으로 늘어났기 때문에 자연히 법무관이 군단의 사령관으로 보임되는 일이 잦았다. 이 보직에서 성공을 거두고 유권자의 폭넓은 지지를 받는 사람만이 집정관이 될 수 있었다. 대체로 집정관을 지낸 다음에 감찰관으로 갔다.

배후 조종한 로마인이야말로 에브로 조약의 위반자인데, 적반하장으로 이제 카르타고에 조약 위반 운운하며 말도 안 되는 요구를 한다고 일축했다. 마지막으로, 한니발은 사절로 찾아온 원로원 의원들에게 최후의 경고를 했다. 카르타고는 부당한 대우를 당한 희생자들이 도움을 청할 때 절대 외면하지 않는 것이 고대부터 내려오는 신의 성실의 원칙이라고.

그런 단호한 대응에 충격을 받은 로마 사절들은 토가를 다시금 추스르며 한니발 사령부에서 우르르 빠져나갔다. 그들은 이전에 카르타고인에게 자주 그러했듯이 로마의 엄청난 무력이 오만한 장군에게 충분히 겁을 주어 당연히 고분고분하게 나오리라 기대했는데 완전히 헛짚은 것이었다. 한니발은 그들을 전혀 두려워하지 않았고, 예전의 고분고분했던 카르타고인들과는 완전히 딴판임을 분명하게 보여주었다. 로마 군단이 여전히 아드리아해 건너 일리리아의 전황에 깊숙이 개입된 상황에서, 한니발의 사군툼 공격 개시 이전에 로마에서 대규모 군대를 사군툼 방어에 파견할 가능성이 없다는 걸 사절들은 잘 알았다. 그들은 배를 타고 카르타고로 건너가 똑같은 위협을 카르타고 원로원을 상대로 반복하면서 카르타고 정부가 좀 더 유순한 반응을 보이길 기대했다. 한니발의 반대 파벌 지도자인 한노와 그 추종자들은 늘 그렇듯 신중하게 로마 사절에게 접근해 평화를 옹호했지만, 최근 국고에 막대한 수입을 가져다준 스페인 원정전에서 사기가 높아진 바르카 가문의 지지자들이 한노 일파를 가볍게 제압했다. 한니발 지지자들은 로마인들에게 예전처럼 고분고분한 태도를 보이지 않으면서 어디 할 테면 한번 해보라는 식으로 나왔다. 결국 로마 원로원의 사절은 빈손 털고 이탈리아로 돌아갔다. 로마인들은 이제 전쟁은 불가피하다고 판단했다.

법적 관점에서 보자면 에브로 조약은 사군툼이 스페인 내 카르타고 통제 지역에 들어 있음을 분명히 규정했다. 로마는 한니발이 그 도시의 일을 간섭하거나 심지어 정복한다 하더라도 그러한 군사적 조치에 반대할 근거가 없었다. 하지만 로마인이 역사 속 다른 팽창주의 세력보다 더 면밀하게 외교 협정의 조항에 신경 쓰면서 그것을 준수하려는 사람들이었다고 생각한다면, 그것이야말로 순진한 판단이다. 그들은 일리리아를 상대로 전쟁을 치르고자 군단을 아드리아해 너머로 보내는 바람에 카르타고에 스페인 정복의 자유를 준 것이 심각하게 미숙한 판단임을 깨달았다. 카르타고인이 용병 군인들에게 의지하는 소심한 민족이라고 판단하여 그렇게 느긋하게 생각했던 것이다. 로마인들은 한니발을 만나보고 나서야 그들의 해외 정벌 계획에서 이 젊은 장군이야말로 예전의 어떤 인물과도 비교할 수 없는 커다란 위협임을 알아차렸다. 로마는 일리리아에서 전쟁을 끝내면 스페인으로 건너와 사군툼을 최고 작전 기지로 쓸 생각이었고, 그곳에서 전쟁을 시작해 이베리아반도를 점령하고 해당 지역의 풍부한 자원을 챙길 계획을 세워두었다. 만약 사군툼을 카르타고에 넘겨준다면 로마는 스페인에서 불리한 처지에 놓일 터였다. 물론 한니발은 적의 이 같은 계획을 속속들이 파악했고, 로마 사절이 배를 타고 카르타고로 건너가자마자 방비가 잘된 튼튼한 도시 사군툼을 곧바로 공격할 준비를 했다.

카르타고 노바에서 북쪽에 있는 사군툼을 향해 카르타고군이 진군한 건 기원전 219년의 일이다.[29] 사군툼인은 멀리서 먼지구름이 일어나는 걸 보고 이내 한니발이 도시를 점령하기 위해 다가오고 있음을 알아차렸다. 그들은 오래전부터 이런 공격이 벌어지는 상황을 우려했고, 그에 따라 단단히 대비해놓았다. 도시의 천연 방어 시설을 활용하는 데 그치지 않고 수성 작전에 필요한 식량과 무기를 충분히 비축해둔 것이다.

한니발은 현지에 도착하자 부관들과 함께 도시를 둘러보고 다음 행동을 계획했다. 그는 대담했지만 절대 충동적으로 움직이지 않았다. 그는 성벽이 무척 튼튼해서 직접적인 공격으로는 전혀 성과를 거둘 수 없다는 걸 알아차렸다. 그래서 휘하 병력과 전초 기지로 그 도시를 포위하고 내부에서 탈출하거나 외부에서 도움을 주지 못하게 철저히 차단했다. 이어 그는 완만하고도 조직적인 공성전을 시작했다. 투석기로 끊임없이 공격을 퍼부었고, 동시에 공성용 탑에서 무기를 투척하거나 쏘아 성안에 갇힌 시민들의 사기를 떨어뜨렸다. 또 도시 성벽의 기초를 허물어 아군이 도시로 진입할 구멍을 확보하기 위한 작전을 집중적으로 실시했다.

하지만 사군툼인들 역시 이에 맞서 아주 단호했고, 지구전에 필요한 자원도 풍부했다. 그들은 이기지 못하면 죽는다는 걸 알았기에 필사적으로 싸웠다. 그들이 몇 달 동안 카르타고인을 상대하면서 가장 효율적으로 활용한 무기는 길이 1미터 정도의 팔라리카라는 커다란 철제 창이었는데, 이 창에다 송진을 발라 불을 붙인 후 성 아래로 발사했다. 이 끔찍한 무기는 성벽에서 발사되었을 때 카르타고 병사들의 방패를 뚫고 몸통을 그대로 관통할 수 있었다. 설혹 몸까지 도달하지 못하고 방패만 뚫더라도 카르타고 병사는 보호 방패를 손에서 놓아버릴 수밖에 없었고, 그렇게 되면 날아오는 무기에 노출된 채 싸워야 했다.

한니발도 최전선에서 싸우던 도중에 넓적다리가 적의 창에 찔려 전장에서 잠시 후송되었다. 하지만 의무관들이 그의 상처를 치료해주자 곧바로 다시 군대의 최전선으로 돌아갔다. 여덟 달이라는 긴 시간 동안 사군툼을 포위 공격하면서 그는 도시를 딱 한 번 떠났는데 남쪽에서 일부 이베리아 반란자들이 일으킨 반란을 진압하기 위해서였다. 자리를 비우는 동안 그는 신뢰하는 친구 마하르발에게 도시를 더욱 거세게 압박하면서 계속 공격하라고 지시했다.

가을이 되자 사군툼의 외부 성벽이 마침내 무너졌고, 생존자는 도시의 내부 성채로 물러났다. 하지만 그들의 운명은 이미 결정된 상황이었다. 한니발이 마침내 휘하 장병과 함께 도시의 고지로 돌격하여 방어 중이던 사군툼 시민들 상당수를 죽이고 일부는 추방했으며, 나머지는 고향에서 멀리 떨어진 곳에 노예로 팔아넘겨 비참한 삶을 살도록 조치했다. 그것은 가혹하고 관대하지 못한 조치였지만, 고대 세계에서 벌어졌던 다른 전쟁들의 결과와 별반 다를 바 없는 일이었다. 사군툼 사람들은 성벽 방어에 실패하면 어떤 일이 벌어질지 처음부터 알고 있었고, 한니발이 매번 합리적인 항복 조건을 제시할 때마다 퇴짜를 놓았으니 정복자로부터 관대한 처분을 바라기는 어려웠다.

로마가 왜 사군툼 정복을 가만히 놔두었는지는 여전히 의문으로 남는다. 로마 정부가 운용 중인 군단 대부분이 일리리아의 정복에 투입되긴 했지만, 그들이 소중히 여기는 동맹 도시를 돕기 위해 최소한의 생색내기용 병력이라도 보내줄 수 있었을 것이다. 그랬더라면 아무리 한니발이라도 로마를 공격할 준비를 충분히 마치기도 전에 사군툼에 파견된 로마군을 죽여서 그들의 분노를 부추기는 일은 주저했을 것이다. 로마가 한니발로 하여금 사군툼을 파괴하도록 내버려둔 것은 꿍꿍이가 있었다는 주장도 나오는데, 상당히 설득력 있는 이야기다. 카르타고인이 이베리아 도시를 박살내버린다면 로마 원로원은 카르타고에 전쟁을 선포할 구실이 생기고, 카르타고의 잔인무도한 행위를 보복하기 위해 선전 포고를 하게 되었다고 대내외에 선언할 수 있었다. 달리 말해 로마가 자국의 탐욕과 무제한의 영토 확장욕구를 채우려는 속셈으로 사군툼의 파괴를 일부러 방관했다는 이야기다.

하지만 로마에서도 모든 시민이 전쟁을 원하지는 않았고, 특히 카르타고와의 전쟁에 반대하는 세력이 있었다.[30] 리비우스나 폴리비오스보다 덜 편파적인 이전 사료를 접했을 가능성이 있는 비잔티움 역사가 조나라스는 퀸투스 파비우스 막시무스가 이끄는 파벌이 적어도 당장은 카르타고와의 개전을 주저했다고 썼다. 파비우스는 곧 이탈리아에서 한니발을 상대로 당시로서는 최고의 전술인 지연 작전을 펼친 바로 그 장군이다. 이러한 전쟁 반대의 기록은 조나라스의 창의적 통찰일 수도 있지만, 로마 군단들이 더 훌륭하게 준비되고 배치될 때까지 전쟁을 지연하고 싶어 하는 일부 로마 원로원 의원들이 실제로 있었다는 사실도 분명하게 보여준다.

로마에서 전쟁에 반대하는 온건파의 주장이 얼마나 강했는지는 알

수 없으나 결과적으로 원로원의 호전파가 승리했고, 그리하여 또 다른 사절단이 곧바로 카르타고로 파견되었다. 이 사절단은 카르타고 원로들에게 한니발의 신병을 로마에 넘겨 처벌할 수 있도록 조치하지 않으면 전쟁의 참화를 피할 수 없을 것이라고 경고했다. 한니발의 숙적인 한노마저 카르타고를 무척 곤란한 상황에 빠뜨릴 것이 분명한 그런 황당한 요구에 망설였을 것으로 보인다. 한니발의 신병을 로마 당국에 넘기는 건 스페인 자체는 물론이려니와, 지난 1차 포에니 전쟁 이래 카르타고가 얻은 부와 권력을 모조리 로마에 넘기겠다는 뜻이었다. 그렇게 되면 이베리아반도에서 강력한 지위를 굳힌 로마가 카르타고를 포위하면서 더 강하게 협박해도 무기력하게 복종할 수밖에 없을 터였다. 로마의 요구는 카르타고로 하여금 전쟁을 선포하게 하도록 강요하는 동시에 그런 조치가 합리적인 일로 보이게 하는 것이었다. 카르타고 원로원을 찾아온 로마 사절단의 단장은 손에 토가 자락을 움켜쥐고 원로들 앞에 서서, 평화를 유지할지 아니면 전쟁을 벌일지 양자택일하라고 윽박질렀다.[31] 카르타고의 최고위 행정관은 평화인지 전쟁인지 그건 로마가 결정해야 할 문제라고 대답했다. 그러자 극적 사건을 연출하는 데 능수능란한 로마인답게 사절은 전쟁을 선택했고, 카르타고인은 그 도전을 받아들이면서 어디 한번 해보자는 결의를 다졌다.

그렇게 하여 기원전 218년에 로마와 카르타고는 또다시 전쟁에 돌입했다. 로마는 이 전쟁을 수행하기 위해 로마군을 스페인과 아프리카로 파견할 것이고, 기필코 승리를 쟁취해 로마가 지중해 서부 지역의 종주국임을 단호하고 확실하게 보여주겠다고 별렀다. 하지만 로마는 그런 계산에서 한 가지 사항을 빼놓고 있었다. 그건 한니발이 이탈리아 본토를 침공함으로써 그때까지 존재해온 전쟁 게임의 규칙을 완전히 바꾸려 한다는 것이었다.

6

갈리아

사군툼이 함락되기 한 세대 전, 로마를 상대로 한 1차 포에니 전쟁이 패전으로 끝났을 때 카르타고는 시칠리아, 사르데냐, 코르시카 등 지중해 서부의 가장 크고 전략적인 세 섬을 로마에게 잃었다. 그들은 또한 전쟁에 필요한 함대를 대부분 포기했으며, 이제 스페인이나 아프리카 쪽에서 로마가 해로를 이용하여 카르타고를 침공해 온다면 바다에서 효과적으로 차단할 방법이 없었다. 당면한 로마와 카르타고의 충돌을 바라보는 외부인이 있었다면 압도적 이점을 확보한 로마가 틀림없이 그 전쟁에서도 승리할 것이라고 생각했을 것이다.

그건 사실이었다. 카르타고인에겐 바르카 가문의 한니발이라는 무척 유능한 젊은 사령관이 있었지만, 분별 있는 지중해 사람이라면 카르타고가 이번 전쟁에서도 당연히 로마에게 승리를 거둘 가망이 없다고 여겼을 것이다. 카르타고인이 한니발에게 기대할 수 있는 최상의 결과는 스페인에서 선전하는 것이었고, 그런 군사적 성과를 바탕으로 로마와 필요한 강화 조약을 맺어 아프리카 본국을 방어하는 것이었다. 궁극적으로 그들이 스페인과 그곳의 부를 로마에게 빼앗기는 것은 불가피한 일로 보였다. 한니발과 그 군대가 이베리아에서 패배해 철수하는 것은 카르타고가 치러야 할 대가였다. 한니발에 반대한 카르타고의 정치 지도자 한노와 보수파 추종자들은 심지어 로마인이 영구적으로 바르카 일족을 제거해주길 바랐을지도 모른다. 한니발이 무대에서 사라진다면 카르타고는 전통적으로 해오던 상인의 역할로 되돌아갈 수도 있을 것이었다.

로마 원로원은 한니발과 카르타고인을 향한 압도적 파괴 전쟁을 계획했다. 기원전 218년 초, 그들은 원정군을 하나도 아닌 두 방면으로 동원하기 시작했다. 한쪽은 육로와 해로를 통해 곧바로 스페인으로 가서 사군툼을 점령하여 그 도시를 근거지로 이베리아반도 전역을 정복하는 것이었다. 또 한쪽은 시칠리아로 항해한 뒤, 바닷길을 통해 카르타고로 건너가서 그 아프리카 도시를 정복할 계획이었다. 이 두 방면의 원정군 수는 엄청났는데, 총 16개 군단에 각각 최소 4000명의 보병이 배치되고 동맹군 보병대도 4000명이 배치되었으며, 기병대는 거의 7000명에 육박했다. 여기에 더해 로마인은 200척이 넘는 함대를 꾸렸는데, 이들 전함의 대다수는 아프리카로 항해할 예정이었다. 그해 로마 집정관 중 한 사람인 푸블리우스 코르넬리우스 스키피오에게 이베리아반도를 정복하고 한니발을 물리치는 임무가 부여되었다. 다른 집정관 티베리우스 셈프로니우스 롱구스는 아프리카로 건너가 카르타고 병력을 궤멸시키는 임무를 맡았다. 로마인은 또 법무관 루키우스 만리우스 불소에게 두 군단을 내주고 이탈리아 북부로 보내, 한니발의 대리인에게 선동되어 반란을 일으킨 골칫거리 갈리아 부족인 보이이족을 진압할 계획을 세웠다. 로마 원로원과 두 집정관은 로마인답게 전형적인 전쟁을 무척 신중하고 체계적으로 준비했고, 증명된 전투 기술과 압도적 병력으로 카르타고를 완전히 파멸시킬 채비를 갖췄다.

그동안 한니발은 로마인이 자신을 향해 다가오리라는 걸 알고 대비에 나섰다. 사군툼을 함락한 뒤 그 도시의 전리품을 휘하 장병에게 관대하게 나누어 주었고, 이어 아군에게 배속된 현지 이베리아인들을 귀향시켜 그곳에서 겨울을 나게 했다. 봄이 되면 그들이 다시 병영으로 돌아올 것이라고 확신했기 때문이다. 그런가 하면 발레아레스 제도에서 데려온 명성 높은 투석병 부대를 비롯해 수천 명의 군인을 카르타고로 파견해 본국의 방위를 강화했다. 이 같은 일련의 조치를 통해 그는 고국의 동포들에게 국가의 군대를 통제하는 사람이 바로 한니발 자신임을 널리 알렸다.

한니발은 사군툼에서 카르타고 노바로 돌아왔고, 로마인을 상대로 싸우는 전례 없는 전쟁을 준비하는 데 몰두했다. 동생 하스드루발을 스페인의 섭정으로 임명하고, 로마인이 이베리아에 상륙했을 때 어떻게 대처해야 하는지 상세하게 일러두었다. 그런 뒤 자신이 인솔하여 로마로 쳐들어갈, 전문적이면서도 진정으로 다국적인 군대를 모집하기 시작했다. 아프리카인, 스페인인, 리구리아인, 켈트족, 페니키아인, 그리스인 등 많은 이들이 평소에 미워하던 로마인과 싸우고자 한니발의 사령부로 몰려들었다. 한니발은 자신의 새로운 군대에 균일성을 강제하지 않았다. 각 민족 집단이 본연의 전투 복장을 갖추고 각자 선호하는 무기를 휴대한 채, 독립적인 개별 단위로 싸우도록 허용한 것이다. 그렇게 하여 한니발의 지휘를 받는 민족들은 가장 훌륭한 전사가 되고자 자기들끼리 자발적으로 경쟁을 벌였다. 바로 그것이 그들에게 자율성을 부여한 의도였다.

한니발은 공사다망한 중에도 짬을 내 오래전 아버지와 처음으로 이베리아에 도착했을 때 방문했던 가데스의 멜카르트 사원으로 순례를 떠났다. 그곳에서 가문의 수호신에게 희생 제물을 바치고 곧 수행할 로마와의 전쟁에서 승리의 은총을 내려달라고 기도했다. 한니발이 그런 기도를 올린 건 더없이 적절한 일이었다. 과거 그리스 신화 속의 헤라클레스가 스페인에서 로마로 갔던 그 길을 이제 자신이 되밟아가며 로마를 침공하려 했으니 말이다. 그리스 영웅 헤라클레스로 말하자면 한때 지중해 서부로 건너와 여러 과업을 달성하여 대성공을 거두었고, 로마의 옛터에서 살던 탐욕스러운 괴물 카쿠스를 물리친 신이다. 한니발은 신앙심이 돈독했고, 예전의 알렉산드로스 대왕처럼 종교적 프로파간다를 능숙하게 배후 조종할 줄 아는 사람이었다.

기원전 218년 늦봄, 한니발은 가데스에서 카르타고 노바로 재빨리 돌아왔고, 보병 9만 명, 기병 1만 2000명, 거의 40마리에 이르는 코끼리를 대동하고 에브로강을 향해 북쪽으로 진군을 시작했다.[32] 그의 침공 계획은 간결했다. 그는 군대를 이끌고 피레네산맥을 넘어 갈리아로 들어가 어떻게든 눈 덮인 알프스산맥의 높은 산길을 찾아 이탈리아 본토로 쳐들어가고자 했다. 이 계획은 그 정도 규모의 대군을 이끌고 행군을 떠나는 어려움뿐만 아니라, 본국의 지원이나 증원군을 받을 가능성이 전혀 없다는 점에서 몹시 대담한 혹은 무모한 작전이 아닐 수 없었다. 아무도 그런 침공 작전을 생각조차 한 적이 없었는데 거기에는 그럴 만한 이유가 있었다. 로마인은 세상에서 가장 용맹하고 최고로 잘 조직된 군대를 보유하고 있었다. 그들은 이탈리아 땅 대부분을 직접적으로 지배하거나 혹은 무력의 위협으로 굴복시켰으며, 따라서 한니발이 동원할 수 있는 것보다 훨씬 더 큰 규모로 이탈리아 내부에서 예비 병력을 동원할 수 있었다. 또한 로마인은 적을 상대로 승리를 얻어내기 위해서 그 어떤 일도 마다하지 않을 정도로 무자비하고 철저했다. 과거의 사례에 비춰본다면 그들은 심지어 패배가 거의 확실시되는 상황에서도 절대로 포기하지 않을 것이었다.

그런 로마를 상대로 한니발은 제국의 심장을 향해 진군해가고 있었다.

◇◇◇◇◇◇

그해 초여름 어느 날, 카르타고군은 에브로강을 건넜다.[33] 그 후 거의 200년이 지나 루비콘강을 건넌 율리우스 카이사르처럼, 한니발은 자신이 일단 강을 건너면 다시는 돌아올 수 없다는 걸 알았다. 그는 이제 로마와 카르타고 사이에 맺어진 협정을 위반했지만, 법적인 세부 사항은 그리 중요하지 않았다. 무엇보다도 로마인이 이미 전쟁을 선포한 뒤였기 때문이다. 하지만 한니발은 은근한 외교적 암시로만 자신의 의도를 밝히는 데 그치지 않고 그 이상으로 분명히 로마인을 향해 신호를 보냈다. 로마인들은 스페인에 수많은 첩자와 정보원을 심어놓았고, 한니발도 이탈리아에 똑같이 그런 요원을 배치해두었다.

로마 원로원과 군령권을 행사하는 집정관들은 카르타고인이 스페인에서 더 단단한 방어 태세를 취하는 것이 아니라 오히려 에브로강 북쪽으로 움직였다는 소식을 빠르게 보고받았을 것이었다. 로마인은 이 시점에서 한니발이 알프스를 넘어 이탈리아로 대담하게 진군할 것이라고 짐작하지는 못했겠지만, 아무튼 한니발은 이베리아 쪽으로 진군하는 스키피오의 로마군과 갈리아에서 교전할 계획이었다. 늘 신중한 태도로 나오는 카르타고인들에 익숙한 로마인이 볼 때, 그것은 완전히 다른 부류의 공격적 전쟁이었다. 하지만 로마군에게 한니발의 진군은 기대했던 것 이상으로 좋은 쪽으로 상황 변화를 가져왔다. 로마 군단은 이제 적대적인 스페인에서 전쟁을 벌이지 않고, 전쟁의 무대를 옮겨서 마살리아(오늘날의 마르세유) 같은 갈리아의 동맹 그리스 도시들의 도움을 받아가며 전쟁을 벌일 수 있었다. 그렇게 되면 재보급과 지원도 훨씬 얻기 쉬울 터였다. 여러 가지 상황은 실제로 집정관 스키피오에게 무척 좋은 쪽으로 진행되는 중이었다.

그러는 동안 한니발은 에브로강 북쪽에 있는 이베리아인과 켈트족들을 상대로 첫 번째 현지 전투를 벌이고 있었다. 토착민들은 카르타고 군대가 아무런 제지도 받지 않고 자신들의 영토를 지나가도록 내버려두려 하지 않았다. 한니발도 마찬가지로 자신이 이탈리아로 진군하는 동안 후방에 진압되지 않은 적을 방치한 채 앞으로 나아갈 생각이 없었다. 그는 피레네 남쪽 스페인 도시와 시골 지역을 정복하려고 재빠르게 움직였지만, 예기치 못한 전투를 벌이느라 아까운 몇 주를 보내야 했다. 그는 정찰병의 보고를 통해 높은 알프스산맥에 겨울이 빠르게 다가오며, 높이 쌓인 눈이 늦가을이면 몇몇 산길을 막아버린다는 것을 알았다. 그럼에도 불구하고 이베리아 정복을 완수한 뒤에 피레네산맥을 통과하는 것 말고는 다른 선택지가 없었다. 갈리아 현지에서 벌어진 전투는 맹렬했고 양쪽 모두 큰 손실을 입었지만, 곧 카르타고인은 에브로강과 갈리아 사이 모든 세력의 거점 도시를 점령했다. 곧이어 한니발은 친구 한노에게 보병 1만 명과 기병 1000명을 내주어 점령 지역을 지키면서 북쪽에서 스페인으로 들어오는 로마인을 막아내고 그다음에는 이탈리아에 들어가는 자신에게 지원군을 보낼 준비를 하라고 지시했다. 진군하는 도중에 반란의 위험성이 있는 골칫거리 카르페타니 부족 몇천 명도 고향으로 돌려보냈다. 카르타고 사령관이 볼 때, 불만을 품은 대규모 병력보다는 충성스럽기 그지없는 소규모 군대를 데리고 행군하는 편이 훨씬 나았다.

쌀쌀한 피레네산맥을 통과하는 여정은 한니발의 군대에게 일대 난관이었는데, 그들이 조우한 산간 지대의 켈트족이 통행에 협조하지 않고 적대적으로 나왔기 때문이다. 하지만 산길 자체는 낮아서 눈이 쌓이지 않았고, 여름에 자란 풀도 풍성해서 동물들도 배불리 먹였다. 특히 코끼리는 한 마리당 하루에 40킬로그램 넘게 사료를 줘야 했고, 식수원으로부터 멀리 떨어진 곳에서는 오래 살아남지 못했다. 카르타고인이 갈리아로 들어서자 날씨는 계절에 알맞게 더 온화했고 풀도 더 풍성했다.

갈리아 해안 지역은 몇 세기 동안 지중해 북부 해안을 따라 교역해 온 카르타고 상인들에게 익숙한 지역이었다. 과거 그리스인은 그 지역을 오랫동안 점령했고, 그들의 식민지 중에는 론강 초입에 있는 대도시 마살리아도 있었다. 이 도시는 거의 400년 전에 그리스인이 토착 켈트족과 원활하게 교역을 하기 위해 세운 곳이었다. 켈트 부족들은 피레네와 알프스 사이, 그리고 저 멀리 북쪽 바다에까지 이르는 내륙을 차지하고 있었다. 스페인의 친척 부족과 마찬가지로 그들 역시 전혀 통합되지 않은 채 수십 개 부족이 함께 모여 살았고, 각 부족은 릭스rix라는 명칭의 왕이 통치했다. 릭스는 부족을 지배하고 전투에서 전사들을 이끌었다. 로마인은 갈리아 지역의 그리스 도시들과 우호적 관계를 유지했고, 핵심 동맹인 마살리아도 그런 동맹 도시 중 하나였다. 하지만 로마인이 이탈리아 북부 켈트 부족들을 꾸준히 정복하면서 그 지역에선 언제라도 반란이 일어날 기미가 농후했다. 한니발도 이런 현지 부족들 사이의 긴장 상태를 자세히 파악했고, 이미 이탈리아에 있는 그의 대리인들을 통해 반反로마의 불꽃을 부족들 사이에서 열심히 지피는 중이었다. 한니발은 만약 알프스 전역의 켈트족을 아군으로 끌어들일 수 있다면 이탈리아에 주둔하는 기존의 대규모 병력을 손에 넣는 것이나 마찬가지라고 생각했다.

그러는 동안 스키피오는 육로와 해로로 천천히 로마 군단을 이끌고 리구리아 해안으로 접근해 갈리아로 들어가는 중이었다.[34] 그는 이탈리아 북부에서 계속되는 여러 켈트족 반란 중 하나를 진압하는 것을 돕느라 시간을 허비하는 바람에 마살리아 근처 론 삼각주에 도착하기 전에 계절은 이미 9월 초가 되었다. 그가 받은 최근 소식은 한니발과 그의 군대가 수백 킬로미터 떨어진 곳에서 여전히 피레네 산맥을 통과하는 중이라는 것이었고, 따라서 스키피오는 카르타고인을 격파시킬 시간이 충분하다고 생각했다. 하지만 정찰병이 로마군 진지에 전력으로 달려와 한니발과 그의 군대가 이미 론강 서쪽 강둑까지 진출했고, 현재 위치는 북쪽으로 고작 나흘 거리밖에 안 된다는 소식을 전했을 때, 스키피오는 그야말로 엄청난 충격을 받았다. 보고에 따르면 카르타고군은 강의 동쪽을 건널 준비를 하고 있었다. 그것은 로마인에게 심각한 위협이었다. 한니발이 믿을 수 없는 속도로 휘하 병력을 빠르게 움직인 것도 문제이지만 강을 건널 수 있다면 로마인의 허를 찌르는 건 물론이고, 갈리아 쪽으로 와야 하는 이탈리아의 증원 부대를 차단할 수 있기 때문이었다. 이때 로마인은 처음으로 자신들이 마주할 적이 어떤 부류인지 똑똑히 알게 되었다. 스키피오는 휘하 여단장들을 소집하여 전 병력에 전투 준비를 하라고 명령했다. 그는 선제 조치를 취하여 카르타고 부대가 론강을 건너지 못하게 저지해볼 생각이었다. 대규모 부대가 그런 큰 강을 건너는 일은 로마 장군일지라도 몇 주까지는 아니어도 며칠은 준비가 필요한 일이었기에 스키피오는 또다시 아직 시간이 충분히 남아 있다고 생각했다.

그러나 한니발은 맹렬한 속도로 움직였다. 도강 이틀 만에 그는 론강의 서쪽 강둑에 있던 켈트 부족들로부터 상선, 어선, 카누를 발견하는 즉시 사들이거나, 빌리거나, 징발했다. 이 부족들은 강을 따라 내려가 마살리아의 그리스인과 교역하는 일에 익숙했기에 이런 배들을 갖고 있었다. 하지만 막상 카르타고 군대가 강을 건너고 보니 그들을 기다리는 건 자신들에게 적대적인 켈트 볼카이족의 부대였다. 이 부족은 카르타고인을 영토에 들이지 않으려 했다. 한니발이 그들을 처리하기 위해 수립한 계획은 독창적이었다. 셋째 날 밤, 그는 대다수가 스페인 기병대인 대규모 병력을 한밤중에 강 상류로 보냈다. 그 부대는 보밀카르의 아들 한노가 지휘를 맡아 토착민 안내자의 인도를 받아가며 은밀히 북쪽으로 이동했다. 그들은 강 한가운데서 물길을 둘로 나누는 섬이 있는 구역에 도착했고, 그 인근에서 나무를 신속하게 잘라 뗏목 함대를 만들었다. 그런 뒤 발각되지 않게 몸을 숨긴 채 론강을 건넜고, 반대편 강둑에 올라서서는 크게 원을 그리며 남쪽으로 다시 진군하여 볼카이족 군대 배후의 적당한 곳에서 매복했다. 그들은 그곳에서 한니발의 공격 신호를 기다렸다.

도강 다섯째 날, 한니발은 장병들이 강으로 나아갈 때 선두에 선 배에 승선하여 만반의 지휘 태세를 갖추었다. 노잡이들은 서쪽 강변에 있는 전우들의 환호를 받으며 반대편에 먼저 도착하려고 서로 경쟁하듯 노를 열심히 저었다. 볼카이족은 귀가 먹먹할 정도로 켈트족 특유의 독전 함성을 지르며 카르타고인이 동쪽 강둑에 올라오기를 고대했다. 하지만 바로 그때 한노의 기병대가 한니발이 신호로 쏘아올린 공중의 연기를 보고 매복처에서 신속하게 빠져나와 적의 배후에서 기습했다. 볼카이족은 깜짝 놀라서 허둥지둥하며 공포에 빠졌다. 그러자 한니발은 동쪽 강둑에 처음으로 발을 디딘 부대를 이끌고 전후 양면에서 적을 공격하는 전투에 합류했다. 볼카이족은 순식간에 전사하거나 퇴각했고, 나머지 카르타고 보병대와 말은 이제 본격적으로 강을 건너기 시작했다. 해질녘이 되자 강을 건너지 못한 건 코끼리뿐이었다.

서양 세계에서 코끼리를 처음 마주친 시기는 한니발보다 한 세기 이전에 알렉산드로스 대왕이 페르시아 제국을 침공했을 때다. 전장에서 페르시아군의 인도산 코끼리는 막강해 보였고 겁먹은 적의 병력에게 큰 혼란을 유발했지만, 실제로 그들의 유용성은 전술적인 것이라기보다 상징적인 것이었다. 통제가 어렵고 쉽게 겁에 질리는 코끼리는 적군 못지않게 아군도 짓밟을 가능성이 컸다. 그러나 한니발과 바르카 일족은 전투용 코끼리를 일족의 마스코트로 받아들였다. 그가 데리고 있던 코끼리가 인도산 코끼리인지 아니면 멸종한 북아프리카 종인지 확실하게 알 수는 없지만, 사하라 남쪽에 서식하던 거대하고 절대 통제할 수 없는 코끼리보다는 몸집이 훨씬 작은 종이었다.

한니발의 코끼리는 물속에 있는 것을 편안해했지만, 론강은 물살이 빠른 데다 물이 차갑고 폭도 넓은 강이라, 아무리 코끼리라고 하더라도 헤엄쳐서 건너는 것은 비현실적이었다. 그러나 한니발은 과거부터 오랜 시간 반대편 강둑으로 코끼리를 이동시키는 문제를 해결하려고 고심해왔다. 그는 장병들에게 강변에 난 기다란 흙길의 끝에 거대한 뗏목 부교를 만들게 하고 이것을 흙과 초목으로 덮게 하여 둑길처럼 보이게 했다. 이처럼 분리할 수 있는 뗏목에 암컷 코끼리 두 마리를 태우고 나머지 수컷이 자연스럽게 따라올 수 있도록 했다. 모든 코끼리가 부교에 올라타자, 둑길로 이어진 뗏목을 고정시키던 끈을 절단하여 코끼리를 태운 뗏목이 강으로 흘러들어가 자연스럽게 강을 건너게 했다. 코끼리 중 몇 마리는 겁에 질려 도중에 강으로 뛰어들어 등에 탄 조련사를 익사하게 만들었지만, 코끼리들은 곧 코를 물 위로 내놓고 숨을 쉬면서 강바닥을 걸어 모두 강을 건널 수 있었다. 나머지 코끼리들은 뗏목에서 겁에 질려 얼어붙었고, 빠르게 동쪽 강변으로 수송되었다. 결국 모든 코끼리가 엄청난 충격을 받았지만 빠른 시간 안에 안정을 찾아 론강의 건너편에 도달하여 이미 강을 건

넌 나머지 카르타고군과 합류했다.

그러는 사이 한니발은 500명의 누미디아 기병을 남쪽으로 보내 마살리아에 주둔한 스키피오의 군대가 어떻게 움직이는지 정찰하게 했다. 그들이 곧 진지로 돌아와 올린 보고의 내용은 이러했다. 몇 킬로미터 떨어진 곳에서 로마 기병대와 조우했으며, 짧지만 맹렬한 싸움을 벌이는 바람에 거의 절반이나 병력을 잃었지만 로마인 역시 큰 병력을 잃고 황급히 스키피오에게 돌아갔다. 이런 보고를 접한 한니발은 해안에서 벗어나 먼 산맥을 향해 움직이라고 휘하 병력에 지시했다. 갈리아에서 전쟁을 벌이다가 교착 상태에 빠지는 걸 바라지 않았기 때문이다.

이제 깜짝 놀란 로마인은 마침내 한니발이 알프스산맥을 넘어 이탈리아 본토를 침공하려 한다는 걸 확실히 알아차렸다. 이런 대담하고 기발한 이동 작전이 로마에 미칠 현실적 위험을 생각하면서, 스키피오는 즉시 병력을 돌려 이탈리아로 돌아가 그곳에서 한니발과 교전하는 데 필요한 병력을 더 많이 모집하기로 했다. 이미 갈리아에서는 한니발을 따라잡을 수 없기도 했거니와 장차 중요한 의미를 갖게 되는 장기적 전쟁 계획의 일환으로 동생에게 병력 대부분을 주어 스페인으로 먼저 보낸 상태였기 때문이다. 스페인의 카르타고군이 이탈리아 본토로 들어간 한니발을 뒤쫓아갈 이베리아 증원군을 보내지 못하게 하고자 한 것이었다.

이제 카르타고인들은 눈 덮인 알프스산맥을 직접 볼 수 있었고, 그 산은 매일 더 크게 다가왔다. 장병들의 사기 진작에 통달한 한니발은 론강을 떠나기 전에 병력을 연병장에 집합시켜 마길루스라는 이탈리아 켈트족 족장을 소개했다. 족장은 알프스산맥 건너편에서 자기 부족이 그들을 환영하기 위해 학수고대하는 중이라며 장병들을 일단 안심시켰다. 한니발도 부하들에게 산맥 저 너머 로마를 상대로 치를 전투에서 혁혁한 승리가 기다리고 있다고 장담했다. 승리는 곧 막대한 전리품을 의미했다. 그는 산맥을 통과하는 일이 고될 것이라고 경고하면서도, 앞으로 닥칠 어려움에 아군만큼 잘 준비된 군대는 일찍이 알렉산드로스 대왕 시대 이후로 없었다고 자신감 넘치는 어조로 말했다. 장병들은 사령관 한니발에게 엄청난 신뢰를 품고 있었고, 사령관의 격려사에 목이 쉴 정도로 환호했다. 이어 그들은 우뚝 솟은 알프스산맥을 향해 나아갔다. 그들 모두가 자신의 삶에서 가장 큰 난관이 될 앞날의 시련에 단단히 마음의 준비가 되어 있었다.

7

알프스산맥

스키피오와 휘하 로마군은 해안 가도를 따라 갈리아에서 이탈리아로 돌아가는 중이었다. 따라서 한니발의 군대는 알프스산맥을 통과하는 남쪽의 낮고 완만한 경로는 활용할 수 없었다. 카르타고인에게 유일한 선택지는 론강을 따라 북쪽으로 나아가, 동쪽으로 가서 더 높은 산길을 택해 산맥을 통과하는 것이었다. 한니발은 나흘 동안 북쪽으로 진군했고, 현대의 발랑스 바로 북쪽에 있는 이사라강(오늘날 이제르강)이 론강으로 흘러드는 지점에 도착했다. 폴리비오스와 리비우스는 이곳을 '섬'이라고 불렀다.[35]

한니발이 어떤 경로를 지나갔든 간에 그의 성과가 경이로운 건 단순히 산맥을 넘었기 때문만은 아니다.[36] 그 이전에 상인, 이민자, 심지어 무장한 켈트족도 몇 세기 동안 그 산맥을 넘었다. 한니발의 업적이 비범한 건 그가 코끼리까지 동반한 몇만 명에 이르는 병력을 이끌고 초겨울의 눈발과 얼음을 뚫고 낯선 알프스산맥을 통과했기 때문이다. 그것도 무장을 잘 갖춘 산간 지대의 사나운 전사들이 카르타고군을 섬멸시키겠다고 위협하는 상황에서 달성한 일이었다. 그런 업적은 일찍이 전례가 없는 성과였다.

알프스를 통과하는 한니발의 첫걸음은 먼저 후방에서 현지 동맹을 확보하는 것이었다. 론강과 이제르강이 만나는 '섬' 지역에서 한니발은 인근 켈트 알로브로게스족의 두 형제 중 장남을 만났다. 그는 차기 왕위를 두고서 동생과 다투고 있었다. 켈트족 세상에서 왕위는 사망한 통치자의 장남에게 자동으로 돌아가는 것이 아니라, 설득이든 군사력이든 가장 많은 지지자를 얻는 자가 차지했다. 한니발은 형제 분쟁이 동맹을 얻을 수 있는 좋은 기회로 보고 장남을 뒤에서 지원했다. 그들은 힘을 합해서 동생의 세력을 동쪽으로 쉽게 몰아냈고, 부족 지도자 자리는 자연스럽게 형에게 돌아갔다. 새로운 왕은 자신이 즉위할 수 있도록 지원해준 것에 감사를 표하며 산간 지대에서 입을 따뜻한 의복과 풍부한 보급품을 제공했다. 그런 물자 중에는 새로운 무기와 갈리아 남부 풍요로운 밭에서 수확한 잉여 곡물 등도 포함되었다. 특히 새로 즉위한 현지 왕은 한니발에게 대규모 병력을 제공하여 카르타고군이 산맥을 통과하는 동안 후위를 담당하게 했다.

한니발은 장남을 배후 지원하는 것이 어려운 결정임을 알면서도 그런 선택을 했다. 그의 동생은 쫓겨났다고 하지만 여전히 부족의 동쪽 영토인 산간 지대를 다스리고 있었기 때문이다. 카르타고군은 곧 이 산간 지대를 통과해야 했다. 열흘 정도 행군한 끝에 한니발과 휘하 군대는 양옆에 가파른 절벽이 우뚝 솟은 비좁은 협곡을 따라 흐르던 시냇물이 강을 이루는, 알프스산맥의 산기슭에 도착했다. 한니발은 그 지역의 형세를 즉각 파악했다. 그곳은 산간 부족이 대규모 군대를 상대로 매복 작전을 펼치기에 매우 이상적인 곳이었다. 카르타고군은 협곡을 따라 몇십 킬로미터나 되는 좁고 비좁은 길을 장사진을 이루며 움직일 수밖에 없었다. 이런 비좁고 운신의 폭이 제한된 환경에서 기병대는 쓸모가 없었고, 그처럼 이동이 원활치 못한 사정은 코끼리도 마찬가지였다. 이 시점에 알로브로게스 왕이 보낸 후위 부대를 잃음으로써 상황은 더 악화되었다. 그 현지인 부대는 이 위험한 협곡으로 들어가길 거부하면서 따라오지 않은 것이다.

한니발은 은밀하게 이동하는 노련한 정찰병을 전방에 보내 정보를 수집했다. 그들이 전한 말에 따르면, 산 지형을 따라가며 살펴보니 협곡 위의 고지에 적 부대가 배치되어 있어서 그 밑으로 카르타고군이 지나가면 공격할 준비를 단단히 갖추고 있었다. 그런데 이 현지 경계병의 대다수는 밤엔 마을로 돌아간다고 했다. 고대 전쟁에서 높은 곳에 위치한 초소나 진지는 늘 커다란 이점이 있었다. 병사들은 고지의 이점을 활용하여 적에게 무기를 던지거나 비탈을 따라 바위를 굴릴 수 있었다. 이런 식의 습격을 받으면 공격해 오던 부대는 전사자가 발생하는 건 물론이고 큰 혼란에 빠지게 마련이었다. 그러나 한니발은 스페인의 산간 지대에서 켈트 부족들과 싸워서 이긴, 노련하면서도 창의적인 장군이었다. 저녁이 되자 그는 명령을 내려 병력 대부분을 골짜기 아래 맹렬하게 타오르는 모닥불 근처에 남아 있게 했다. 그사이 그는 최정예 전사들만 이끌고 협곡의 바위투성이 산길을 계속 올라가 적의 경계 부대가 낮 동안에 보초 서던 곳보다 더 위쪽으로 올라갔다. 그와 전사들은 밤이 되자 적의 여러 초소에 슬그머니 내려가 불침번을 서던 알로브로게스 위병들의 목을 베었다. 밤사이 철수했다가 아침이 되어 초소로 다시 돌아온 켈트족은 카르타고 병사들이 협곡 위 고지를 점령한 모습을 발견했다. 한니발이 매복하던 적에게 오히려 매복 공격을 펼친 셈이었다.

하지만 협곡을 따라 지나갈 때 카르타고 군대가 겪을 수 있는 위험은 여전히 많이 남아 있었다. 알로브로게스 부족은 싸움 한번 해보지 않고 수백 마리 짐승의 등에 카르타고 군대가 적재한 풍성한 전리품을 포기할 생각이 없었다. 고지의 이점을 빼앗긴 그들은 길 앞쪽에서 광분한 사람처럼 떼 지어 공격에 나서면서 켈트족의 전투 기술을 맹렬하게 선보였다. 그들은 소름 끼치는 비명을 지르고 칼을 휘두르며 인근 요새에서 쏟아지듯 나왔고, 듬성듬성 퍼진 채 협곡의 중간 지점까지 진군한 카르타고 전열을 덮쳤다. 알로브로게스 병사들이 돌격 도중에 많이 죽었지만, 카르타고군의 대열 역시 엉망진창이 되었고 말들과 짐을 실은 동물들이 미친 듯이 온 사방으로 흩어졌다. 그러는 중에도 카르타고 병사들은 대열을 유지하려 애쓰면서 사방에서 몰려오는 듯한 적의 공격에 맞섰다. 한니발은 위쪽에서 상황을 지켜보다가 병사들을 이끌고 비탈을 따라 내려와 적군 병사들을 해치웠지만, 적을 완전히 쫓아낼 때까지 카르타고군 역시 전사자가 많이 나왔고 식량도 큰 손실을 입었다.

곧이어 한니발은 흩어진 대열과 보급품을 재조직하고 협곡 너머 더 넓은 산악 계곡으로 이끌고 갔고, 그다음엔 방향을 틀어 방어가 허약한 알로브로게스 쪽 요새를 공격했다. 그곳에서 한니발은 도둑맞았던 짐을 실은 동물을 다수 되찾았고 적이 다가올 겨울을 위해 모아둔 비축품까지 챙겼다. 비록 전투에서 큰 손실을 봤지만, 적의 요새에서 카르타고 병사들이 노새의 등에다 옮겨 실은 식량은 장차 행군에 큰 도움이 될 터였다.

점령한 요새에서 밤을 보낸 한니발은 산맥의 더 높은 곳으로 아군을 이동시켰다. 며칠 뒤에 다른 켈트 부족을 만났는데 그들은 우호의 표시로 화환을 내밀었다. 그들은 이웃 부족에게 한니발이 가한 끔찍한 보복 소식을 들었으며, 그 때문에 자신들의 영토를 통과하려는 카르타고 군대와 강화를 맺고자 한다고 말했다. 그들은 심지어 호의를 증명하고자 가축을 제공하는 건 물론이고 부족민을 인질로 제공하기까지 했다. 한니발은 켈트족이 한 입으로 두말하는 아주 이중적인 사람들이라는 걸 잘 알았기에 그 제안을 받아들이기를 주저했지만, 우선은 거부하는 것보다 받아들이는 편이 더 안전하다고 판단했다. 나아가 그들을 앞으로 통과해야 할 산길의 안내인으로 삼고자 했다. 그러면서도 한니발은 단 한순간도 그들을 믿지 않고 비상사태에 대한 경계를 늦추지 않았다.

이틀 뒤, 카르타고군이 몹시 비좁은 협곡을 지나가는데 같은 켈트 부족이 또 다른 전사들을 출정시켜 후위를 공격했다. 이 일로 한니발의 의심은 정당하다는 것이 입증되었다. 현지 부족의 배반을 예측한 한니발은 이미 짐을 실은 동물들을 전통적인 위치인 후위에서 앞쪽으로 옮겨놓았고, 긴 대열의 뒤쪽에 중무장한 보병대를 배치해놓은 터였다. 폴리비오스에 따르면, 그의 선견지명이 카르타고군을 철저한 파멸로부터 구했다. 하지만 카르타고군의 손실도 심각했다. 적이 고지를 점하고 그 아래쪽에 있던 카르타고군을 향해 돌을 던지고 비탈을 따라 커다란 바위를 계속 굴렸기 때문이다. 한니발은 카르타고 보병대와 함께 바위투성이의 노출된 좁은 길에서 밤새 싸우면서도 동물들을 미리 앞쪽으로 보내라고 지시했다.

이튿날 아침, 마침내 적이 물러갔고 한니발은 보병들을 인솔하여 계곡을 지나 앞쪽에서 가던 군수품 행렬과 합류했다. 장병 대다수는 어렵사리 구해냈으나 보급품은 왕창 잃은 상태였다. 병사들은 보급품 부족으로 점점 더 지독하게 굶주렸다. 한니발이 죽은 전우의 인육을 먹으라고 지시한 이야기는 로마의 거짓 선전임이 거의 분명하지만,[37] 많은 병사가 굶주린 것은 틀림없는 사실이다.•

그 뒤 며칠간 얼어붙은 알프스산맥의 더 높은 곳으로 움직이느라 기진맥진해진 카르타고군의 긴 대열은 적의 대규모 공격은 피했으나 짐을 실은 동물들과 줄어드는 식량을 차지하려고 현지의 소규모 집단이 벌이는 게릴라 공격에 지속적으로 괴롭힘을 당했다. 하지만 한니발은 선견지명이 있어서 가장 귀중한 보급품은 코끼리 근처에 두었는데, 산간 지대의 토착민이 이 거대한 짐승을 두려워한다는 걸 알았기 때문이다.

힘겹게 알프스산맥 정상으로 나아가는 동안 짐을 실은 동물 다수

• 폴리비오스 《역사》 9권 24장에는 이런 내용이 있다. "한니발의 군사 작전 회의에서 한니발의 친구 중 한 사람인 모노마쿠스(검투사)라는 별명을 가진 자가 그들이 기아를 이기고 이탈리아로 나아가는 방법은 하나밖에 없다고 말했다. 한니발이 그게 뭐냐고 묻자, 모노마쿠스는 병사들에게 인육을 먹으라고 지시하고 그런 행위에 익숙해지게 해야 한다고 대답했다. 한니발은 그 제안의 대담성이나 현실성에 대해 아무런 논평도 하지 않았다. 하지만 그 자신이나 부하 장군들이 그런 생각을 하는 것을 허용하지 않았다. 나중에 이탈리아에 들어갔을 때 한니발이 저질렀다고 하는 잔인한 행위가 실제로는 이 모노마쿠스의 소행 혹은 상황의 압박 때문이라는 얘기도 있었다." 폴리비오스는 이탈리아 내에서 저질러진 잔인한 행위가 모노마쿠스나 상황의 압박 때문이라고 할 뿐, 그게 로마의 프로파간다가 만들어낸 날조였을 수도 있다는 논평은 하지 않는다.

는 식량으로 쓰기 위해 도축되었고, 남은 보급품은 지친 장병들이 등짐을 져서 옮겼다. 몸이 너무 허약해져 앞으로 계속 나아갈 수 없는 병사들은 쓰러진 자리에 그대로 방치되었고, 얼어붙은 땅을 파기가 불가능했으므로 무덤도 만들지 못했으며, 나무는 낭비하기엔 너무나 소중한 물자여서 화장용 장작더미도 쌓아 올리지 못했다. 앞으로 계속 나아가는 것은 불가능해 보였지만, 그렇다고 해서 그런 허약해진 상태로 적대적인 산간 지대 부족들의 영토로 되돌아가는 건 있을 수 없는 일이었다. 그렇게 하는 것은 명백히 죽음의 길로 들어서는 행위였다. 한니발과 장병들에겐 높은 산길 위에서 불어오는 지독히 차가운 바람을 맞으며 눈밭과 얼음을 뚫고 계속 위쪽으로 움직여 나아가는 것 말고 다른 방법이 없었다. 일부 병사는 쓰러진 전우의 담요를 두르고 누웠다가 얼어 죽기도 했다. 추운 밤을 지내고 겨우 살아남은 몇몇 병사는 아침에 일어나길 거부했고, 그런 병사들은 현지의 적대적 병사들에 의해 신속하게 죽음을 당하거나 알프스 산길에 출몰하는 늑대들에게 물려 온몸이 갈기갈기 찢어졌다. 그래도 한니발의 군대는 날이 지날수록 더 높은 곳을 향해 힘겹게 나아갔다.

당시 상황에 대해 폴리비오스는 다음과 같은 기록을 남겼다. 카르타고 군대가 마침내 알프스산맥 정상에 도착했을 때, 플레이아데스 성단의 일곱 별이 마치 10월 말과 11월 초에 그러듯이 서쪽으로 기울고 있었고, 눈이 산길 위로 두텁게 쌓여 있었다.[38] 그 순간이 한니발에게는 승리의 순간이었지만, 살아남은 장병들은 가혹한 추위와 고된 산행으로 완전히 탈진한 상태였다. 카르타고군의 사령관은 병사들을 정상에 모아놓고 아래에 드넓게 펼쳐진 이탈리아 땅을 보여주었다. 그는 저 멀리 떨어진 삼림 무성한 포강 계곡을 가리키면서 그곳의 갈리아 부족들이 우정을 담아 우리를 환영하려고 기다리는 중이며 음식과 음료를 풍성하게 제공해줄 것이라고 말했다. 그는 장병들에게 이제 그들이 로마 성벽을 기어 올라가는 건 시간문제일 뿐이라고 장담했다.

한니발의 군대는 산맥 정상에서 짧게 체류했다가 다시 이탈리아 쪽으로 내려가기 시작했다. 하지만 알프스 정상에 오르는 것이 위험했던 만큼, 내려가는 여정 또한 험난했다. 동쪽 비탈로 내려가는 산길은 갈리아에서 올라가는 산길보다 가팔랐고 얼음으로 덮여 있었다. 떨어진 낙석들이 종종 길을 막았고, 발을 한 번만 헛디뎌도 사람이나 동물이 절벽 아래로 추락하여 바닥의 바위에 떨어져 죽을 수도 있었다. 병사들은 하루 대부분의 시간을 얼마 남지 않은 기운을 써서 사람과 동물이 지나갈 수 있도록 길을 텄다. 불을 피울 나무는 찾기 어려웠고 식량도 거의 동났다. 짐을 실은 동물과 남은 코끼리는 사람들과 마찬가지로 굶주리고 있었다. 이런 최악의 상황에서 설상가상으로 하늘에서 눈이 내리기 시작했고, 새 눈이 기존에 쌓인 눈과 얼어붙은 진흙 등과 뒤섞여, 카르타고 군대의 진군을 더 위험하게 만드는 얼음층을 형성했다. 이런 모든 어려운 과정에서 한니발은 병사들의 대열 사이를 오가며 그들이 앞길을 트는 걸 돕고 격려했다.

리비우스가 기록한 이야기에 따르면 내려오는 길에 한니발과 지친 장병들은 막사를 세울 정도로만 눈을 치우고 산등성이에서 야영을 했다.[39] 하지만 그들 앞에 있는 어떤 길은 이전에 떨어진 거대한 바위로 막혀 있어서 지나갈 수 없었고, 특히 코끼리는 엄두도 내지 못할 정도였다. 바위가 너무 커서 공병 기술자들이 최선을 다했는데도 제거할 수 없었다. 이때 한 병사가 바위의 바닥 쪽에 불을 놓아 제거하는 독창적인 아이디어를 냈다. 병사들은 간신히 나뭇가지를 모아 와서 바위 주위에 쌓은 뒤 불을 놓았다. 산꼭대기에서 불어오는 바람이 곧 모닥불을 활활 타오르게 했고, 바위는 열을 받아 붉게 빛났다. 이 중대한 순간에 공병 기술자들은 맛이 상한 와인을 붉게 달아오른 바위 위로 내리부었다. 그러자 바위가 부지직 소리를 내며 균열을 일으키더니 작은 조각으로 산산이 부서졌다. 그러자 병사들이 남은 파편을 산길 양쪽으로 밀어내고 동물들을 가까스로 앞쪽으로 인도하며 산길을 내려갔다.◆

　녹초가 될 정도로 힘든 며칠을 보냈지만, 마침내 카르타고 부대는 산맥 아래쪽 넓게 펼쳐진 평야로 내려왔고 한니발은 군대에 충분한 휴식 시간을 주었다. 말과 코끼리는 푸르른 들판의 목초지에서 풀을 뜯었고, 장병들은 한동안 잊고 살았던 따스한 햇살을 온몸에 받으며 땅에 쓰러져 잠이 들었다. 한니발은 굶주린 장병들을 먹일 식량을 찾고자 곡식을 구해 올 부대를 들판 근처로 내보냈다. 폴리비오스는 한니발이 그렇게 충분한 휴식 시간을 주어서 장병들이 심신을 회복할 준비를 마쳤다고 서술했다.[40] 그리고 병사들을 일일이 점호하여 아

◆ 장작불과 쉰 포도주로 암벽 표면을 지그재그로 발파하여 길을 만들었다는 이 이야기는 비현실적인 신화라는 비판과 조롱을 많이 받았다. 하지만 리비우스를 옹호하는 설명도 있다. 바위에 불을 가하고 이어 찬물을 끼얹으면 바위가 갈라진다는 것이다. 식초가 바위를 부순다는 고대의 믿음은 16세기까지 전해져왔다. 리비우스 이전의 학자들 중에 기원전 27년에 사망한 마르쿠스 테렌티우스 바로도 식초가 바위를 깨뜨릴 수 있다고 말했고, 바로 이전에도 그렇게 믿는 사람이 많았다.

군의 사상자 수를 파악했고 카르타고군의 당시 병력이 어느 정도 규모인지 확인했다.

한니발과 장병들이 저 멀리 떨어진 스페인의 카르타고 노바를 떠난 지 이제 다섯 달이 지났다. 그는 거의 5만에 이르는 병력으로 알프스산맥을 통과하기 시작했다. 그러나 막상 이탈리아에 도착했을 때 남은 병력은 보병 2만에 기병 6000명이었다. 이런 병력 손실을 두고, 절반 이상을 잃어버린 극복할 수 없는 손실이니 로마를 정복하겠다는 한니발의 작전이 결국 불운하게 끝날 것이라고 생각하기 쉽다.[41] 하지만 정말로 놀라운 건 그가 그토록 험난한 산길에서 많은 장병을 잃었는데도 절반에 가까운 병사들의 사기를 온전하게 유지한 채 산맥을 넘어올 수 있었다는 점이다. 그 누구도, 그러니까 로마인까지 통틀어 그런 일이 가능하리라 생각하는 사람은 없었다. 역사적으로도 나폴레옹이 나타날 때까지 비슷한 규모의 대군을 이끌고 알프스를 넘어 진군하는 데 성공한 장군은 없었다.* 병력이 크게 줄기는 했지만, 한니발의 군대는 여전히 역사적으로 매우 위대한 장군이 지휘하는 가장 노련하고 전투 경험이 가장 풍부한 베테랑들로 구성된 세계 최고의 막강한 군대였다. 그런 군대가 이제 로마의 성문, 바로 문턱 앞까지 와 있었다.

---

* 나폴레옹은 1794년에 알프스산맥을 넘어 이탈리아를 침공했다.

8

티키누스강

한니발의 이탈리아 침공은 엄청나게 중요한 사건이었다. 로마에 심대한 심리적 충격을 주었음은 물론이고 그 이후로도 전쟁의 역사에 지대한 영향을 미쳤다. 전술의 걸작이었고 카르타고와 로마 사이의 전쟁을 완전히 다시 정의했기 때문이다. 푸블리우스 스키피오는 이미 이베리아 침공을 중단하고 휘하 군사 대다수를 데리고 이탈리아로 돌아와 한니발의 군대와 맞설 수밖에 없었다. 로마 집정관 티베리우스 셈프로니우스 롱구스는 카르타고 침공 작전을 계획하던 시칠리아에서 급히 본국으로 복귀했다. 로마인들은 고국에서 멀리 떨어진 스페인과 아프리카에서 치르는 전투에서 승리를 거두리라고 낙관적으로 예측했다. 그러나 이제 상황이 돌변하여 불편하게도 로마와 아주 가까운 곳에서 전쟁이 벌어지게 되었다.

하지만 한니발이 알프스산맥을 넘어 이탈리아 평원 근처에 도착했다는 것 이상으로 로마에게 위협적인 건 이탈리아 내부의 여러 세력이 로마와 일치단결하지 않는다는 점이었다. 로마 바로 근처의 도시들은 충성스러웠지만, 이탈리아반도에는 로마를 그다지 좋아하지 않는 도시와 민족이 있었다. 북쪽 포강 계곡의 많은 켈트 부족들은 종종 노골적으로 적대적으로 나왔고, 몇몇은 로마 군단과 여전히 전쟁 중이었다. 이탈리아 중부와 남부의 사비니인, 메사피인, 그리스인, 그 외 다른 토착 민족은 로마를 못마땅해했다. 로마는 가장 좋은 땅을 차지하고서는 빈곤한 농민들에게 무거운 세금을 부과하고 먼 곳에서 치르는 전쟁에서 싸우다 죽는 수천 명의 보조 부대를 매년 요구했기에 그들은 로마 식민 지배자들에게 반발하며 분노를 표출했다. 실제로 한니발이 물러간 이후 한 세기에 걸쳐서 이탈리아 내 많은 민족이 로마를 상대로 피비린내 나는 반란을 일으켰고 그 여파로 로마 공화국이 거의 파멸에 이를 뻔하기도 했다.

이탈리아 내의 이런 반反로마 주민들을 카르타고 편으로 끌어들이는 건 한니발에게 중요한 작전 계획이자 임무였다. 이를 통해 알프스 등반 중에 격감한 병력을 충분히 보충하는 동시에 로마인의 전력을 상당량 빼앗으려는 것이었다. 한니발의 방법은 당근과 채찍을 번갈아 가며 사용하는 방식이었으나, 좀 더 정확히 말하면 칼과 칼의 그림자를 동시에 사용하는 것이었다. 잠재적 동맹들은 한니발 군대에 보조 부대로 합류한다면 장차 로마를 약탈해서 생기는 풍성한 전리품을 공유하게 될 것이다. 그들은 또 정치적으로 독립을 약속받을 것이다. 카르타고인은 오래전부터 이탈리아반도를 영토로 삼으려는 야심이 없다고 공표했으니 말이다. 그러나 한니발은 적대적인 부족이나 도시가 자신을 상대로 싸움을 거는 것은 용납할 생각이 없었다. 스페인에서처럼 그런 토착민은 치명적인 군사적 위협이자 다른 토착민에게도 나쁜 영향을 미치는 위험한 사례였기 때문이다. 한니발이 이탈리아에서 취한 잔인한 행동들은 현대 독자에게 가혹하게 보일 수도 있겠지만 그가 살았던 거칠고 무질서한 고대 세계에서 그것은 상당히 효과적인 방법이었다. 한니발은 여러 면에서 대다수 고대 사령관들보다 더 자비로웠고, 로마인들이 피지배자들을 대하는 방식보다 훨씬 더 관대하게 대했다.

한니발은 알프스산맥에서 포강의 넓은 평원으로 내려왔는데 그곳은 켈트 타우리니족의 영토에 속한 땅이었다. 현대의 토리노는 이 타우리니족의 이름에서 유래한 도시다. 그 부족민들은 농민이자 다른 켈트족 친척처럼 노련한 전사이기도 했다. 타우리니족은 최근 인근에 거주하는 또 다른 켈트 부족인 인수브레스족과 전쟁을 시작했다. 한니발은 그들의 본거지인 타우라시아에 사는 타우리니 족장들에게 사절을 보내 자신과 동맹을 맺어 로마에 맞서자고 요청했다. 그 부족은 로마에 딱히 호감을 품은 것은 아니면서도 한니발의 요청을 딱 잘라서 거절했다. 카르타고군이 알프스산맥을 넘어 진군하는 과정에서 크게 힘을 잃었으니 로마 군단에 상대가 되지 않는다고 판단해서 이렇게 비협조적 태도로 나온 것이다. 한니발은 이런 반응을 그냥 넘기면 이탈리아의 다른 켈트 부족들 사이에서 자신의 입지가 크게 흔들릴 것이라고 판단해, 타우리니족을 응징하여 일벌백계의 본보기로 삼기로 했다. 그는 휘하 군대를 결집시켜 타우라시아를 포위하고 급습했다. 이내 도시는 불타는 폐허로 변했고, 주민은 학살당하거나 노예로 팔려갔다. 심리전 차원에서 시행된 이런 가혹한 행위는 한니발이 애초에 의도한 효과를 낳았다. 인근 부족들이 거의 즉시 사절을 보내 카르타고군의 대의에 동감하며 충성을 맹세했고, 다가올 로마와의 전쟁에 병력을 제공하겠다고 약속했다.

하지만 스키피오 휘하의 로마군도 그저 놀고 있지는 않았다. 집정관은 휘하 병력을 이끌고 포강을 건너와 카르타고군이 남쪽 강둑에 자리한 잠재적인 켈트족 동맹들에게 접근하는 것을 차단했다. 한니발은 로마인이 진지를 굳건히 구축하기 전에 빠르게 스키피오와 전투를 치러야 한다고 판단했다. 하지만 스키피오와 전투를 벌이기 전에 아군 병사들과 새로운 켈트족 동맹들에게 가르치고 싶은 한 가지 중요한 교훈이 있었다.

한니발은 먼저 휘하 병력을 연병장에 소집한 다음, 카르타고군이 알프스산맥을 필사적으로 넘던 시기에 그들을 습격하다 붙잡혀서 족쇄가 채워진 켈트족 무리를 연병장에 데려왔다. 이 켈트족 전사들은 지난 몇 주 동안 일부러 구타당하고 굶게 했던 터라 한니발의 장병들 앞에서 애처롭기 그지없는 모습을 드러냈다. 한니발은 이어 켈트족 왕들이 전투에서 입었던 것과 같은 훌륭한 갈리아 갑옷을 연병장 한가운데에 쌓아놓고 그 옆에 멋진 말과 화려하게 장식된 군용 망토도 전시했다.

일대일 백병전의 모의 전투 의례는 켈트족 세계에서 매우 명예롭게 여기는 고대 전통이었는데, 한니발은 그 전통을 잘 알고 있었다. 그는 집결시킨 켈트족 젊은 전사들에게 기꺼이 무기를 들고 같은 켈트족 상대와 목숨을 걸고 백병전을 치를 사람이 있느냐고 물었다. 전투의 승자는 노예 신분에서 해방되어 자유인이 되는 건 물론이고, 앞에 전시된 보물을 전부 갖게 될 것이며, 패자는 선택받지 못한 다른 포로들과 함께 처형됨으로써 고통에서 해방되어 영원한 안식을 얻을 것이라고 말했다. 포로들 모두가 백병전에 자신을 뽑아달라고 외쳤고, 한니발은 이에 제비를 뽑게 했다. 켈트족 전사들은 하나같이 신에게 자신이 선택되게 해달라고 기도를 올렸다. 두 사람이 선정되자 그들은 목소리 높여 하늘에 감사했지만, 선택받지 못한 자들은 명예로운 기회가 사라지자 비통한 눈물을 흘렸다. 두 젊은 켈트 전사는 무장하고서 상대와 싸웠으며, 마침내 상대가 쓰러지자 백병전을 멈추었다. 카르타고인은 물론이고 켈트족 포로들도 승자를 축하하며 상품 챙기는 것을 지켜보았지만, 동시에 죽음을 맞이한 백병전의 패자도 칭찬하면서 그런 훌륭하고 명예로운 죽음을 맞이하게 된 것을 부러워했다. 이어 일대일 백병전에 가담하지 않은 나머지 켈트족 포로들은 끌려가 처형되었다.

한니발이 연병장에 소집된 장병들 앞에서 켈트족 포로들을 데려와 일대일 싸움을 시킨 건 이탈리아에서 그들 앞에 놓인 간단한 두 가지 길을 보여주기 위함이었다. 그는 장병들에게 길은 단 하나, 정복하지 못하면 죽어야 한다고 말한 셈이다.[42] 그들 앞에 놓인 길은 승리 아니면 죽음뿐이라고. 알프스산맥을 도로 넘어가 스페인으로 돌아가는 건 불가능했고, 로마에 항복하는 건 노예가 되거나 죽는 것을 의미했다. 앞으로 전쟁에서 죽는 병사들은 전투의 열기 속에서 전우들과 함께 싸우다가 가장 고귀한 방식으로 삶을 마감하는 것이었다. 살아남은 자들은 단순히 망토와 갑옷뿐만 아니라 로마의 부, 그리고 세상에서 가장 강력한 군대를 정복했다는 영광을 얻을 것이다.

한니발은 이어 모든 장병에게 새벽에 로마인과 싸울 준비를 하라

고 지시한 뒤 해산시켰다. 병사들은 사령관의 뜻에 동조하며 결전의
함성을 질렀고, 사기 충천한 채 다가오는 전투를 향해 나아갔다.

◇◇◇◇◇◇

푸블리우스 스키피오는 한니발을 만나 전투를 벌이기 위해 빙 돌아
가는 우회의 여정을 거쳤다. 론강에서 병력의 상당수를 더해 동생 그
나이우스를 스페인으로 보낸 뒤, 푸블리우스 스키피오는 나머지 군
대를 인솔해 해안을 따라 로마 북쪽에 있는 에트루리아로 신속하게
돌아갔다. 그곳에서 그는 두 군단을 지휘하는 법무관 루키우스 만리
우스 불소를 만났다. 불소의 군단은 로마에 적대적인 보이이 부족을
진압하기 위해 이미 현지에 파견된 상태였다. 스키피오는 이 군단들
을 자기 휘하에 합류시켰다. 여기에 더해 동맹 켈트 부족에게서 노
련한 외인 투창 부대와 기병대를 얻었는데, 이들은 중무장한 스키피
오 보병대에 신속한 측면 지원을 제공할 수 있었다. 특히 자신과 같
은 이름을 가진 십 대 아들을 대동하여 그가 전술을 직접 배울 수 있
도록 배려했다. 앞으로 다가올 전쟁에서 중대한 역할을 맡을 젊은 스
키피오는 여기서 처음으로 한니발과 카르타고 군대가 맞붙은 전투를
목격했다.

　로마의 공병 기술자들은 스키피오가 휘하 병력을 이끌고 현지에
도착했을 때 이미 포강의 지류인 티키누스강 위에다 다리를 건설한
상태였다.[43] 이 작은 강의 더 먼 강둑에 있는 평평한 초지는 기병대가
작전을 펼치기에 이상적인 장소였기에 로마군 사령관은 이곳에서 카

르타고군을 맞아 야전을 펼치기로 했다. 그는 비교적 수는 적지만 훌륭하게 중무장한 보병 부대, 그들을 보좌하는 투창병과 동맹 기병대 등이 산을 넘어오느라 지치고 수적으로도 열세인 한니발의 군대를 압도할 수 있다고 확신했다. 게다가 로마는 과거에 늘 카르타고를 물리치지 않았던가? 이제 저 젊은 아프리카 장군에게 로마인의 조국을 침공한 소행이 얼마나 어리석었는지 가르쳐주면 될 일이다.

한니발의 시각에서 보면, 로마인을 상대로 치르는 첫 전투의 중요성은 아무리 강조해도 지나치지 않았다. 그의 부대는 본국 카르타고에서 지원이나 증원군을 기대할 수 없는 상황에서 적의 영토에 내던져졌고, 그것도 수적으로 열세였다. 그는 몇몇 켈트 부족을 동맹으로 얻었지만, 그들은 카르타고군이 로마인을 상대로 승리를 얻지 못하면 언제든지 등을 돌리고 떠나버릴 변덕스러운 무리였다. 한니발의 아프리카인 및 스페인인 병력은 절박하게 승리를 필요로 했다. 저 험준한 알프스산맥을 넘어온 고통과 희생이 보람 있는 일이었음을 증명해야 했다. 앞으로 다가올 여러 전투가 실제로 그러했듯이, 한니발은 승리에 목말라 있었다. 어느 전투에서든 패배한다면, 그것은 거의 전멸이나 다름없었다.

카르타고군은 마침내 티키누스강의 서쪽에서 로마인을 만날 때까지 계속 동쪽으로 나아갔다. 양측은 서로 그리 멀지 않은 곳에 진을 쳤고, 정찰병들이 사령관에게 적의 병력과 그 위치를 보고했다. 양군 진지에선 일촉즉발의 긴장감이 감돌았고, 그날 밤 누구도 푹 자지 못했다. 한니발은 진지의 모닥불 사이를 이리저리 돌아다니며 장병들을 격려했고, 최후의 명령을 내렸으며, 아침이 되면 로마를 상대로 첫 승리를 거둘 것이라고 약속했다. 적어도 그렇게 희망했다.

동이 트자, 양쪽 군대는 먼지 자욱한 평원에 병력을 집결시켜놓고 서로 대치했다. 스키피오는 투창병과 켈트족 기병을 중앙에 두고 로마 보병대를 그들 양옆 좌·우익에 배치했다. 그의 계획은 단순하면서도 상식적이었다. 로마군의 우월한 병력으로 카르타고 전열의 중앙을 돌파하고, 한니발의 병사들을 압도해 적의 대열에 구멍을 낸 뒤, 로마 보병대가 그곳을 관통하여 적을 끝장낸다는 계획이었다. 어쩌면 스키피오는 자기 뒤에 사슬에 묶인 한니발을 끌고 오면서 로마 거리를 따라 개선식을 올리는 영광스러운 모습을 상상했을지도 모른다.

한니발이 전장의 지형을 파악하고 어떤 작전을 써야 하는지 판단을 내리지 못했다면, 스키피오의 전술은 확실히 소기의 효과를 거두었을 것이다. 한니발은 스페인인과 켈트족 기병을 바로 전열 중앙에 내세워 강력하게 돌격해 올 스키피오의 갑옷 기병을 상대하게 했다. 카르타고 전열에 가해지는 무시무시한 공격에 병사 가운데 일부를 잃게 될 것을 알았지만, 비밀 무기가 작동할 때까지 버티기 위해선 그들을 그런 식으로 내세워야 했다. 한니발은 발빠른 누미디아 기병대를 전열 양쪽 끝에 배치하고 로마군의 양옆을 빠르게 돌아 스키피오의 병력이 카르타고의 전열 중앙을 돌파하기 전에 로마군 배후에 가서 자리를 잡으라고 명령했다. 이런 작전은 명령을 내리기는 쉬워도 실제로 실행하기가 어려웠다. 로마군 중앙에 배치된 켈트족 기병대는 막강했고, 그들 앞에 선 투창병은 치명적인 창으로 카르타고 병사들을 빠르게 무찌를 수 있었기 때문이다. 한니발이 작전에서 성공을 거두려면 전광석화와 같은 속도전이 필요했다. 그게 작전의 핵심이었다. 흥미롭게도 어떤 사료도 한니발이 이 첫 전투에서 코끼리를 활용했다고 언급하지 않는다. 코끼리는 도무지 종잡을 수 없는 데다 정확한 속도전의 공격을 지연시킬 수도 있었기에 그렇게 했던 듯하다.

한니발은 로마인이 먼저 움직이는 걸 기다리지 않고 상식적 전술을 무시한 채 스페인인과 켈트족 기병대가 먼저 스키피오의 전열 중앙으로 돌격하게 했다. 로마인은 빠르게 대응했지만, 한니발이 기병대를 무척 빠르게 움직여서 전열 앞의 로마 투창병은 창을 던질 수없었고, 한니발의 기병들이 탄 말발굽 아래 짓밟혔다. 중무장한 양군 기병대가 중앙에서 벽력 같은 고함을 지르며 충돌했고, 사람과 말을 구분하지 않고 난도질하고 찌르는 상황이 일대 혼란 속에서 벌어졌다. 로마인이 공격을 받아내며 카르타고인을 밀어낼 때, 죽어가는사람과 동물이 내는 날카로운 소리가 평원에 가득 울려 퍼졌다. 양쪽에 있던 한니발의 보병대 역시 로마 병사들과 접전을 벌였고 마침내병사들의 피가 메마른 땅을 적셔 암적색의 진흙으로 변했다. 하지만카르타고군의 육중한 압박으로 로마군 대열 중앙에 있던 스키피오의병사와 말이 원활하게 기동하기 어려웠는데, 이것이 바로 한니발이바라던 상황이었다.

전투에서 적을 포위하기란 새로운 점이 없는 전술이지만 실제로그것을 야전에서 성취하기는 몹시 어려운 일이며, 특히 수적으로 열세일 때는 더더욱 포위전은 가망이 없었다. 한니발이 티키누스강에서 만난 로마 군대를 상대로 처음 쓴 작전은 다가올 전쟁에서 그가 빈번히 거둘 승리의 예고편이었다. 한니발은 대담한 기동전을 구사하여 엄청난 기회를 잡아 군사적 성공을 거두었다. 양군의 전열이 중앙에서 단단히 고착되자, 카르타고군의 누미디아 기병은 로마군 전열 양쪽을 빙 둘러 뒤쪽으로 내달릴 여유가 생겼고 방어되지 않은 로마군의 배후를 공격했다. 그 결과 로마 군단에 일대 혼란이 벌어졌다. 로마인들은 갑자기 전면과 후면 양측에서 카르타고인을 상대로 전투를 벌여야 했다. 곧 로마 보병대는 혼란에 빠져 도망쳤고, 로마군의 켈트족 기병들은 학살을 피하고자 동맹인 로마인을 죽였다. 스키피오는 전열 중앙에서 뒤로 밀리지 않도록 장병들을 결집시키려 했지만, 그 자신도 전투 중에 심각한 부상을 입었다. 아들 스키피오가 개입하여 아버지 주위의 몇 사람을 모아 아버지와 함께 전장에서 벗어나지 않았더라면 집정관은 아마도 그날 전사했을 것이다.

로마인은 이제 티키누스강 다리를 넘어 총퇴각했다. 상처 입은 스키피오는 한니발의 누미디아 기병대가 달려드는 동안 최대한 많은 로마군 병사가 다리를 건너오게 하라고 지시했다. 그는 로마군 장병 수백 명에게 전우들이 강을 건너는 동안 다리 뒤에 남아 그들을 보호하고 한니발이 다리를 차지하기 전에 파괴하라고 명령했다. 생존자들은 한니발의 첫 로마인 포로가 되었다.

한니발은 스키피오의 병력을 섬멸하지는 못했지만, 중대한 첫 교전에서 로마군을 철저히 격파했다. 한니발의 승전 소식은 이탈리아 전역에 불길처럼 퍼졌다. 전령들은 빠르게 소식을 로마로 가져와 시장통부터 원로원 회의장에 이르기까지 도시 전역에 한니발이 승리했다는 충격적인 소식을 전했다.

◇◇◇◇◇◇

크게 다친 스키피오는 포강을 건너 로마 식민지 플라켄티아까지 물러나 몸을 회복하고 후퇴한 병사들을 수습하여 군대를 재편성했다. 로마 정부는 토착민에게서 빼앗은 땅에 충성스러운 시민을 이주시켜 그 땅을 식민지로 만들려는 장기 정책의 일환으로 최근 플라켄티아를 설립했다. 스키피오 군대의 생존자들은 로마군이 카르타고군에게 패할 수도 있다는 사실에 큰 충격을 받았다. 과거에 로마는 지금 전장에 나와 있는 카르타고 병사들의 아버지들을 철저히 무릎 꿇게 했기에 로마 군단에 전혀 상대가 안 되는 군대라고 생각했다. 그런데 이제 불의의 일패를 당하고 보니 스키피오가 할 수 있는 일이라고는 증원군을 기다리는 동안 휘하 병력에게 안전하게 쉴 장소를 제공하는 것뿐이었다.

그러는 사이 한니발은 이탈리아 북부에서 새로운 동맹군을 모집하며 큰 성공을 거두고 있었다.[44] 켈트 부족들은 카르타고 장군에게 사절을 보내 충성을 선언했을 뿐만 아니라 카르타고 군대를 강화할 목적으로 노련한 전사로 구성된 부대와 보급품을 제공하기까지 했다. 켈트족은 한니발이 로마를 상대로 첫 승리를 거두었으니 향후 그의 전망이 훨씬 더 밝다고 판단했다.

이틀의 여정을 거친 뒤, 한니발은 남쪽으로 행군하여 물살이 빠르고 폭이 넓은 포강 위에 놓인 다리를 건넜다. 그 다리를 건너가기 위해 그는 다리에서 조금 떨어진 상류에다 코끼리들을 투입하여 거센 물살의 흐름을 다소 완만하게 만들었다고 한다. 이어 전군을 플라켄티아로 진군시켰고, 도시의 성벽 아래에 도열시켜 다시 교전하자고 스키피오를 자극했다. 로마 장군은 어리석지 않았고, 한니발의 기병대가 자신의 기병대를 훌쩍 능가한다는 걸 알았기에 안전하게 도시 성벽 뒤에 칩거하며 응하지 않았다. 한니발은 로마 장군이 전투를 거부할 것이라 예상했으나 로마를 상대로 펼치는 중요한 심리전의 일환으로 약탈전을 펼쳤다. 이는 새로운 켈트족 동맹에게 자신들이 다른 전투도 두려워하지 않는다는 걸 보여주는 핵심적인 방법이었다. 그런 뒤, 플라켄티아에서 서쪽으로 몇 킬로미터 떨어진 곳으로 병력을 이끌고 가서 진지를 세웠고, 더 많은 동맹을 환영하면서 앞으로 닥쳐올 월동에 긴히 필요한 보급품 조달을 궁리했다.

스키피오는 수많은 로마 시민 및 동맹과 함께 플라켄티아 성벽 내부에 머물면 안전하리라 생각했지만, 며칠 지나지 않아 끔찍한 기습을 당하고 만다. 동족에게 대항하여 로마를 돕는 데 불만을 품은 2000명이 넘는 도시 내부의 켈트족 보조 부대가 로마인 대다수가 잠들 때까지 기다렸다가 막사로 몰래 들어가 경고를 보내기도 전에 상당수 병사들을 죽여버린 것이다. 켈트족 부대는 그 민족 특유의 승리 확인 방식을 지키기 위해, 살해한 로마 병사들의 머리를 베어 그 수급을 트로피로 챙겼다. 그들은 피가 줄줄 흐르는 트로피를 휴대하고서 도시 성문을 벗어나 도망쳤다. 켈트족 부대는 카르타고인 진지로 말을 달려 나아갔고, 챙겨 온 수급을 진정한 충성의 증거로 헌납했다. 한니발은 그들을 따뜻하게 환영하며 동맹으로 받아들였다. 이 사건은 스키피오와 겁먹은 휘하 장병들의 사기를 크게 떨어뜨린 끔찍한 일격이었고, 로마 군대는 이제 적대적인 켈트족 영토에서 수적 열세에 내몰렸다는 사실을 어느 때보다 절감했다. 플라켄티아의 남은 켈트족마저 이제 믿을 수 없게 된 스키피오는 즉시 몇 킬로미터 떨어진 트레비아강 인근에 깊은 참호와 말뚝 울타리를 갖춘 요새화한 진지로 군대를 퇴각시켰다. 그리고 거기서 시칠리아에서 건너오는 동료 집정관 셈프로니우스의 군대가 합류하기를 기다렸다.

한니발의 입지는 날이 갈수록 강화되었지만, 때는 한겨울인 데다 먹여야 할 대규모 군대가 있었다. 그는 대리인들을 보내 인근 부족에게서 찾을 수 있는 식량을 모조리 사들이게 했지만, 그걸로 충분치 않았다. 그런데 때맞추어, 인근 도시 클라스티디움의 로마 곡물 창고 지휘관인 다시우스가 로마를 배신하고 한니발에게 창고에 보관 중인 곡물을 고스란히 넘겼다. 로마인은 변덕스러운 켈트족 동맹이 배반한 데에는 그리 놀라지 않았을 수도 있었지만, 아군 부대가 배반하리라고는 미처 생각조차 해본 적이 없었다. 하지만 다시우스와 그의 병사들은 실제로는 로마인이 아니라 이탈리아반도의 발뒤꿈치에 해당하는 지역 출신의 메사피인 동맹이었다.[45] 이처럼 로마에 정복되어 이탈리아인이 된 사람들은 그들 고유의 언어를 썼고 오래전부터 내려오는 문화를 공유했는데, 그 문화는 로마보다는 그리스에 더 가까웠다. 그들은 최근 몇십 년 사이에 로마인에게 패배하여 식민지가 되었고 마지못해 로마의 통치를 받아들였지만, 할아버지에게서 들은 자유에 관한 이야기가 여전히 그들 가슴속에 생생히 남아 있었다.

한니발에게 그런 현지인들의 귀부歸附는 바라던 바 이상의 소중한 선물이었다. 겨울을 날 식량에 대한 걱정을 크게 덜었을 뿐만 아니라 더 중요하게는 처음으로 진정한 이탈리아 동맹을 얻었기 때문이다.

그러한 세력 증대는 포 계곡 남쪽의 로마인에게 도전하는 한니발의 작전 계획에서 필수 요소였다. 하지만 그는 로마를 상대로 벌이는 전쟁이 이제 막 시작되었다는 것도 알았다. 그는 여러 로마 군대 중 하나를 물리쳤을 뿐이었다. 이제 열정 넘치는 젊은 집정관 셈프로니우스가 지휘하는 더 큰 규모의 로마 군대가 한니발과 교전하기 위해 다가오고 있었다.

9

트레비아강

티베리우스 셈프로니우스 롱구스는 로마 엘리트 가문에서 태어났다. 나라의 고위직과 군사적 영광을 생득권처럼 여기는, 매우 유서 깊은 귀족 명문가였다. 그는 성격이 충동적이고 성급했으며, 주어진 시간도 없었다. 로마의 정치 제도는 매년 집정관 두 명을 선출하여 공화국의 최고 책임자이자 최고 사령관 역할을 맡겼다. 최고 권력을 한 사람에게만 맡기지 않고 두 명을 뽑아서 하루씩 교대하며 통치하게 했고 그 임기도 1년 이상 허락하지 않았다. 집정관이 참주로 돌변하는 사태를 미연에 방지하기 위해서였다. 이런 정치 제도 아래에서, 야심만만한 집정관에게 장군으로서 자신의 존재를 증명하고 전쟁에서 승리를 거두는 데 허용된 시간은 1년밖에 없었다. 유사시에는 집정관 대리로서 더 오래 직함을 수행하도록 허용될 수도 있었지만, 그것이 확실히 보장되지는 않았다. 당시 셈프로니우스는 임기가 몇 주밖에 남지 않아서 그 전에 한니발을 물리치지 못하면 그대로 다른 집정관으로 교체될 예정이었다. 이런 방식은 로마 공화국의 강점이자 약점이기도 했는데, 독재자가 되려는 자를 막을 수는 있었지만, 빠른 승리를 바라는 야심차고 미숙한 장군이 때로는 전쟁에서 어리석은 행동을 저지르게 만드는 요인이 되었다.

셈프로니우스는 본국에서 떨어진 시칠리아에서 아프리카 침공을 준비하고 있었으므로 한니발이 침공했을 때 빠르게 휘하의 전군을 이탈리아 북부로 이동시켜야 했다.[46] 마침내 셈프로니우스가 부상을 입은 스키피오의 진지에 도착했을 때, 사실상 그가 로마군 전체를 통솔하게 되었는데 최대한 빠르게 전투를 진행해 한니발을 제압하고자 했다. 스키피오는 조심해야 한다며 주의를 주었지만, 셈프로니우스는 그런 한가한 조언을 들을 생각이 손톱만큼도 없었다. 그는 영광스러운 전투에서 한니발을 물리쳐 높은 명성을 얻고 로마 포룸을 따라 거창한 개선식을 받는 자신의 모습이 눈앞에 삼삼했다.

한니발은 로마 정치 제도가 어떻게 작동하는지, 어떻게 그 약점을 이용할 수 있는지 잘 알았다. 집정관의 진지 내부와 로마시 내부에 첩자를 심어두어서 장군과 시민이 어떤 행동을 하는지 면밀한 보고도 받았다. 셈프로니우스가 빠른 전투를 바란다면 카르타고인은 기꺼이 그를 도와줄 생각이었다.

이탈리아 북부 지대의 켈트 부족들은 통합된 집단이 전혀 아니었으며, 충성할 대상이 상황에 따라 늘 바뀌었다. 몇몇 부족은 카르타고인과 로마인을 동시에 도우면서 양쪽 모두와 손을 잡고자 했기에 한니발은 소규모 부대를 보내 그들의 도시들을 공격하여 식량을 빼앗는 방식으로 괴롭혔다. 물론 식량도 유용했지만, 한니발의 진짜 의도는 다른 데 있었다. 그는 현지 켈트 부족 몇몇이 셈프로니우스에게 달려가 불만을 토로하기를 바랐는데, 과연 그들은 한니발의 의도대로 움직였다. 혈기 왕성한 집정관은 덥석 그 미끼를 물었고, 로마군의 기병대 일부를 성문 밖으로 보내 카르타고 습격대가 진지로 돌아가기 전에 공격하게 했다. 로마군은 한니발의 장병들에게 갑작스럽게 달려들었고, 카르타고 병사들 상당수를 죽이고 빼앗긴 보급품을 거의 다 되찾았다. 카르타고인은 대체로 켈트 동맹들로 구성된 더 많은 병력을 보내 로마 기병대를 공격하게 했지만, 셈프로니우스는 나머지 기병대까지 보내 반격했다. 그러자 수적으로 열세에 몰린 카르타고 동맹들은 겁먹은 모습을 보였고, 결국 로마군을 그날의 승자로 남겨둔 채 총퇴각했다.

이날 전투는 소규모 접전에 지나지 않았지만, 셈프로니우스는 이런 소소한 승리로 한니발의 군사가 열등한 겁쟁이들뿐이라고 확신했다. 한니발은 켈트족 동맹들 중 소수를 희생함으로써 셈프로니우스로 하여금 상대방을 얕보는 마음을 갖게 했는데 이것이 정확히 그가 의도한 바였다. 전투를 갈망하는 집정관은 이제 부상에서 회복 중인 스키피오에게 사자후를 토하며 지금이야말로 한니발에게 총공격을 펼쳐 승리를 거두어야 할 때라며 기고만장하게 굴었다. 스키피오는 카르타고 기병대가 여전히 아군 기병대보다 훨씬 뛰어나며 아군의 켈트족 동맹들은 믿을 수 없으니 조심하라고 주의를 주었으나, 셈프로니우스의 귀에는 그런 말이 아예 들리지 않았다. 그는 최대한 빨리 전투를 벌여 한니발을 제압하고 싶어 했다.

때는 12월 말로 접어드는 중이었다. 한니발은 트레비아강 저쪽 편에 진을 치고 거의 한 달을 동맹과 보급품을 모으며 보냈다. 이 기간에 그는 소규모 경호원만 대동한 채 매일 말을 타고 달려 현지의 지형을 숙지하고 곧 로마인을 상대로 전투를 벌일 만한 장소를 파악했다. 카르타고인은 폭이 넓고 구불구불한 포강의 남쪽 강둑 인근에 진지를 세웠는데, 이곳은 북쪽에서 다가올 공격으로부터 보호받을 수 있었을 뿐 아니라 식수를 꾸준히 보급받을 수 있었다. 진지에서 몇 킬로미터 떨어진 곳에는 폭이 좁은 트레비아강이 남쪽에서 포강으로 흘러들고 있었다. 트레비아강의 양쪽 둑은 아주 높았고 겨울에는 강물이 몹시 차가웠다. 트레비아강에서 동쪽으로 몇 킬로미터 떨어진 곳엔 셈프로니우스와 스키피오의 로마군 진지가 세워져 있었다.

한니발은 자신의 진지 근처 강 서쪽에 있는 지형이 마음에 들었다. 평평한 그 일대가 휘하의 우월한 기병대를 잘 활용할 수 있는 완벽한 곳이었다. 문제는, 어떻게 하면 로마인을 꾀어내 트레비아강을 건너게 해서 강을 등뒤에 두고 퇴로를 차단당한 채 싸우도록 유도할 수 있느냐였다. 전투 전에 강을 건너려면 로마 군인들은 완전무장한 채로 가슴까지 차오르는, 아주 차가운 강물을 헤치며 도강해야 했다. 한니발은 아무리 공명심에 눈이 어둡다 할지라도 셈프로니우스가 그런 위험한 공격 시나리오를 과연 받아들일지 의문이었다. 따라서 그렇게 하도록 부추기는 방법을 찾아야 했다.

고대 세계에서 전투가 한겨울에 치러지는 경우는 드물었는데, 이유는 간단했다. 식량을 구하기가 어려웠고, 추운 날씨가 장병의 육신을 피로하게 해서 사기를 빠르게 떨어뜨렸기 때문이다. 따라서 분별 있는 장군이라면 보통 휘하 병사들을 진지에서 안전하게 휴양시키면서 봄을 기다렸다. 이게 바로 스키피오가 원하던 방식이었다. 그래서 셈프로니우스에게 날이 따뜻해질 때까지 기다리면서 카르타고인을 상대할 준비가 될 때까지 이후 몇 달간 새로 모집한 군단 병사들을 훈련시키자고 강력히 주장했다. 스키피오는 이렇게 응전해주지 않으면 싸울 상대가 없는 한니발의 켈트족 동맹들이 춥고 어두운 겨울날을 지겨워하며 곧 자신들의 마을로 돌아갈 것이라고 계산했다. 한니발도 이런 사실을 잘 알았으며, 그 자신이 만약 로마군 장군이었다면 스키피오의 편에 섰을 것이다. 하지만 그는 외국에 나와 있는 카르타고인이었고 승리가 절실히 필요한 처지였다. 어떻게든 적을 꾀어내 교전하게 만들어야 했다. 그래서 덫을 놓았다.[47]

매일 말을 타고 지형을 살피던 카르타고 장군은 그의 진지 남쪽, 그다지 멀지 않은 트레비아강의 서쪽 강둑에서 나무가 없는 장소를 발견하고 그곳을 주목했다. 그곳은 웃자란 갈대로 뒤덮여 있어서 많은 장병과 말을 충분히 숨길 수 있었다. 로마인은 평소 나무가 울창한 숲속의 매복을 경계했는데, 그들이 싸워온 수많은 켈트족이 그런 매복 작전을 선호했기 때문이다. 하지만 그들은 나무가 없는 지형에는 그리 신경 쓰지 않았다. 따라서 한니발이 볼 때 그 장소는, 어떻게든 로마인을 도발하여 강을 건너게 할 수만 있다면, 아군의 무장 병력을 숨기기에 완벽한 장소였다. 한니발은 당장이라도 싸움을 벌이고 싶어서 안달이 난 동생 마고를 자신의 막사로 불러, 동생이 아는 정예 병사 200명을 먼저 선정한 뒤 그들로 하여금 사기 측면에서 그들 자신과 전혀 손색이 없는 전우를 열 명씩 뽑아 오게 하라고 지시했다. 이렇게 보병 1000명과 기병 1000명으로 구성된 2000명의 매복 부대를 조직하자 한니발은 몹시 추운 밤에 진지 남쪽 갈대가 웃자란 곳에다 그 특공대를 대기시켜 놓은 채 불도 못 피우게 하고 철저히 정숙을 유지하라고 지시했다.

이튿날 아침 동이 트기 전, 한니발은 모든 장병이 식사를 든든하게 했는지 확인했다. 로마인으로 하여금 미끼를 물게 하려면 추운 날에 전투에 나서야 했으므로 든든히 먹어둘 필요가 있었다. 그리고 혹독한 겨울 기온을 버텨낼 수 있도록 장병들에게 기름과 비계를 단열재 삼아서 몸에 칠하라고 명령했다. 한니발은 늘 장병들에게 극도로 세심하게 주의를 기울였고, 장병들은 그런 세심한 배려 때문에 사령관을 존경하고 사랑했다. 동틀 무렵, 카르타고 군대는 잘 먹고 체온도 따뜻하게 유지하면서 추운 날에 펼쳐질 대결에 대비해 만반의 준비를 갖추었다.

새벽에 한니발은 누미디아 기병대에게 로마인을 전투에 끌어낼 수 있다면 큰 상을 내리겠다고 약속하고 차갑기 그지없는 트레비아강을 건너게 했다. 강물은 얼음처럼 차가웠지만, 그들은 말을 타고 있어 그 충격을 모면할 수 있었다. 그들은 빠르게 로마군 진지로 달려가 활을 쏘고 모욕적인 말을 퍼부어 경비병을 조롱하기 시작했다. 셈프로니우스는 격분하여 전군에게 당장 전투를 벌여야 하니 빨리 잠에서 깨라고 명령했다. 로마군 병사들은 아직 아침도 제대로 먹지 못한 상태였다. 며칠 전에 소규모 접전에서 카르타고인을 물리친 경험이 있다고 상대를 우습게 본 셈프로니우스는 이제 완전히 그들을 끝장내고자 했다. 동료 집정관인 스키피오는 어리석은 짓 하지 말라며 강력히 만류했지만, 셈프로니우스는 그 조언에 조금도 귀 기울이지 않았다.

4000명 정도 되는 로마 기병대는 강을 건너 회군하는 누미디아인을 뒤쫓았고, 그 뒤를 로마 보병대 1만 6000명과 동맹 보병대 2만 명이 바짝 추격했다. 로마의 대군은 추위에 떨고 굶주렸음에도 집정관의 명령에 무조건 복종할 정도로 단단히 규율이 잡혀 있었다. 누미디아 기병대가 계속 멀리 떨어진 강둑에서 모욕적인 언사를 퍼붓는 동안, 로마군 병사들은 앞뒤 가리지 않고 트레비아 강물 속으로 뛰어들었다. 로마 병사들은 물이 너무 차가워서 체력이 크게 떨어진 상태로 반대편 서쪽 강둑에 올라갔다. 그들은 온몸이 물에 흠뻑 젖어서 무거워진 갑옷 때문에 더욱더 춥고 지쳐서 몸을 떨었다. 하지만 모닥불을 피워 옷을 말리며 쉴 여유가 없었다. 셈프로니우스는 그들에게 빠르게 누미디아인을 쫓아가 한니발의 진지를 박살 내라고 지시했다.

로마군이 카르타고 진지에 접근했을 때, 카르타고 병사들은 전투대형으로 그들을 기다리고 있었다. 한니발은 전열 중앙에 켈트족과 스페인인 보병대를 배치했고, 기병대와 남은 전투 코끼리는 중군의 양옆에 자리 잡게 했다. 투창병과 그 유명한 발레아레스 제도 투석병은 전열 앞에 배치되어, 돌격하는 로마인이 카르타고 중군의 보병대 앞쪽에 도달하기 전에 치명적인 무기로 공격할 예정이었다. 한니발은 병력 면에서 로마군보다 1만 명 정도 열세였지만, 그의 장병들은 푹 쉬고 먹고 체온도 잘 보존하여 사기가 높은 상태였다.

셈프로니우스와 로마군은 잠을 못 자서 지친 데다 옷은 젖은 채 추위에 시달렸고, 식사를 하지 못해서 배가 고팠지만 그래도 로마 군인은 로마 군인이었다. 그들은 돌격 명령을 받고 카르타고 전열을 향해 맹렬히 달려들면서 철벽같이 단단히 버티고 선 한니발의 전열을 강타했다. 그날 트레비아강의 겨울 평원에서 격돌한 양군 병사 수만 명은 한쪽이 완전히 섬멸되리라는 것을 알아차렸다. 처음에 그런 섬멸의 운명 앞에 놓인 쪽은 카르타고 군대처럼 보였다. 전열 중앙의 잘 통솔된 베테랑 로마군은 카르타고군 정면을 돌파했고, 켈트족 보병대를 집단적으로 죽이기 시작했다. 하지만 그 순간 한니발은 신호를 보내 전장 남쪽의 갈대가 웃자란 매복처에서 대기하던 동생 마고의 특공대에게 공격 명령을 내렸다. 최정예 카르타고 부대 2000명이 갑자기 로마군의 배후에서 공격해 왔고, 이제 로마군의 병사들은 정면과 배후, 양쪽에서 적을 상대해야 했다. 앞에서 움직이는 적은 어떻게든 방어할 수 있었지만, 뒤에서 움직이는 적은 볼 수가 없으니 공격에 고스란히 당하는 수밖에 없었다. 이는 한니발이 한 달 전 티키누스 강변에서 스키피오로 하여금 본의 아니게 겪게 했던 전투를 그대로 재연한 것이었다.

어떤 전투에서든지 양군 병사들은 누가 이기고 죽을지를 깨닫는 순간이 있다. 마고의 병력이 뒤에서 로마 군단을 공격했을 때, 로마군 병사들은 살아서 도망칠 수 없으리라는 것을 알았다. 카르타고인이 로마 병력을 포위하고 밀을 추수하듯이 그들을 베어내기 시작하면서 끔찍한 대학살이 벌어졌다. 일부 로마 병사들은 아예 싸움을 포기하고 땅에 쓰러졌지만, 대다수는 숨이 끊어질 때까지 용맹하게 싸웠다. 소수의 로마 기병이 셈프로니우스 주변을 옹위했고, 그가 트레비아강을 다시 건너 플라켄티아로 질주해서 돌아가는 내내 보호했다. 여전히 부상에서 회복 중이던 스키피오가 이 전투가 벌어졌을 때 어디에 있었는지 혹은 전투에서 어떤 역할을 맡았는지 여부는 불확실하지만, 그 역시 대학살에서 살아남았다. 그러나 우리는 그의 아들 젊은 스키피오가 트레비아강 전투 최전선에서 하급 장교로 참전했다는 사실은 확신할 수 있다. 이 시점에 그는 한니발이 전략과 전술의 대가라는 사실을 다시금 깨달았고, 로마가 그를 상대로 이기고자 한다면 그의 전술을 충분히 숙지해야 한다는 것도 알게 되었다. 그것은 앞으로 한참 남은 장기전의 여러 국면에서 젊은 스키피오에게 큰 도움이 될 교훈이었다.

하지만 로마와 동맹 병력 대다수는 살아남지 못한 결과, 다음 전투에 나서지 못했다. 전열에서 죽지 않은 자들은 도망치려 했지만, 도망치던 중 카르타고의 코끼리에게 짓밟히거나 트레비아강의 얼음 같은 강물 속에서 익사했다. 로마인이 볼 때, 이 전투는 누구도 상상하지 못한 대참사였다. 그러나 한니발에게는 간절히 필요했던 여러 승리 중 하나였다.

10

아르노 습지

한니발은 트레비아강에서 펼쳐진 결전에서 로마의 대군을 격파하여 이탈리아 북부의 지배자가 되었다. 전투에서 잃은 병력의 대다수가 켈트족이었지만, 살아남은 켈트 부족은 거의 모두 열성적으로 그에게 충성을 맹세했다. 승리는 항상 최고의 모병 동력이었고, 켈트족은 로마에 복수하고 싶은 마음에 더하여 전리품도 나눠 갖기를 기대했다. 포강 계곡에 남은 로마 민간인은 도시 성벽 뒤로 물러났고, 신들에게 자비를 베풀어달라고 기원했다. 플라켄티아에 숨은 셈프로니우스는 끔찍한 패배와 자신의 무능한 리더십에 관한 소식이 로마에 도달하는 걸 막으려고 애썼다. 결국 그는 간단한 서신을 원로원에 보내겨울 폭풍으로 승리를 빼앗겼다는 점만 보고했다. 하지만 진정한 손실의 규모를 그리 오래 숨길 수는 없었다. 패배 소식이 수도 거리에 퍼지자 시민들은 공황에 빠졌고 한니발이 곧 로마 성벽 앞에 나타날 거라고 나름으로 근거 있는 추측을 하면서 두려움에 몸을 떨었다.

한니발은 분명 로마와 관련해 뚜렷한 계획이 있었지만, 전투에서 대담하게 작전을 펴는 것 못지않게 앞으로의 전쟁을 장기적으로 보면서 세심하게 계획을 세우는 장군이기도 했다. 그는 이탈리아에서 자신의 입지가 여전히 취약하며 그 때문에 더 많은 동맹이 필요하다는 걸 알았다. 또 로마라는 도시 자체를 전면적으로 공격하기보다는 야전에서 로마 군단을 하나씩 격파하길 바랐다. 그는 스페인에서 사군툼을 공격한 경험을 통해 아무리 작은 도시라도 단단한 성벽을 갖추고 있으면 포위 공격과 적의 굶주림을 이용해 항복시키기까지는 여러 주가 걸린다는 쓰라린 교훈을 일찍이 얻었다. 로마는 사군툼보다 훨씬 큰 도시였고 방어 시설도 더 훌륭하게 갖춰져 있었으므로 공성전을 벌여야 한다면 그보다 훨씬 많은 시간이 필요할 것이다. 그에겐 차후 몇 달간 야전에서 로마 군단을 차례로 격파하고 동맹을 확보해야 하는데, 특히 로마에 점령된 남부 이탈리아의 여러 민족을 받아들여 동맹을 구축하는 편이 더 현명한 일이었다. 켈트족은 훌륭한 전사이고 전투에서 더할 나위 없이 용맹했지만, 변덕이 심했고 전투가 없는 장기 대치전은 금세 지루해했다. 한니발은 차후 그의 곁에서 싸울 전우로서, 로마식 규율을 몸에 익힌 동요하지 않는 이탈리아인이 필요했다. 또 다가올 여러 전투에서 로마인이 패배 이후 점점 더 깊은 공포로 허우적거리느라 카르타고군이 로마 근처에서 압박을 가할 때 전보다 더 어리석은 선택을 하길 바랐다.

◇◇◇◇◇◇◇

그해에 새로 선출된 로마의 두 집정관은 그나이우스 세르빌리우스

게미누스와 가이우스 플라미니우스 네포스였다. 그들은 신병을 모집하고 로마 시민과 이탈리아 동맹을 구분하지 않고 새로운 군단을 훈련시키느라 분주했다. 로마 시내는 밤낮을 가리지 않고 금속으로 무기를 만들고, 여러 신에게 눈물을 흘리며 탄원하는 등 매우 흥분된 모습이었다. 로마인은 신이 보낸 전조를 심각하게 받아들이는 매우 종교적이고 미신적인 민족이었다.• 로마 역사에서 위기를 겪을 때면 많은 사람들이 앞으로 닥칠 암울한 시기를 경고하는 하늘의 징조를 보았다고 신고하곤 했다. 리비우스가 전한 것처럼, 이제 전조와 기현상에 관한 이야기는 도시와 그 너머까지 빠르게 퍼졌다.[48] 빛을 발산하는 배가 하늘을 따라 항해하는 모습이 보였다. '희망의 신'의 신전이 벼락에 맞았다. 구름 사이에서 돌이 비처럼 쏟아졌다. 원로원은 여러 신을 로마 편으로 만들기 위해 9일 동안의 탄원 기간을 선포했으며, 한니발의 수호신이기도 한 헤르쿨레스에게 넉넉하게 봉헌 제물을 바치기도 했다.

그러는 동안 한니발은 남은 겨울을 현대의 볼로냐 근처에 사는 켈트족인 보이인들 사이에서 보냈다. 보이인은 로마인을 극렬하게 증오하는 충실한 동맹이었고, 오래전 스페인에 사절을 보내 충성을 맹세하고 현지에서 카르타고인이 목표한 바를 이룰 수 있도록 도왔다.

• 로마인들은 집정관이 휘하 군단을 이끌고 야전으로 나아갈 때 종교적 정화 의식과 희생 제의를 반드시 거행했다. 전투의 승리는 국가의 대사인데 그것을 얻자면 무엇보다도 운명과 그에 순응하는 절차를 잘 치러야 한다고 보았기 때문이다. 그리하여 복점, 봉헌, 조점, 세정(洗淨), 예언 받기 등의 각종 종교적 절차를 성실하게 수행했다. 그뿐만 아니라 주술사의 말과 시빌(영매)의 예언서에 적힌 말도 존중했다. 로마인이 이적이 벌어지는 현상을 중시한 것은 그런 현상이 국가적 시련의 예고이며, 그 시련을 잘 다스려야 패전과 파멸을 면할 수 있다고 보았기 때문이다.

그들의 영토는 한니발이 다음 군사적 행보에 나서기에 아주 좋은 곳이기도 했다. 그는 이탈리아의 척추이며 로마 북부 에트루리아의 풍성한 중심지로 내려가는 중부 아펜니노산맥을 가로질러 그 일대의 점령에 나서고자 했던 것이다. 아펜니노산맥은 알프스처럼 높거나 춥지는 않았지만, 한니발이 정확히 이 산맥의 어느 곳을 군대와 함께 통과할지 로마인은 크게 우려했고, 카르타고군 사령관 자신도 그 문제를 오래 고민했다.

그해 겨울 한니발에 관련된 이야기가 전해지는데, 이 이야기는 그의 생애를 연구하는 사람들을 오랫동안 당황하게 만든 사건이기도 하다.[49] 폴리비오스와 리비우스 모두가 기록한 바에 따르면, 한니발이 밤에 다양하게 변장을 하고서 휘하 켈트족 동맹들을 염탐했다. 이런 은밀한 활동을 통해 그들이 진정으로 자신에게 충성을 바칠 세력인지 여부를 파악하려고 했다는 것이다. 그가 켈트족을 의심할 만한 훌륭한 선례가 있는 데다 그가 그들의 언어를 구사할 수 있었던 점을 고려하면 이런 이야기는 진실일 수도 있다. 하지만 로마인이 전쟁 때나 전쟁 이후에 페니키아인이 기만과 사기에 능하다는 프로파간다의 일환으로서 그 같은 잠행설을 꾸며냈을 가능성이 더 커 보인다. 한니발은 진지에다 뛰어난 정보 네트워크를 이미 갖추고 있었으므로 그런 심야의 변장 놀이로 자신의 동맹들 내 평판을 위태롭게 만들 필요가 없었다.

실제로 한니발은 켈트족과 다른 잠재적 이탈리아 동맹들 사이에 신뢰를 구축하려고 무척 애를 썼다. 켈트족의 신임을 얻기 위해 일부러 로마인 포로를 가혹하게 대하고 숨만 붙어 있을 정도로 음식을 적게 주었다. 반면, 친로마 켈트 부족과 이탈리아 내 여러 나라 출신의 포로들은 무척 관대하게 대했다. 그는 월동 진지에서 포로들을 불러다 놓고 로마인의 잔혹성과 불성실을 지적하는 연설을 했고, 자신은 오직 로마를 상대로 전쟁을 일으킨 것이지 그들 부족과 전쟁을 하러 온 것이 아니라고 안심시켰다. 또 자신의 목적이 로마의 제국주의로부터 오랫동안 학대받은 모든 민족에게 자유를 돌려주는 것이라고 주장했다. 로마는 지중해에 퍼지는 암과 같은 존재이며, 그 욕심과 탐욕으로 다른 나라들을 점령하고 그 나라들이 옛날부터 줄곧 지켜온 자유를 박탈한다는 얘기였다. 반면 카르타고는 몇 세기 동안 이탈리아와 교역해왔고, 절대 그들을 정복하려 한 적이 없었다. 그는 자신의 목적이 순전히 이타적인 것이라고 말하지는 않겠다고 했다. 그런 말을 해봐야 믿어주지 않을 테니까. 분명 카르타고의 이익을 위해 로마를 타도하려는 것이지만, 그래도 이탈리아 내부의 여러 민족은 자신을 도울 이유가 차고 넘친다고 주장했다. 실제로 그렇게 하는 게 그들 자신에게도 도움이 된다고 힘주어 말했다. 그는 대강 그런 내용의 연설을 마치고 로마인이 아닌 다른 민족 출신 포로들의 족쇄를 풀어주라고 명령하고, 몸값도 받지 않고 그들 각자의 부족과 도시로 돌려보냈다. 그리고 풀어준 포로들에게 고국으로 돌아가면 동포들에게 여기서 무엇을 보았고 어떤 대우를 받았는지 꼭 전하라고 했다. 앞으로 펼쳐질 전쟁에서 어느 쪽에 붙어야 자기 민족에게 좋을지 자유롭게 선택하라는 말도 했다.

이탈리아의 농촌에 마침내 봄이 돌아오자 한니발은 보이인족 영내에 설치했던 월동 진지를 해체하고 카르타고군 병력을 남쪽으로 움직여 아펜니노산맥을 넘기 시작했다. 이탈리아 북부의 겨울은 한니발의 코끼리에게 특히 가혹해 결국 겨우 한 마리만이 살아남았다.

한니발이 정확하게 어떤 경로로 산맥을 넘었는지는 불확실하지만, 우리는 그가 해안에서 가까운 쉬운 길을 따라 병력을 이동시키지 않았다는 것은 안다. 로마인은 한니발을 상대로 전투를 치르고서 그에 관해 명확한 사실을 하나 배웠는데, 바로 그가 늘 예상치 못한 행동을 한다는 것이었다. 하지만 겨울에 알프스산맥을 횡단한 카르타고 병력에게 늦봄 아펜니노산맥에 듬성듬성 남아 있는 눈밭 따위는 별다른 걱정거리조차 되지 못했다. 산맥을 넘은 한니발은 또 한 번 예측하지 못한 움직임을 보이며 아르노강 계곡으로 나아갔다. 로마인은 이런 움직임을 전혀 예상하지 못한 터였다. 아르노는 여전히 겨울에 내린 눈이 녹은 물에 잠겨 있는 데다 주변은 도저히 통과할 수 없는 깊은 습지로 둘러싸여 있어서, 보통의 지휘관이라면 군대를 그쪽으로 인솔하지 않을 터였다. 그러나 한니발은 보통의 지휘관이 아니었다. 습지를 건너면 로마군의 진지를 피하는 막대한 군사적 이점이 있었고, 더불어 로마 군단들이 전혀 예측하지 못한 배후에서 그들을 기습할 수 있었다. 하지만 그건 우선 습지를 건너고 난 다음의 이야기였다.

아르노 습지를 건너가겠다는 그의 결정은 포에니 전쟁을 통틀어서도 위험하기 짝이 없는 선택 중 하나였고 오늘날까지도 역사학자들이 논쟁을 벌이는 군사 작전이다.[50] 카르타고 진지의 병사들은 이런 악명 높은 진창을 뚫고 진군할 것이라는 소식이 퍼지자 지금까지 얼마나 사령관을 믿었는지와 상관없이 아예 출발 자체를 꺼렸다. 그러나 한니발은 자신이 세심한 현지 조사를 마쳤으며, 헤치고 걸어나가야 할 물이 얕고 그 바닥이 견고하다는 말로 그들을 안심시켰다. 그리하여 망설이던 장병들이 한니발의 뒤를 따라 습지로 나아갔다. 전하는 바에 따르면, 그는 유일하게 살아남은 코끼리 등에 올라 타고 갔는데, 그 이름은 수로스였고 엄니가 하나 부러진 상태였다.

한니발은 진군 대열의 앞쪽에 노련한 아프리카인과 스페인인 부대를 배치했다. 그들이 어디든 자신을 믿고 따라올 것이라고 확신했기 때문이다. 짐을 나르는 동물들은 이동하는 전군의 각 요소마다 고르게 배치되었는데, 장병들이 보급품에 빠르게 접근할 수 있게 하려는 배려였다. 충성심이 다소 의심스러운 켈트족 동맹들은 대열 중앙에 배치되었고, 마고가 지휘하는 용맹한 누미디아 기병대가 후위에 배치되어 그 뒤를 따랐다. 켈트족은 만약 탈주하려 한다면 충성스러운 병력 사이에 끼어 있는 관계로 크게 곤욕을 치를 것이다. 켈트족 동맹 중 일부는 틀림없이 밤에 몰래 빠져나가는 탈출을 시도해봤겠지만, 그건 인적미답의 습지에서 도중에 길을 잃고 죽겠다는 뜻이나 마찬가지였다. 켈트족은 진창을 힘겹게 뚫고 앞으로 나아가는 동안 한니발 군대에 합류한 일을 후회했을지 모르지만, 이미 습지에 들어선 마당에 달아날 방도는 없었다.

끝이 없을 것처럼 느껴지는 나흘 낮밤 동안, 장병 수만 명이 무릎, 때로는 목까지 올라오는 차갑고 냄새 고약한 물을 헤치며 터덜터덜 앞으로 걸어갔다. 밤에 진지를 세울 마른 땅은 전혀 없었고, 담수 역시 없었다. 카르타고군 대열에 듬성듬성 고르게 배치한 짐을 실은 동물들은 빈번히 진창에 빠져서 움직이지 못하고 대다수가 죽었다. 한니발은 습지를 지나가는 동안 이런 동물들과 보급품의 손실에 별로 신경 쓰지 않았다. 일단 습지를 벗어나면 이탈리아 시골에서 아무 어려움 없이 식량을 충분히 징발할 수 있다는 판단을 내렸기 때문이다.

습지를 건너가는 일은 한니발의 병사들에게 형언할 수 없을 정도로 피로한 과정이었다. 그들이 입은 옷은 물에 젖은 데다 흙이 달라붙어 진흙 범벅이 되었고, 그들 주위로는 자신들의 배설물이 둥둥 떠다녔다. 따뜻한 모닥불은 이제 가뭇없이 사라진 기분 좋은 추억에 불과했다. 끝이 보이지 않는 습지를 허우적거리며 나아가는 일은 마른 땅에서 진군하는 것보다 훨씬 더 어렵고 힘들었다. 밤중에 그들은 선 채로 어떻게든 잠들려고 애쓰거나, 무더기로 쌓아 올린 죽은 동물들 위에 쓰러져서 잠들 수밖에 없었다. 그러면 적어도 물 위에 떠 있을 수는 있었으니까. 보급품은 빠르게 상했고, 너무 목말라서 습지의 물을 마신 자들은 지독하게 앓았다. 많은 병사가 아프고 열이 났다. 전우들은 처음엔 발병한 군인들을 옆에서 도와 함께 걸었지만 결국 그들도 여력이 없었기에 하는 수 없이 병든 전우들을 포기했고, 그러면 그들은 진창에 가라앉아 죽어갔다.

한니발은 휘하 장병들의 고통에 적극적으로 동참하는 지휘관이었으니 늪지를 따라 앞으로 나아갈 때 코끼리를 타고 갔을 가능성은 별로 없다. 그는 확실히 습지에 발을 디뎠고, 나아가는 걸음마다 장병들을 격려했으며, 그들이 감내하는 모든 고통을 몸소 똑같이 겪었다. 장병 대다수처럼 그 역시 불결한 늪지의 물 때문에 한쪽 눈이 고통스러운 염증에 시달렸다. 치료 방법이라고는 깨끗한 물로 눈을 씻고 젖은 찜질을 하는 수밖에 없었지만, 담수든 찜질이든 어느 쪽도 그 상황에선 실행 불가능한 방법이었다. 게다가 한니발이 장병들이 누리지 못하는 특별한 치료를 받았을 가능성도 없다. 그 결과 한니발은 한쪽 눈의 시력을 영구히 잃었다. 한니발은 자신의 불행을 오히려 돋보이게 활용하는 기지를 발휘했다. 그는 장차 자신의 그런 신체적 결함을 예전의 외눈 장군들의 경우와 비교하면서 빛나는 무공 훈장이라고 말했다. 유명한 외눈 장군으로는 알렉산드로스 대왕의 아버지 필리포스가 있었다.

습지에서 고통스러운 나흘을 보낸 뒤, 한니발의 군대는 현대의 피렌체 근처 어딘가에서 그 습지를 탈출했다. 탁 트인 들판으로 나오자 장병들은 마른 땅 위에 쓰러졌고, 다시 한 번 불가능한 일을 해냈다는 걸 깨달았다. 휘하 장병들이 겪은, 믿기 힘든 고난과 병력 손실에도 불구하고 한니발은 아무도 건너지 못하리라 생각했던 습지를 통과하여 성공적으로 군대를 이동시켰고, 그리하여 가장 열성적인 로마 정찰병들도 따돌렸다. 그는 휘하 병력에게 며칠간 휴식을 허락해 빨리 체력을 회복하게끔 했다. 로마인은 이 절호의 공격 기회를 놓쳤는데, 만약 한니발이 습지에서 탈출하는 바로 그 순간 그들을 공격했더라면 체력이 고갈된 카르타고군은 궤멸했을 것이며, 그렇게 되면 전쟁이 단시간 내에 종료되었을 것이다.

당시는 물론 그 이후 몇 세기 동안 많은 사람이 아르노 습지를 통과하는 한니발의 진군이 그런 끔찍한 고통과 손실을 감당할 가치가 있었는지, 혹은 이 전술의 천재가 그저 계산 착오를 했는지 등의 문제를 놓고 의문을 표했다. 그런 의문에 대한 답은 그 횡단이 그에게 제공한 이득에서 찾아야 한다. 그는 이제 로마 군단들이 그가 이동할 것으로 예측했던 곳에서 한참 떨어진, 무방비 상태의 로마 영토로 깊숙이 들어왔고, 앞으로 치러질 여러 전투에서 카르타고군을 유리한 위치에 배치할 수 있는 커다란 이점을 얻었다. 그의 켈트족 동맹들은 습지에서 끔찍하게 고통받았고 많은 병사가 진군 중에 탈주하려 했지만, 이제는 부유한 로마 땅에 들어와 있었으므로 인근 농장과 마을을 마음껏 습격하여 약탈할 기회를 고맙게 생각했다. 그들은 오랜 세월 자신들의 영토를 황폐하게 만들고 동족을 죽인 로마인을 상대로 마침내 판세를 뒤집어 보복할 수 있게 되었다. 이들이 시골 지역을 약탈하는 동안에 한니발이 그런 방종한 행태를 제지했을 것 같지는 않다. 잃어버린 군수 물자를 보충해야 할 필요가 있었기 때문이다. 카르타고인은 습지에서 짐을 실은 동물과 보급품 대부분을 잃었지만, 이제 토스카나에서 대체 동물과 곡물을 쉽고 빠르게 약탈할 수 있었다. 한니발이 치른 대다수 전쟁에서처럼, 아르노 습지를 건너는 군사 작전은 카르타고군에게 참사로 끝날 수도 있는 거대한 도박이었지만, 어쨌든 그 작전은 그에게 엄청난 전술적 이득을 가져다주었고 그 덕분에 한니발은 다가오는 전투에서 승리를 거둘 수 있었다.

11

트라시메노 호수

로마인은 몇 달 전 트레비아강에서 패한 뒤로 게으르게 있지만은 않았다. 새로 임명된 두 집정관 세르빌리우스와 플라미니우스는 셈프로니우스와 스키피오의 군대를 인수해 로마 북부에 사령부를 설치했다. 그들은 겨울을 나는 동안 이탈리아에서 신병 수천 명을 징집했고, 심지어 시라쿠사의 히에로 왕에게서 크레타인 궁수 부대를 빌려오기까지 했다. 론강에서 스페인으로 떠난 그나이우스 스키피오의 두 군단은 지난가을에 스페인에 도착했고, 그러는 동안 다른 로마 부대들은 시칠리아와 사르데냐에 파견되어, 혹시 있을지도 모르는 카르타고의 침공에 대비해 섬을 지켰다. 로마 원로원은 이탈리아 남부의 의심스러운 도시들을 점령하기 위해 주둔군을 보냈는데, 이 주둔 지역 중에는 타렌툼 항구도 포함되었다. 이러한 결정은 이탈리아 동맹들의 충성에 로마인이 품었던 우려를 잘 보여준다. 한니발이 볼 때 로마인이 신병으로 군단을 용이하게 보충할 수 있는 상황은 크게 우려되는 대목이었고, 당연히 카르타고군이 로마에서 더 많은 동맹을 빼앗아내는 데 장애가 되었다.

집정관 플라미니우스는 아레티움에 진을 쳤다. 그곳은 토스카나 동부에 있는 도시로서 로마로 가는 주요 도로상에 있었다. 그는 과거에 그곳에 주요 도로를 건설할 때부터 그 지역을 잘 알고 있었고, 이 도로는 3년 전 그가 감찰관으로 지내던 때에 소박하게 자신의 이름을 따서 플라미니아 가도라고 이름 붙인 길이기도 했다. 그의 계획은 한니발에게 싸움을 걸어 이 건방진 침입자를 물리치고 개선장군의 영광을 얻는 것이었으며, 그것도 동료 집정관 세르빌리우스에게서 전혀 도움을 받지 않고 혼자 그런 무공을 세우기를 바랐다. 상대방의 심리를 귀신처럼 읽어내는 독심술사 한니발은 그런 오만한 지휘관을 마주하길 갈망했다. 폴리비오스는 한니발의 방법을 다음과 같이 묘사했다.

군대를 지휘하는 자라면 누구든, 적장의 드러난 신체가 아니라 그 마음의 약점을 기필코 발견하고자 노력해야 한다.

그렇다고 플라미니우스가 군사적 재능이 없었던 것은 아니다. 몇 년 전, 그는 로마 장군으로서는 처음으로 군을 이끌고 포강을 건너 그 지역에서 발생한 켈트족 반란을 성공적으로 진압한 바 있었다. 그러나 한니발은 정보원을 통해 플라미니우스가 극히 드문, 신인(노부스 호모novus homo) 출신의 집정관이라는 사실도 파악했다. 신인은 로마 공화국의 설립 시기까지 거슬러 올라가는 유서 깊은 귀족 가문 출신이 아닌 사람을 가리킨다. 플라미니우스는 온갖 고난을 극복하고 자신의 가문에서 처음으로 명예로운 '관직의 사다리cursus honorum'로 알려진 로마 고위 공직자 대열에 오른 인물이었다. 그는 이런 대단한 업적을 생득권이자 도시 귀족 가문의 후광이 아닌, 자신의 기량과 결단력으로 성취했다. 그는 원로원의 탐욕과 로마의 부유층 엘리트에 대항하여 평민의 대변자가 되었다. 그가 정치 경력을 시작했을 무렵, 로마 군단들은 켈트 세노네스족의 광대한 땅을 정복하여 몰수했고, 로마 귀족은 광대한 새 사유지를 구축하고자 가장 큰 몫을 직접 챙길 속셈이었다. 이에 하급 호민관이었던 플라미니우스는 민회에서 토지 분배 법안을 밀어붙여 새로 획득한 영토를 잘게 분할하여 궁핍한 로마 시민들에게 나누어 주도록 조치했다. 그 일로 그는 원로원 의원들에게 극심한 증오의 대상이 되었고, 그들은 유능했던 그의 정치 경력을 망치기 위해 무슨 일이든 하려 들었다. 그는 종교적으로도 합리주의자여서 로마 엘리트 계급이 무척 중시했던 지루한 예식과 전조를 종종 무시했다. 이제 두 번째로 집정관이 된 플라미니우스는 원로원과 로마 시민에게 자신의 가치를 확실하게 증명하고자 어떻게든 카르타고인에게 패배를 안길 필요가 있었다. 승리를 향한 이 같은 강렬한 욕망은 한니발이 파고들 수 있는 적장의 약점이었고, 한니발은 그것을 전투에 어떻게 활용할지 잘 알았다.

◇◇◇◇◇◇◇

한니발은 이탈리아에서 첫 겨울을 보내는 동안 병력 4만의 군대를 모았는데, 이들 중 적어도 절반은 켈트족 신병이었다. 이 신병들은 아프리카와 스페인에서 데려온 한니발의 핵심 병력을 보충해주었다. 기원전 217년 6월, 그는 전 병력을 이끌고 피렌체 인근 진지에서 나와 남쪽으로 움직여 토스카나를 거쳐 로마시를 목표로 집정관 플라미니우스의 군대를 향해 나아가기 시작했다. 로마 집정관은 휘하에 2만 5000명 정도 수적으로 열세의 병력을 거느리고 있었는데, 이들 중 일부는 카르타고인과의 이전 전투에도 참전했던 노련한 베테랑이었다. 신중한 장군이라면 카르타고인과 교전하기 전에 동료 집정관의 도착을 기다려 병력의 규모를 키우는 것이 마땅했다. 따라서 한니발은 그런 협력이 성사되기 전에 가능한 한 빠르게 플라미니우스를 자극하여 싸움에 나서게 하는 방법을 찾아야 했다.[51] 그래서 플라미니우스 진지의 성벽을 경멸하듯이 지나쳐 진군하면서 그 근처 부유한 에트루리아 시골 지역을 약탈하며 약을 올렸다. 눈에 보이는 모든 농장을 불태웠고, 언덕과 계곡에 있는 밭은 빠짐없이 잿더미로 만드는 초토화 작전을 펼쳤다.

플라미니우스는 그 광경을 보고 특히 격분했다. 예전에 자신이 열심히 일하면서 웅장한 가도를 건설했던 바로 그 영토였기 때문이다. 집정관의 부장들은 세르빌리우스의 증원군이 도착하기 전에 로마군과 교전하려는 한니발의 뻔한 수작에 말려들어서는 안 된다고 간청했지만, 한니발의 초토화 정책은 그에게 크나큰 충격을 안겼고 그의 자존심을 크게 건드렸다. 한니발의 군대는 이제 플라미니우스 부대와 로마시의 중간 지점쯤에 자리 잡았고, 곧 로마시 자체를 위협할 기세였다. 플라미니우스가 즉시 대응 행동에 나서지 않는다면 자신을 폄하하는 수많은 정적에게 겁쟁이라고 비난할 빌미를 줄 터였다.

플라미니우스는 휘하 부장들의 간절한 조언을 무시하고 로마군 병사들에게 카르타고군을 맹추격하라고 명령했다. 로마군의 중추인 베테랑 백인대장들은 아마도 틀림없이 그런 어리석은 결정을 불신하며 고개를 가로저었을 것이다. 하지만 백부장*은 훈련된 군인이었고 따라서 휘하 병사들이 행동에 나서도록 독려했다.

가까이에서 추격하는 플라미니우스를 등뒤에 둔 채로 한니발은 갑자기 동쪽으로 방향을 틀어 북쪽으로는 가파른 언덕, 남쪽으로는 광대한 트라시메노 호수가 있는 사잇길로 들어갔다. 언덕과 호수 사이에 있는 비좁은 땅은 카르타고 군대가 북쪽 호숫가를 따라 진군하는 동안 약간 열려 있어서, 조금이나마 군대가 산개할 정도의 공간은 있었다. 카르타고 침공군이 계속 따라 나아간 길은 빙 둘러 동쪽 호숫가로 이어졌는데 한니발은 그곳에다 밤중에 진을 쳤다. 호수 건너편의 로마 정찰병들은 이 모습을 온전히 지켜봤다. 플라미니우스는 어리석지 않았지만, 멀리서도 카르타고인의 모닥불을 볼 수 있었기에 호수 서쪽 길 초입에 진을 치는 걸 주저하지 않았다. 이렇게 하면 적이 그 방향으로 도망치는 걸 막을 수 있었다. 아침에 그는 북쪽 호숫가를 따라 한니발을 좇아 제대로 대비하지 못한 카르타고군을 따라

---

* 원어는 centurion. 병사 100명을 지휘하는 대장이라는 뜻이며, 오늘날의 중대장에 해당한다. 그 위로는 천인대장(tribunus militum)이 있었다. 로마 1개 군단의 병력은 4200~5000명이다. 군단은 10개 코호트(Cohort: 오늘날의 대대 급)로 구성되며 1개 코호트는 3~4개 매니플(Maniple: 오늘날의 중대 급)로 구성된다. 1개 코호트의 병력은 500명 정도이고, 1개 매니플의 병력은 180명 정도다. 백인대장은 이 매니플을 지휘하고, 천인대장은 코호트를 지휘한다. 로마 집정관은 보통 2개 군단을 통솔하고 이때의 병력은 1만 명 정도로, 현대식 군대의 여단(6000명)보다는 크고 사단(1만 2000명)보다는 약간 작은 규모다.

잡을 생각이었다. 운만 조금 따르면 언덕과 호수 사이 비좁은 공간은 전투에서 한니발이 누리는 수적 우위를 무효로 만들 것이고, 그렇게 하면 플라미니우스는 전투에서 승리를 거둘 것이다.

하지만 플라미니우스는 반대편 진지에서 한니발 군대가 밤에 휴식을 취하지 않고 북쪽 호숫가를 따라 뒤돌아가 비좁은 길 바로 위의 언덕에 자리 잡았다는 사실을 전혀 알지 못했다. 한니발의 작전은 단순했고, 그 작전의 성공 여부는 플라미니우스가 얼마나 열렬하게 미끼를 무느냐에 달려 있었다. 그는 소란스러운 켈트족을 비롯해 모든 장병에게 명령을 내려 길 위에서 불을 지피지 말고 절대 정숙을 유지한 채 단단히 숨어 있으라고 지시했다. 로마 군단은 그 길로 아침에 동쪽을 향해 진군할 계획이었다. 밤을 나는 동안 한니발은 호수 반대편에 수백 개의 모닥불이 타오르도록 했는데, 이는 카르타고인이 막사에서 평화롭게 쉬고 있는 것 같은 광경을 연출하여 로마인을 안심시키려는 기만술이었다.

그다음 날 동이 트기 전, 플라미니우스는 휘하 병력에 한니발을 좇으라고 명령했다. 빽빽한 안개가 호수를 뒤덮어 북쪽 호숫가를 따라 난 길에도 안개가 자욱했는데, 이는 토스카나에서 여름이면 흔히 벌어지는 자연 현상이었다. 로마 병사들은 짙은 안개 때문에 몇 미터 앞도 보이지 않았고, 힘든 진군 중에 경험이 일천한 군인들조차 이런 상황이 무척 위험하다는 걸 알아보았다. 하지만 플라미니우스는 이 안개를 활용하여 진지에 머물고 있던 카르타고인을 기습하면 한니발에게 대승을 거둘 수 있다고 확신했다. 그렇게 된다면 로마에서 그의 흠집만 들춰내는 자들의 저주 받아 마땅한 입을 영원히 다물게 할 수 있을 터였다. 심지어 그는 수레에 수갑과 사슬을 가득 싣고 갔는데, 카르타고인을 붙잡으면 자비롭게 목숨을 살려주면서 로마에 노예로 끌고 가서 개선식에서 행군시킬 생각이 머릿속에 가득했던 것이다. 바로 위쪽 언덕에서 4만 명에 이르는 카르타고 대군이 당장이라도 달려들 태세로 대기 중이라는 생각은 전혀 하지 못했다.

　북쪽 호숫가를 따라 난 고갯길은 무척 비좁아서 로마인은 최소한 앞뒤 3킬로미터 넘게 비좁은 세로 대형으로 산개할 수밖에 없었다. 로마군 대열의 끝이 고개를 넘어가 호수에 다다른 바로 그 순간, 한니발은 공격 신호를 보냈다. 언덕에서 고함을 지르는 수천 켈트족 병사가 아프리카인 및 스페인인 병사와 함께 나타나 로마군에게 쏟아지듯 내려왔다. 기습을 당한 데다 수적으로 열세인 로마군은 뒤쪽 호수와 앞쪽 언덕들 사이에 갇힌 채, 갑자기 세 방향에서 공격해 오는 적을 맞닥뜨렸다. 안개 속에서 소리가 사방으로 퍼진 나머지 적이 어디서 공격해 오는지 알 수 없었다. 로마 장교들은 병사들에게 방어선을 구축하게 하려고 했지만 헛된 일이었고, 시간적·공간적 여유가 없어서 전투 대형을 제대로 갖추지도 못했다. 그들이 차가운 아침 안개 속에서 살해당하는 동안 전투는 빠르게 각자도생의 절망적 상황으로 바뀌었다. 카르타고군의 켈트족은 그런 결투에서 겁에 질린 젊은 로마인들을 마구 학살하며 실력을 뽐냈다. 로마 군단의 이곳저곳에서 얼마 안 되는 용맹한 군인들은 어떻게든 결집하여 적과 싸웠지만, 승리할 가망이 없다는 걸 깨닫고 로마 군인으로서 명예로운 죽음을 맞기 위해 그저 숨이 멎을 때까지 싸웠다. 이제 로마군 다수가 목에 물이 차오를 때까지 호수로 물러났다. 몇몇은 호수를 가로질러 헤엄치려고 했지만 거리가 너무 멀었고, 착용한 무거운 갑옷 때문에 곧 호수의 진흙 바닥으로 가라앉아 익사했다. 말에 탄 누미디아 기병대는 항복하려는 다수의 병사를 비롯해 로마인을 마구 죽였는데, 이 와중에도 몇몇 로마인은 물속에서 마지막까지 저항하며 싸웠다. 소수 로마 병사는 누미디아인의 칼에 맞아 죽기 전에 자신을 미리 죽여달라고 전우에게 간청하기까지 했다.

플라미니우스는 휘하 장병들을 치명적인 함정 속으로 들어가게 했다는 사실에 큰 충격을 받았지만, 스스로 퇴각하거나 자기 목숨을 구할 생각은 없었다. 어차피 전투에서 살아남기 힘든 상황에 처한 그는 끝까지 항전하다가 장병들과 함께 명예로운 죽음을 맞았다. 1만 5000명의 로마 군인이 안개가 자욱하게 낀 여름 아침 트라시메노 호수에서 전사했고, 몇천 명이 포로로 붙잡혔다. 한니발은 다시 한 번 전쟁에서 자연 지리를 절묘하게 활용하는 군사적 천재를 보여주었다. 대열 전면에 있던 소규모 로마 베테랑 병사들만이 어떻게든 싸워서 길을 뚫고 계곡을 벗어나 호수 위쪽의 언덕으로 도망갈 수 있었다. 안개가 걷히자 로마군 생존병들은 그 언덕에서 유혈 낭자한 학살과 로마군이 입은 막대한 손실을 직접 눈으로 확인할 수 있었다. 그들은 언덕에서 달아나 근처 에트루리아 마을로 도망쳤으나, 그곳에서 곧 스페인 기병대에게 포위되었다. 전투에서 그들이 보여준 용기는 실로 대단하여, 한니발은 그들의 목숨을 살려주면서 포로로 붙잡아두라고 지시했다. 그들 중 로마인이 아닌 이탈리아인은 다른 비로마인 포로들처럼 다시 한 번 몸값도 내지 않고 훈방되어 고향으로 돌아갔다.

한니발은 플라미니우스의 시신을 찾아 명예롭게 장례식을 치러주고자 했지만, 대학살이 벌어진 전장의 대혼란 속에서 그의 시신을 찾아낼 수가 없었다. 그날 다른 수많은 로마 병사들과 마찬가지로, 장군 역시 전사하여 어느 켈트족 전사에게 수급이 넘어갔을 수 있다. 이런 자들은 적의 머리를 귀중한 트로피처럼 수집하여 몇 년 동안 삼나무 기름 속에 보존하면서 찾아오는 손님들에게 보여주며 자랑하곤 했다. 전투가 끝난 뒤, 승리한 카르타고 병사들은 산더미처럼 쌓인 시신 사이를 걸어가며 로마인이 지닌 훌륭한 무기를 탈취했는데, 그런 무기들은 장차 전투에서 유용하게 쓰였다. 한니발은 그 전투에서 아군을 2000명 정도를 잃었는데, 대다수는 켈트족이었다. 이러한 사상자 수는 그처럼 아주 불리한 상황에서조차 로마군 병사들이 적에게 강력히 맞설 수 있다는 걸 보여주는 증거였다. 하지만 트라시메노 호수에서 로마군이 당한 충격적인 전사자 수는 카르타고인의 손실을 수십 배 웃돌았다. 이렇게 하여 한니발은 고대 전쟁사에서 위대하기 그지없는 가공할 만한 승전 하나를 올렸다.

◇◇◇◇◇◇◇

트라시메노 호수에서 플라미니우스와 휘하 군단들이 전멸한 뒤 로마인의 상황은 더 빠르게 악화했다. 기원전 217년의 또 다른 집정관인 세르빌리우스는 플라미니우스와 합류하여 함께 한니발과 싸우고자 아르미니움의 진지에서 남하할 준비를 하고 있었다. 그는 수적으로 열세에 처한 충동적인 동료 집정관이 혼자서 카르타고인을 상대할 거라고는 꿈에도 생각지 못했다. 플라미니우스의 패배 소식을 아직 듣지 못했음이 분명한 세르빌리우스는 기병 4000명을 전위 부대로서 토스카나에 보냈다. 세르빌리우스는 곧 나머지 병력을 인솔해 이들을 따라가서 동료 집정관과 합류하여 적이 로마시에 다다르기 전에 격퇴할 생각이었다.

한니발은 대승에 기뻐하면서 시간을 낭비하지 않았다. 그는 까마귀가 트라시메노에서 시신들의 뼈를 쪼아 배를 채우기도 전에 다음 행동을 계획했다. 세르빌리우스의 기병대가 이동하는 중이라는 소식을 듣자 그는 신뢰하는 지휘관인 마하르발에게 누미디아 기병대와 가볍게 무장한 투창병을 내주어 북쪽으로 보내서, 다가오는 로마군을 기습하게 했다.[52] 마하르발은 움브리아에서 로마 병력을 발견하고 기습을 가해 즉시 절반을 죽였으며, 이튿날 근처 언덕에서 나머지 2000명을 포위하여 포로로 붙잡았다. 이 일은 전쟁 준비를 단단히 했던 로마 기병대로서는 믿기 힘든 패배였으며, 이 소식을 들은 세르빌리우스는 즉시 나머지 병력의 진군을 중단시켰다. 기병 없는 보병대는 맹인이나 마찬가지였고, 야전에서 한니발 부대와 도저히 맞설 수는 없었기 때문이다.

로마는 작년 트레비아강에서 패배를 당한 뒤 공포에 빠졌는데, 트라시메노 호수에서 로마 군단들이 또다시 전멸하고 세르빌리우스의 기병대마저 사흘 뒤에 패하자, 로마 시민들은 뼛속 깊이 전율했다. 집정관 중 한 사람은 전사했고, 다른 사람은 진지 방벽 뒤에 숨어서 밖으로 나오지 않았다. 지난 200년 동안 성문 앞에 침입자가 나타난 적 없는 로마를 한니발과 카르타고군이 공격하리라는 점은 분명해 보였다. 주변 농촌 지역에서 농민 수천 명이 가족과 가축을 데리고 도시로 몰려오는 동안, 로마의 성벽은 황급히 보수되었다. 어머니들은 아들들의 전사 소식을 듣고 포룸에서 목놓아 울었고, 온갖 신전의 신들에게 애원했다. 카르타고인의 잔인함을 전하는 소문이 도시에 널리 퍼졌고, 로마인은 그들 자신이 여태껏 남들에게 자주 안겼던 붕괴와 파멸을 마주하게 되었다.

종교적 외경심이 도시에 널리 퍼졌고, 로마인들은 렉티스테르니움lectisternium이라는 고대 의식을 부활시켜 신들을 달래고자 했다. 이 의식은 두 세기 전에 여섯 신을 위해 치러졌는데, 신들의 조각상에 공식적으로 옷을 입혀 그들이 웅장한 연회를 즐길 수 있도록 소파(렉투스)에 올려놓고서 벌이는 의식이었다. 이번엔 문제가 대단히 심각했으므로 로마인은 신들의 환심을 사고자 그 성스러운 연회에, 여섯 신이 아니라 올림포스 열두 주신의 조각상을 모두 가져와 소파 위에 진열했다. 길거리에서는 플라미니우스가 트라시메노 전투를 개시하기 전에 일부러 전통적인 예언과 의식을 등한시하며 신들을 모욕했다는 말이 나돌았다. 로마인은 이제 하늘의 신들에게 자비와 구원을 간절히 빌기로 했다.

하지만 앞으로 닥쳐올 미래가 아무리 암울해 보여도 원로원 의원이나 시민 중 누구도 도시를 카르타고인에게 넘겨주어야 한다고는 생각하지 않았다. 그렇게 항복하면 그들은 죽거나 노예가 될 테고, 그렇게 되면 그동안 정복해온 수많은 민족에게 가했던 처벌을 고스란히 돌려받아야 할 것이다. 그들은 남녀노소를 가리지 않고 자신들의 목숨과 자유를 위해 최후의 한 사람까지 싸우기로 단단히 결심했다. 로마인의 마음속에 남아 있던 유일한 의문은 이제 한니발을 상대해야 하는 필사적인 싸움을 누가 앞장서서 이끌어갈 수 있겠는가 하는 문제였다.

12

캄파니아

로마인은 왕이라는 개념을 증오했고, 공화정을 수립하여 어느 한 사람이 시민 통치의 권력을 독점하는 걸 제한했다.* 공화정이 수립된 이후, 두 명의 독립적인 집정관은 늘 해마다 최고의 직권을 공유했다. 하지만 자유를 사랑하는 로마인들조차 나라에 비상한 위험이 들이닥치면 때로는 한 지도자에게 무제한의 권력을 부여해야 할 필요성을 인정했다. 이것이 바로 독재관이라는 임시 관직이었다.** 그런 사람

---

* 로마는 기원전 753년에 도시가 건설된 후 창건자 로물루스 이래 일곱 왕이 통치했다. 그러나 기원전 509년경에 브루투스가 반란을 일으켜 공화정을 최초로 수립했다.

** 원어는 dictator. 왕정을 축출한 직후에 로마 정치 제도에 추가된 임시 관직. 국가 비상시에 위기를 돌파하기 위해 임시로 비상대권이 부여되었다. 군사 문제와 관련하여 완벽하게 독립적인 권한을 행사했으며 그의 결정은 거부나 항소의 대상이 되지 않았다. 24명의 길나장이(릭토르)가 그의 행차를 수행한 것을 보면 그 권위가 거의 왕이나 다름없었음을 알 수 있다. 독재관은 평민들이 뽑지 않고 원로원의 제청으로 집정관이 임명했다. 독재관은 평민관(magister populi)이라는 이름으로 불리기도 했는데, 임명된 즉시 2인자인 사마관(magister equitum)을 지명했다. 독재관의 임기는 전쟁 등 임무 수행에 필요한 6개월이 한도였으며 그 이후에는 그 자리에서 내려와야 했다. 6개월이 되기 한참 전일지라도 임무가 완료되면 사임해야 했다.

을 옹립해야 하는 때가 있었다면 바로 이때였다.

야심만만한 많은 원로원 의원이 그런 권력을 갈망했을지도 모르지만, 로마인이 하는 말이 곧 법이 되는 어마어마한 임페리움*을 맡길 사람은 한 사람뿐이었다. 바로 퀸투스 파비우스 막시무스로, 이미 집정관을 두 번 역임하여 로마 정부를 충실히 섬긴 50대 후반의 원로원 의원이었다. 그는 15년 전 이탈리아 북부에서 사나운 리구리아인을 물리친 검증된 전쟁 지휘관이었지만, 영광을 얻기 위해 무모한 전투에 말려들지 않는, 신중한 장군이기도 했다. 파비우스 막시무스는 저명한 고대 로마 귀족 가문 출신이었고, 그런 만큼 조국을 상대로 새롭게 자신의 가치를 증명할 필요가 없었다. 그는 공화국의 이상과 전통에 꾸준히 그리고 철저히 충성했다. 몇몇 사람은 익히 알려진 그의 우유부단한 태도 때문에 그가 독재관에 선정된 데에 의문을 품었을지도 모르지만, 최소한 그가 독재관으로 임기를 시작할 때에는 대다수가 이런 신중한 자질이 국난의 시기에 잘 어울리는 귀중한 특성이라고 생각했다. 그는 또 2년 전 한니발이 스페인에서 사군툼을 위협하자 그에 대한 대응으로 로마 사절단을 파견했을 때, 사절단의 일원으로서 아프리카까지 갔다 온 적 있어서 카르타고인에 관해 어느 정도 알고 있기도 했다. 당시 로마 원로원에서 다수가 카르타고에 당장이라도 전쟁을 선포해야 한다고 촉구할 때조차 파비우스는 기회를

---

* imperium. 평화로운 시기든 전쟁 때든 고위 관직에 있는 사람이 명령을 내릴 권한을 의미한다. 독재관, 집정관, 법무관에게 부여되었으며 임기 내에만 사용할 수 있었다. 임페리움의 소유자는 군대 내에서 사형을 부과하는 권한을 행사할 수 있었고, 평화로운 시기에는 민간인을 상대로 한 사법적 결정에 최종적 권위가 있었다.

보면서 인내하라고 강력히 권유했다.

마기스테르 에퀴툼magister equitum, 즉 '사마관'으로 알려진 관리는 항상 로마 독재관의 부장 역할을 맡았다. 파비우스의 신중함을 보완하고자 원로원은 마르쿠스 미누키우스 루푸스라는 젊은 의원을 사마관으로 선택했다. 파비우스가 신중하고 보수적인 반면, 미누키우스는 열성적이고 혁신적이었고 무모하다고 할 정도로 용맹했다. 게다가 파비우스의 정적이기도 하여 로마 시민들 다수가 새로운 사령관을 그가 해코지할지 모른다고 의심했다.

◇◇◇◇◇◇

파비우스는 즉시 한니발을 대적할 신병 수천 명을 모집하는 작업에 나섰다. 또다시 로마인은 징집 가능한 청년 인력이 국내에 풍부하게 있다는 이점을 잘 활용했다. 그런 사실은 독재관이 빠르게 4만 명의 군인으로 구성된 병력을 조직하는 과정에서 잘 드러났다. 이들 중 다수가 이탈리아 중부의 허물어진 농장에서 온, 애국심 깊은 청년들이었고 한니발의 초토화 작전에 크게 분노하고 있었다. 한니발의 공격으로 그들 가족의 작물과 집이 모두 불타버렸기 때문이다. 파비우스가 그들을 훈련시키는 데에는 시간이 필요했지만, 한니발이 가하는 위협이 막대했으므로 평소처럼 로마 인근 진지에서 몇 달 동안 훈련시킬 수는 없었고 진군 중에 짬을 내어 훈련시켜야 했다.

로마인이 두려워하며 예상한 바와는 정반대로, 한니발은 트라시메노 호수에서 승리를 거둔 뒤 남쪽으로 방향을 틀어 곧바로 로마시로 나아가지 않았다. 로마의 방비는 워낙 강력해서 한 달 정도 무제한 공격을 퍼부을 정도로 병력이 충분히 확보되어야 하는데 아직 그런 상황은 아니라는 것을 카르타고 장군은 잘 알았다. 한니발은 로마 성문을 공격하려면 더 많은 동맹을 모집해야 했기에 로마를 향해 남하하지 않고 휘하 병력을 이끌고 움브리아를 통해 동쪽으로 나아가 아드리아해에 맞닿은 피케눔 지역으로 갔다. 여름이 가을로 바뀌는 동안 한니발은 그곳 해안 지역을 따라 천천히 남하하면서 보급품을 얻었고, 지나가는 길에 만난 농장을 모조리 불태웠다. 로마에서 한니발이 멀어질수록, 농촌을 파괴하는 초토화 정책은 다소 느슨해졌다. 무조건 초토화가 최고의 작전이 될 수는 없었기 때문이다. 그는 휘하 병력을 먹일 식량을 확보하면서 로마인에게 보급품이 돌아가지 않도록 차단해야 했지만, 동시에 이탈리아 동맹들을 끌어들일 필요가 있었다. 자신들의 집과 생계 수단이 파괴되는 걸 달갑지 않게 여기는 현지 주민들도 의식하지 않을 수 없었다. 현명하게도 그는 습격과 파괴를 로마 식민지와 로마에 가장 충성하는 동맹에게만 집중했다. 공격 대상을 선별하는 한니발의 조치는 효과가 있었다. 무엇보다도 그의 휘하로 들어오는 이탈리아 병사가 꾸준히 늘어났다. 그는 심지어 오랜 세월 로마의 동맹이었던 에트루리아인들에게서도 비록 소수이지만 병력을 받아들였다. 전쟁 이후 수십 년이 지난 뒤에 세워진 어떤 묘비에서, 나이 많은 노인은 자신의 생애에서 가장 큰 영광은 카르타고 침공군에 들어가 복무한 것이었다고 에트루리아 언어로 자랑했다.

라르트 레테의 아들 펠스나스는 카푸아에서 살다 106세의 나이로 사망했다. 그는 한니발의 군대에서 싸웠다.[53]

출신지가 어디든 상관없이 한니발은 해안 지역을 따라 이동하는 동안 휘하 병사들이 필요로 하는 것들을 잘 들어주려고 신경을 많이 썼다.[54] 진군 속도는 의도적으로 더디게 했는데, 이는 휘하 장병들이 과거의 노고에서 회복되기 위해 휴식을 취하고 앞으로 벌어질 일에 대비할 힘을 기르게 하기 위함이었다. 또 동물들에게도 신경을 썼는데, 그중에서도 지극히 중요한, 기병이 타는 말에 더 세심하게 주의를 기울였다. 많은 말이 고된 여정을 강행해온 지난 몇 달 동안에 개선疥癬이라는 말 특유의 피부병에 걸려 증상이 점점 심해졌다. 이에 한니발은 묵은 포도주로 말을 목욕시키는 카르타고 치료법을 시행함으로써 큰 효과를 보았다.

한니발은 1년 전 스페인에서 이탈리아로 건너온 이후 처음으로 아드리아해에 도착했다. 여기서는 바다에 바로 접근할 수 있었기에 배를 띄워 카르타고에 전령을 보낼 수 있었다. 본국의 카르타고인들은 그 시점에 한니발이 이탈리아에서 거둔 여러 차례의 승전 소식을 들었고, 대다수 국민들이 젊은 장군의 성공에 크게 열광했다. 하지만 바다에서는 로마가 우세했기에 그들은 애석하게도 지원이나 보급을 거의 보낼 수 없다고 한니발에게 회신했다. 적의 제국 심장부에서 한니발이 여러 차례 승전을 거두었는데도, 카르타고 본국의 반대파 수장 한노는 여전히 바르카 일족을 주저앉히려고 동분서주하고 있었다. 사정이 이러했으니 한니발은 이탈리아에서 혼자 힘으로 살아남아야 했다.

피케눔에서 휘하 부대가 휴식을 취하면서 로마의 재산을 약탈하는 일을 마치자, 한니발은 병력을 움직여 해안을 따라 장화長靴 이탈리아의 뒷굽에 해당하는 아풀리아 지방으로 이동했다. 그곳엔 굶주린 병사들에게 식량을 풍성하게 제공해줄 비옥한 농지가 있었다. 몇 주 동안 로마군이 한니발에게 싸움을 거는 일은 없었다. 그러자 한니발은 농촌 지역에서 철저하게 군림하면서 새로운 이탈리아 신병을 모집하여 휘하 병력으로 편입시킬 기회로 삼았다. 하지만 파비우스와 그의 병력이 곧 현지에 도착했고, 카르타고군 근처에 진지를 설치했다. 한니발이 그 독재관에 관해 모은 정보에 따르면 그는 도발에 쉽게 응하지 않는 사람이었다. 한니발은 로마 군단들의 힘을 약화시키고 로마인에게서 얻은 전리품으로 이탈리아 및 켈트족 동맹들과 좋은 관계를 유지하려면 로마군과 맞서 승리를 거두는 것이 무엇보다도 필요했다. 하지만 그런 한니발에게 파비우스는 완전히 다른 부류의 도전이었다. 한니발이 이탈리아에서 당할 수 있는 최악의 상황은 야전을 거부하는 로마 사령관을 상대로 장기간에 걸친 소모전을 벌이는 것이었다. 한니발은 위험을 마다하지 않고 파격적인 모험에 나서는 장군이었다. 그런데 이제 파비우스라는 정반대 성향의 로마 장군을 만난 것이다.

아풀리아 북쪽에 있는 도시 아르피 근처에서 한니발은 파비우스를 시험할 때가 되었다고 판단했다. 그는 전군을 로마 진지 외부에 전투 대형으로 집결해놓고, 싸울 용기가 있다면 어서 나와서 결전을 벌이라며 독재관을 조롱했다. 파비우스의 병사들은 트라시메노에서 전우들을 학살한 카르타고인에게 보복하길 열렬히 바랐지만, 로마 장군은 움직이지 않았다. 그의 부하들은 요새의 벽 위에 서서 해가 질 때까지 한니발의 군대를 지켜보기만 했고, 카르타고인 병사들은 하는 수 없이 밤을 보내고자 진지로 돌아갔다. 한니발은 여기서 로마 지휘관의 새로운 대응을 보고서, 앞으로의 상황이 지금까지와는 완연히 다르게 전개될 것임을 최초로 깨닫는다.

파비우스의 전략은 견실했지만, 그의 평판은 휘하 병사나 수도에 있던 로마 시민들 모두에게 아주 나빴다. 상대방을 경계하며 조심하는 것이야 어쩔 수 없더라도 노골적으로 전투를 거부한다? 이건 정말로 로마인답지 않은 태도였다. 하지만 파비우스는 한니발의 군대가 로마군의 미숙한 병사를 야전에서 쉽게 물리칠 수 있는 우월한 군대임을 잘 알았다. 더 심각한 것은, 그에게는 한니발의 노련한 기병과 맞상대할 기병이 없다는 점이었다. 파비우스의 부장인 미누키우스는 독재관의 우유부단한 태도에 좌절하여 거의 제정신이 아닐 정도였다. 파비우스는 공세를 취하지 않고 한니발의 경로에 있는 이탈리아 도시와 농장에 안전한 지역으로 대피하라는 명령을 내리고는 그곳의 작물들이 카르타고인의 손에 들어가지 않도록 미리 불태웠다. 몇 주가 지나는 동안 그는 일정한 거리를 둔 채 한니발을 따라갔고, 늘 안전한 고지를 차지하면서 때때로 적의 순찰대를 만나면 소규모 접전을 벌였다. 이 때문에 곧 파비우스는 '쿤크타토르(지연하는 사람)'라는 경멸적인 별명을 얻었다.

비록 로마인들에게 인기는 없었지만, 파비우스의 전략은 무척 유익했다. 그런 전략에 분개하는 로마인들이 지연 작전을 계속하라고 허용했다면 말이다. 파비우스의 전략은 로마인이 이탈리아의 영토 내에 있다는 이점을 활용하여 지구전을 펼치는 것이었다. 반면 한니발은 그렇게 되면 자신이 잘 알지도 못하는 이탈리아인에게 의지할 수밖에 없고 또 지리 정보를 얻으려면 이탈리아인을 신뢰할 수밖에 없었다. 한니발이 끊임없이 구애하고, 회유하고, 괴롭히면서 힘들게 자신의 군대에 새로운 이탈리아 동맹을 합류시킨 반면에, 파비우스는 사실상 이탈리아 내의 여러 지역에서 군인을 쉼 없이 보충할 수 있었다.● 길게 볼 때 카르타고인은 로마인보다 장기전에 훨씬 취약했다. 충분한 시간만 허락된다면 파비우스는 결국 한니발의 세력을 약화시켜 승리할 수 있었다. 더욱이 이런 전략은 파비우스가 휘하 병사들을 훈련시키면서 야전에서 전면전을 벌여야 하는 위험을 감수하지 않고도 로마군 병사들이 차츰 카르타고군에게 익숙해지게 할 수 있었다. 마지막으로 가장 중요한 것은, 한니발과 직접 교전을 하지 않음으로써 전쟁에서 주도권을 쥘 수 있다는 점이었다. 로마인이 전투에 응하지 않는다면 카르타고 지휘관은 어쩔 수 없이 산발적 습격과 게릴라 공격이라는 소모적이고 자멸적인 싸움을 벌일 수밖에 없었다. 그런 약탈 행위는 산적이나 해적에겐 나름대로 훌륭한 삶이겠지만, 대승을 거두어 전쟁을 조기에 끝내야 하는 군대에게는 전혀 멋진 일이 될 수 없었다. 야전에서 전면전을 벌여 로마인을 물리칠 수 없다면 한니발의 이탈리아 동맹들은 물론이고 휘하 장병들조차도 곧

● 이탈리아 내 여러 부족이 내심 로마의 압제를 싫어하면서도 다른 한편으로는 카르타고를 동양(페니키아) 출신의 야만족이라고 얕잡아 보고 그들과 협력하지 않으려는 우월감이 작용해서 이런 일이 가능했다.

낙담할 터였다.

한니발은 파비우스에게 대응하는 새로운 전략이 필요했고, 따라서 군대를 아드리아해의 해안 지대를 뒤로하고, 서쪽으로 움직여 산맥을 넘어 나폴리만 주변 캄파니아 땅으로 갔다.[55] 아게르 팔레르누스*로 알려진 이 땅은 풍부한 화산토로 이루어진, 로마 농업 생산의 중심지였다. 그리고 부유한 로마 원로원 의원들이 광대한 시골 사유지로 선호한 지역이 바로 이곳인 점도 우연은 아니었다. 로마는 한 세기 전부터 이 지역 대부분을 점령했지만, 이 땅엔 여전히 현지에 깊이 뿌리내린 여러 다른 민족 집단이 모자이크를 구성하고 있었다. 그리스 정착민들은 500년 전에 이곳에 도착했고, 폼페이 같은 항구 도시의 주변에서 이탈리아 토착민과 평화롭게 뒤섞여서 살아왔다. 로마 식민지 정착민들이 비교적 최근에 농장을 몰수하면서 토착민은 자기들의 땅에 대한 통제권을 잃기 시작했다. 캄파니아의 매우 독립적인 민족들 사이에선 로마에 대한 불만이 대단했지만, 로마 군단을 여러 번 경험해보았던 터라 그들을 상대로 간단히 무장하고 나설 수도 없었다. 그들은 한니발에게 호의적으로 나올 수도 있었지만, 그들로 하여금 동맹을 바꾸게 하려면 한니발은 먼저 로마에 완승을 거두어 동맹을 바꾸면 오히려 이익이라는 걸 증명해야 했다.

캄파니아는 삼면이 가파른 산맥으로 둘러싸인 거대한 원형 극장처럼 생겼고, 서쪽으로는 바다에 접했으며, 중앙에선 베수비오산이 불

---

*Ager Falernus. '팔레르누스의 땅'이라는 뜻이며, 팔레르누스는 포도주를 의미한다. 여기서 발전하여 포도주가 많이 생산되는 캄파니아 땅을 의미하게 되었다.

쑥 솟아 있었다. 한니발은 동쪽부터 시작하여 서쪽 바다를 향해 이동하면서 로마 인근의 농장들을 불태우기 시작했다. 사정이 그렇게 돌아가자 로마인은 전투에서 그를 상대하지 않는다면 그들의 가장 부유한 영토를 카르타고에 사실상 넘겨주었다고 온 천하에 공개하는 꼴이 되었다. 한니발은 로마인에게 자신을 상대하라고 부추기면서 평지를 누비는 동안 점점 더 늘어나는 군대에 필요한 양보다 훨씬 더 많은 식량을 마구 약탈했다. 그는 로마 엘리트에게 속한 사유지가 어디인지 정보를 수집하여 그런 곳만 집중적으로 파괴했다. 하지만 보라는 듯이 파비우스 소유의 농지는 온전하게 놔두었다. 이는 파비우스가 한니발과 밀약을 맺어 카르타고군과 교전하지 않는 조건으로 사유지를 보존하기로 했다는 가짜 소문을 원로원 내에 퍼뜨리기 위한 계교였다. 파비우스의 드높은 평판 덕분에 그런 반역 행위가 사실일 리 없다고 생각하는 사람이 대다수였지만, 어쨌든 의혹의 씨앗은 심어졌다. 파비우스는 자신의 인품에 오점이 생기는 데 큰 충격을 받아 캄파니아 소유의 농장을 헐값에 매각해 로마인 포로의 몸값을 내는 데 보태게 했다.

그런 수모에도 불구하고 파비우스는 한니발과 교전하지 않는 전략을 고수했다. 그는 한니발의 기병대가 위력을 떨칠 수 없는 바위투성이 언덕에서 벗어나지 않았고, 카르타고인이 캄파니아를 파괴하면서 누비는 동안 그들의 뒤를 그림자처럼 따라다녔다. 로마인 중 누구도 사마관 미누키우스만큼 무기력한 파비우스에게 더 격분한 사람은 없었다. 그는 화를 참지 못해 거의 제정신이 아니었다.

우리 동맹들이 학살되고 그들의 재산이 불타는 걸 구경이나 하자고 여기 온 겁니까?[56]

미누키우스는 로마 병력이 이탈리아 내륙이 초토화되는 걸 구경할 수 있는 언덕을 진지로 지정한 데 대해 파비우스에게 냉소적으로 감사를 표했다. 로마 정부는 파비우스가 조만간 카르타고인에게 싸움을 걸지 않으면 독재관 직위를 취소할 기세였지만, 파비우스는 개의치 않고 지연 전술을 굳건히 지켰다. 그는 평지의 탁 트인 야전에서 우월한 적과 상대했다가 트라시메노에서와 같은 대패를 당하고 싶은 생각이 손톱만큼도 없었다. 한니발은 파비우스를 전투로 끌어들이는 데 실패했지만, 로마인들 사이에서 내분이 일어나게 하는 데에는 성공했다. 그해 여름, 캄파니아에서 그의 초토화 작전은 아주 훌륭하게 전개되었다.

◇◇◇◇◇◇◇

한니발은 캄파니아에서 성공을 거두었지만 동시에 함정에 빠지기도 했다. 카르타고인이 겨울을 나고자 서부인 캄파니아에서 동부인 아풀리아로 돌아갈 때, 캄파니아 지역을 둘러싼 가파른 산맥에서 빠져나갈 수 있는 고갯길은 몇 개 되지 않았다. 파비우스는 야전에서 한니발을 상대하지 않을 생각이었지만, 카르타고의 우월한 기병대가 무용지물로 변하는 바위투성이 비좁은 산길에서는 그들을 공격할 기회를 엿볼 수 있었다. 파비우스는 캄파니아의 모든 출구를 막아버리고자 미리 그런 곳에다 병력을 보냈으며, 적군의 뒤를 근접 추격하면서 기회를 기다렸다.

한니발은 이제 곤란한 상황에 처했고, 산길에서 카르타고군과 로마군이 맞서면 먼저 고지를 점령한 파비우스의 로마군이 아주 유리하다는 것을 잘 알았다. 한니발이 볼 때, 최고의 탈출 경로는 카푸아 북쪽의 볼투르누스 계곡을 통과하는 것이었고, 이곳은 고지를 점거한 로마 병력 4000명이 단단히 지키고 있었다. 그럼에도 한니발은 전군을 고갯길 초입으로 데려갔고, 그러는 사이 파비우스와 휘하 병력은 계곡 위 요새화한 언덕을 점거하고 길목을 단단히 지켰다. 카르타고군은 고지를 점령한 로마군과 싸우면서 그 고갯길을 통과하려면 막대한 손실을 각오해야 했다. 심지어 평소에 그토록 신중했던 파비우스조차 그곳에서 전쟁을 끝낼 수 있을 것이라고 믿기 시작했다.

이런 딜레마에서 한니발이 고안한 해결책은 탁월하면서도 파격적인 방식으로 난국을 타개하는 고유한 능력을 잘 보여준다.[57] 그는 휘하 장병들에게 최대한 마른 나무를 모아 작은 묶음을 만들라고 지시했다. 이어 캄파니아에서 약탈한 최고로 좋은 황소 2000마리를 모아오게 하고 나무 묶음에 잔가지와 마른 덩굴을 더해 그 묶음을 황소의 뿔에다 묶었다. 그는 황소 주변에 배치될 보병들을 엄선했으며, 그들에게 푸짐하게 저녁을 먹고 잘 쉬라고 명령했다. 그래야 그날 밤 자신이 계획한 일을 잘 해낼 수 있을 터였다.

카르타고인 진지와 로마인 진지 사이의 언덕에는 말안장같이 생긴 안부鞍部가 있었는데, 날이 어두워지면 선별된 카르타고 보병대가 황소를 몰고 그곳을 통과하기로 되어 있었다. 로마인 대다수가 잠든 자정 이후의 신새벽에 한니발은 선별한 장병들을 깨워 적이 지키는 고갯길로 은밀하게 움직여 어둠 속에서 산맥을 통과하라고 지시했다. 그는 엄선된 보병대에게 황소 무리의 뿔에 묶은 나무 묶음에 불을 붙이고 이어 곧장 고갯길의 안부 쪽으로 몰아가게 했다. 인근 산길의 로마 경계병은 이 모습을 보고 카르타고 병사들이 수백 개의 횃불을 들고 안부를 통과하여 탈출하려 한다고 생각했다. 그들은 전우들을 잠에서 깨우고 파비우스에게 상황을 보고했다. 그러나 파비우스는 요새화한 진지에서 나머지 병력을 현장으로 급파하기를 거부했다. 그 이상한 상황이 한니발의 함정이라고 보았기 때문이다. 한니발은 파비우스가 이렇게 대처하리라는 걸 정확하게 예상했다. 어둠 속에서 대혼란이 벌어지자 한니발의 군대는 경비가 허술해진 산길을 통과하여 진군했다. 카르타고군의 주력 부대는 그 고갯길에서 최소한의 전투만 벌인 채 아펜니노산맥을 넘어 아풀리아로 나아갔다. 카르타고군의 장병들과 소중한 군수 물자들은 온전했다. 마지막으로 한니발은 스페인 기병대 일부를 산길을 따라 되돌아가게 해서 전혀 대비가 없던 로마 경계병을 후방에서 공격했고, 황소를 몰아갔던 보병대가 쉽게 말 안장같이 생긴 언덕을 탈출할 수 있게 했다.

한니발의 창의력은 다시 한 번 로마인을 상대로 승리를 거두었고, 파비우스는 바보처럼 보이게 되었다. 로마시의 시민 중에 한니발을 파멸시킬 기회를 놓친 것에 눈물 흘리지 않는 이가 없었고 그들은 파비우스를 크게 비웃었다. 하지만 로마의 뒤뜰에서 또 한 번 로마군을 상대로 승리를 거둔 카르타고인의 능력에 분개하면서도 점점 감탄했다. 미누키우스는 원로원 의원들에게 사령관의 지휘권을 자신에게 넘겨주어 한니발을 야전에서 상대할 수 있게 해달라고 간청했다. 하지만 적어도 한동안은 파비우스가 여전히 지휘권을 보유했다. 파비우스는 휘하 병력을 데리고 산맥을 통과했고 한니발을 뒤쫓아 아풀리아로 들어가면서 병사들에게 또 다른 좋은 날을 기다리자고 했다.

◇◇◇◇◇◇

한니발이 이탈리아를 침공한 첫해와 이듬해는 로마인을 상대로 거둔 화려한 성공으로 가득했다. 한니발은 원했던 전면전에서의 완승을 거두지는 못했지만, 이탈리아 내에서 두려운 적이자 전투의 천재라는 평판을 확고히 수립했다. 하지만 로마인은 전혀 패배한 모습이 아니었고, 게다가 전쟁을 순전히 이탈리아의 문제로 만들어선 안 된다고 판단할 만큼 현명했다. 아프리카를 전쟁의 무대로 삼는다는 기존의 침공 계획은 폐기했는데도 로마는 스페인에서 카르타고에 계속 압박을 가했다. 그곳은 한니발의 지도력이 미치지 않았으므로, 그의 영향력을 쉽게 차단할 수 있었다.

푸블리우스 스키피오[58]는 한니발이 알프스산맥을 넘어가기 직전에 동생인 그나이우스에게 수천 명의 로마 병력을 내주어 론강에서 스페인 지역으로 출발시켰다. 이런 조치로 푸블리우스는 이후 이탈리아 내에서 한니발과 벌인 전쟁에서 피해를 보았지만, 그러한 파견 덕분에 포에니 전쟁은 다양한 전선에서 전개되었으며 장기적으로 볼 때 로마에 이득이었다. 그나이우스 스키피오는 그해 전투가 가능한 마지막 계절인 가을 무렵에 스페인에 당도했고, 북동부 해안의 엠포리움에 사령부를 세웠다. 그 도시는 로마의 충실한 동맹인 마살리아의 식민지였다. 한니발은 스페인에 부장인 한노를 남겨 에브로강과 피레네산맥 사이의 지역을 지키게 했다. 그렇지만 스페인 내의 카르타고 총사령관 역할은 한니발의 동생 하스드루발 바르카가 맡았다. 한노는 자력으로 승리를 거두길 갈망했고, 이듬해에 해안 근처에서 로마인을 상대로 공격에 나섰다. 로마인은 전에 스페인에서 싸운 적이 없었지만 그 교전에서 대승을 거두고 한노를 포로로 붙잡았고, 더불어 한니발이 스페인에 남긴 귀중한 보급품 다수를 전리품으로 챙겼다. 이 승리로 로마인은 스페인의 북동부 지역을 지배할 수 있었으며, 당분간 하스드루발이 이탈리아로 건너가 형 한니발의 병력을 늘려주는 것을 차단할 수 있었다. 이런 식으로 카르타고 증원군의 이탈리아 진출을 막아버리고 나서 로마는 스페인에서 좀 더 체계적으로 전쟁을 수행할 수 있었고, 점차 이베리아반도에서 세력을 키우는 동시에 주저하는 켈트족과 이베리아인을 로마 편으로 끌어들이려는 노력에 박차를 가할 수 있었다.

그러나 바르카의 일족답게 하스드루발은 전투도 해보지 않고 이베리아의 땅을 고스란히 로마인에게 넘겨줄 마음이 없었다. 그는 카르타고 노바에서 떠나 에브로강을 건넜고, 그곳에서 그나이우스 스키피오의 함대 선원들이 적의 기습에 무방비 상태임을 확인했다. 하스드루발은 강변을 방어하던 로마 선원을 다수 죽였고, 남은 로마 선원들은 목숨을 구하고자 배로 도망쳤다. 그런 뒤 하스드루발은 카르타고 노바에서 겨울을 나러 돌아가기 전에 근처에 여러 요새와 근거지를 건설했다. 그나이우스 스키피오는 나중에 파괴된 현장에 도착했을 때 그런 참상에 격분했고, 패배한 선원들에게 화풀이를 했다. 경계 구역을 벗어났으니 처벌로 다스려야 한다면서 가혹한 매질을 하거나 처형시켰다.

이듬해 봄, 하스드루발은 에브로강 북쪽에 군대와 함선을 데리고 돌아와 그나이우스 스키피오를 상대하려 했지만, 이번에는 로마 지휘관도 만전을 기하며 기다리고 있었다. 그나이우스는 에브로강 입구에서 수가 적은 카르타고 해군을 만났고, 그들의 배 25척을 파괴했다. 하스드루발은 강의 남쪽으로 밀려났고, 로마 해군은 스페인의 동쪽 바다를 지배하게 되었다. 그들은 카르타고 요새와 해안을 따라 기존 카르타고 동맹을 수륙 양면으로 공격하기 시작했고, 이 공격은 카르타고 노바 남쪽으로까지 이어졌다. 로마인은 또 카르타고의 동맹이자 한니발의 군대에 몸담은 그 유명한 투석병의 고향인 발레아레스 제도를 압박하여 결국 주민들이 화평을 요청하게끔 만들었다. 그나이우스는 스페인에서 큰 성과를 거두었기에 로마 원로원은 그의 형 푸블리우스에게 전함과 보급품을 주어 스페인으로 파견했고, 그 시점부터 스키피오 형제는 함께 스페인 내부에서 대 카르타고 전쟁을 수행했다. 바르카 일족은 스페인에서 완패한 것은 아니었고 로마인에 맞서 싸울 만한 자원을 상당히 확보한 상태였다. 하지만 어쨌든 스키피오 형제의 성공은 한니발이 이베리아에서 받을 수 있는 지원을 원천적으로 봉쇄했다. 한마디로 한니발은 본국으로부터 전혀 도움을 받지 못하는 상태에서 로마가 벌이는 모든 작전을 혼자 힘으로 감당해야 했다.

13

게로니움

겨울이 다가오면서 한니발이 긴급히 신경 쓴 문제는 아풀리아에서 휘하 군대가 머무를 안전하고 적합한 진지를 찾는 것이었다. 그는 훌륭한 방어 시설을 갖춘 사령부를 필요로 했는데, 특히 성벽을 갖춘 도시를 선호했다. 사령부는 공간이 충분하고 보급품도 넉넉해야 했으며, 몇만 명에 이르는 장병을 먹일 식량 조달이 가능한 시골 지역이 인근에 있어야 했다. 하지만 비옥한 캄파니아를 성공적으로 약탈한 한니발의 군대는 물론이고, 그 어느 군대도 무한정으로 식량을 지니고 다닐 수는 없었다. 그들은 겨울을 나기 위해 가까운 곳에 있는 목초지와 농장이 필요했다.

카르타고군의 사령관은 마침내 아풀리아 북부의 게로니움이라는 도시에 자리를 잡았는데, 이곳은 로마에서 240킬로미터 정도 떨어진 곳이었다.[59] 적의 수도에서 충분히 멀리 떨어져 있었기에 한니발은 마음의 평온을 얻었지만, 그렇다고 해서 아예 신경 쓰지 않아도 될 정도로 멀리 떨어진 것도 아니었다. 그 도시의 성벽 내부엔 풍성한 곡물이 비축되어 있었다. 폴리비오스에 따르면, 한니발은 먼저 게로니움 시민들에게 사절을 보내 동맹을 맺자고 제안하며 호의를 보였지만 거부당하자 단기간 포위 공격을 펼치고 무자비한 살육을 벌였다. 반면에 리비우스는 그와는 전혀 다른 이야기를 한다. 게로니움 시민들이 이미 한니발이 도착하기도 전에 도시를 버리고 떠났으며, 한니발은 그들의 빈집을 곡물 저장고로 썼다는 것이다. 리비우스가 한니발을 나쁘게 묘사할 기회를 좀처럼 놓치지 않는 역사가임에도 불구하고 폴리비오스와 다르게 서술한 것을 보면 이번에는 학살이 없었다는 리비우스의 설명이 더 그럴듯하게 들린다.

한니발이 캄파니아에서 탈출한 직후에 파비우스는 일시적으로 로마로 귀환했다. 몇몇 사료는 필요한 종교 의식을 수행하기 위해서라고 했지만, 원로원이 제기하는 곤란한 의심 때문에 소환되었을 가능성이 더 크다. 로마 시민, 심지어 그의 휘하 장병들조차 그를 한니발의 파이다고구스paedagogus라고 불렀다. 이는 경멸적인 그리스어 단어로, 어린 도련님을 따라 책을 들고 학교로 가는 늙은 노예를 가리키는 말이다. 늘 신중한 파비우스는 부장인 미누키우스에게 이탈리아 남부의 지휘권을 잠시 맡기고 귀경하면서, 철저히 카르타고인을 따라가되 절대 교전하지 말라고 단단히 주의를 주고 수도로 돌아왔다. 하지만 한니발과의 교전을 열망했던 미누키우스는 이번에야말로 놓쳐서는 안 될 절호의 좋은 기회라고 생각했다.

한니발군의 주력은 기병대였으므로 사령관은 무엇보다도 카르타고 기병들이 타는 말을 돌보는 데 크게 신경을 썼다. 게로니움 인근의 목초지에는 질 좋은 풀이 풍부했지만 말들이 도시 성벽 밖에서 풀을 뜯어야 했기에 카르타고 군사나 동물 모두 늘 위험에 노출되었다. 그래서 한니발은 로마 군단의 위협에 대응하고자 도시 앞에 있는 여러 언덕 중 하나를 골라서 작지만 요새화한 진지를 세웠다.[60] 그 요새는 로마군 진지에 근접한 초원 근처여서 카르타고 말이나 사료 징발대를 목표로 삼는 로마인의 우연한 공격을 충분히 제지할 수 있었다. 언덕 요새에 배치된 병사들에 더하여, 한니발은 도시 외부에 병력 대다수를 두어 언제라도 시골 지역에서 보급품을 수색하고 징발할 수 있게 했다. 미누키우스는 이런 움직임을 신중하게 관찰했고, 이제 승전의 영광을 누릴 기회가 찾아왔다고 판단했다.[61]

카르타고군이 가장 넓게 흩어져 있던 어느 날, 임시 로마군 사령관은 기병과 가장 발이 빠른 보병 부대를 직접 이끌고 진지 밖으로 나와 도시 앞 언덕을 점령한 카르타고 병사들을 공격했다. 로마군 병사들은 그날 아침에 미누키우스에게서 인정사정 보지 말고 카르타고 병사들을 몰살시키라는 명령을 받았다. 그날 사료 징발에 내보낸 카르타고 병사 수가 아주 많았기에 한니발은 게로니움에서 출격하여 로마군에 응전할 인력이 부족한 상태였다. 그가 할 수 있는 일은 게로니움 성벽 위에 서서 돌아가는 상황을 지켜보는 것뿐이었다. 미누키우스는 언덕의 작은 진지를 점령한 뒤 한니발의 병사를 다수 죽였다. 생존한 카르타고 병사들은 도시 성벽 안으로 황급히 도망쳤다.

게로니움 공격은 한니발이 이탈리아에서 펼친 군사 작전을 통틀어 방심한 와중에 허를 찔린 몇 안 되는 사건이었다. 하지만 공정하게 말하면 그는 달리 선택지가 없었다. 군인과 말을 먹이려면 식량을 수색하기 위해 휘하 장병들을 시골 지역으로 내보내야 했고, 언덕 위의 작은 진지를 적에게 노출된 채로 내버려둘 수밖에 없었다. 한니발을 다소 회의적으로 보는 관찰자라면 그런 위급한 상황에서 천하의 한니발도 그 순간은 어떻게 해야 좋을지 몰라서 당황했으리라고 생각할 것이다. 그러나 영웅의 천재성은 오히려 위기에서 더 빛을 발하는 법이다.

한니발은 병력 일부를 잃고 무적이라는 광휘가 조금 빛바래기는 했지만, 그날의 패배는 비교적 사소한 일이었다. 그러나 로마 시민은 희소식을 간절히 바랐기에 미누키우스의 승리는 전쟁사에서 가장 위대한 승리 중 하나라고 침소봉대하며 떠받들었다. 그들은 미누키우스를 구원자로 선언하고 그를 파비우스와 동급의 지휘관으로 승격시키라고 원로원을 압박했다. 그렇게 한다면, 로마의 젊은 장군은 전통적인 야전에서 한니발과 맞서 카르타고 군대를 마구 짓밟아 산산조각 낼 텐데, 그건 과거에 로마 군대가 늘 해오던 일이었다. 이런 식으로 수모를 당한 파비우스는 낙담하며 아풀리아로 돌아갔고, 병력 절반을 미누키우스에게 떼어줘야 했다. 병력을 인수한 미누키우스는 독재관과 별개의 진지를 인근에 세웠다. 그는 더는 파비우스의 명령을 따르지 않겠다고 작정했다. 이제부터 카르타고인을 물리쳤다는 영광은 오로지 자기 것이 되어야 마땅했다.

항상 그렇듯 한니발은 로마 측에서 일어나는 모든 일을 면밀히 지켜보았다. 그는 두 눈으로 직접 로마군이 진지를 두 군데로 나누어 하나는 파비우스, 다른 하나는 미누키우스가 지휘한다는 걸 확인했다. 로마 진지에 심어둔 그의 첩자들은, 최근의 승리 이후 젊은 공동 지휘관이 카르타고인과 교전하길 어느 때보다도 갈망하고 있으며,

홀로 카르타고인을 박살낼 수 있다는 확신에 차서 거들먹거린다고 보고했다. 한니발은 그런 기회를 놓칠 사람이 아니었고, 이에 세심하게 덫을 놓았다. 게로니움에 있던 한니발의 사령부와 미누키우스의 진지 사이에는 언덕이 하나 있었는데, 이곳은 카르타고인의 전초기지로서 매우 적절하고 유익했다. 언덕 자체는 나무가 없어서 몸을 숨길 곳이 거의 없었지만, 한니발은 이 주변을 말을 타고 자주 정찰하며 이곳에 로마 진지에서는 보이지 않는 움푹 패인 분지가 무수히 많다는 걸 파악했다. 그래서 어둠을 틈타 대규모 병력을 분지로 보내 매복하도록 했고, 밤새 정숙을 유지하면서 다음 날까지 대기하라고 지시했다. 아침이 다가오자 경무장한 보병대를 언덕으로 이끌고 갔고, 그 모습이 로마인에게 환히 보였다. 미누키우스는 최근 자신이 카르타고인을 완파했음에도 한니발이 감히 자신의 진지 앞에다 전초기지를 세우려는 모습을 보고 단단히 혼을 내주려고 대공격을 결심했다. 그는 가볍게 무장한 보병대와 기병대에게 명령을 내려 중무장한 보병대의 지원을 기다릴 필요 없이 즉시 카르타고군이 진을 친 언덕으로 진격하게 했고, 이어 자신도 발이 느린 군인들을 진지에서 이끌고 나가 총공격에 나섰다. 그는 파비우스에게 자신의 작전 계획을 미리 알리는 귀찮은 절차는 아예 생략해버렸다. 개선의 영광을 독차지하고 싶어서였다.

더 높은 위치에서 작전을 펼친 한니발의 병력은 앞으로 나서며 공격해 오는 로마 보병대와 기병대를 밀어냈고, 특히 로마 기병대의 말들은 바위투성이 지역에서 움직이느라고 심각한 피해를 입었다. 로마군이 언덕 아래로 물러나기 시작하자, 미누키우스가 정상으로 나아가라고 명령해서 뒤따라오던 군단병과 곧바로 충돌했다. 상황이 이렇게 되자 로마군의 전열은 혼란에 빠졌다. 배후 공격의 적기가 왔음을 파악한 한니발은 신호를 보내 언덕에 숨어 있던 수천 명의 병사에게 일제 공격을 명했고, 미누키우스는 온 사방에서 카르타고군의 공격을 받았다. 로마 장군과 휘하 모든 장병은 완전히 포위되었다. 미누키우스가 바라던 영광스러운 승리는 가뭇없이 사라져버리고 이제 전투는 생존을 위한 처절한 싸움으로 급변했다. 미누키우스가 공격전에서 크게 실패하는 걸 멀리서 지켜보던 파비우스는 곧장 휘하 병력을 구원군으로 보냈고, 로마군은 이 증원군 덕분에 트라시메노 전투가 재현되는 것을 가까스로 피할 수 있었다. 파비우스가 보낸 베테랑 군인들의 도움으로 로마군은 미누키우스를 구하고 카르타고인을 격퇴할 수 있었지만, 큰 손실을 입었다. 상황이 이렇게 돌아가자 한니발은 현명하게도 사상자를 최소한으로 줄이면서 전장에서 물러났다. 자신의 우월한 기병대를 활용할 수 없는 언덕이라는 환경에서 로마 연합군을 상대하는 걸 피한 것이다.

미누키우스가 한니발을 상대해서 얻은 승전으로 쌓은 평판은 두 번째 교전에서 산산조각 나고 말았다. 그는 다시 파비우스의 부장으로 격하되었다. 하지만 파비우스의 독재관 임기와 미누키우스의 사마관 임기는 12월 말에 종료될 예정이었기에 기원전 217년의 가을이 저물 무렵에 두 사람은 로마로 복귀했다. 양쪽의 군대는 전투를 치를 수 있는 계절이 끝나면서 월동 진지로 물러났고, 로마는 임시 지휘관을 보내 진지의 군대를 관리하게 했다. 1월에 두 집정관이 새로 선출될 테지만, 그들은 3월이 되어서야 비로소 직무를 수행할 것이다. 파비우스는 계속 지연 전술을 옹호하며, 한니발과의 직접적인 충돌을 피하는 자신의 전략을 원로원과 로마 시민에게 설파했지만, 로마 시민들 중 누구도 그 말을 들어줄 기분이 아니었다. 미누키우스는 생각보다 시시한 사람이었을지 모르지만 파비우스는 아무리 잘봐줘도 겁쟁이 장군이었고, 최악의 경우엔 카르타고를 상대할 로마 군단을 지휘하기에는 부적절한 사령관으로 보였다. 이제 로마는 한니발이라는 심각한 위협에 맞서서 공화국을 집결시킬 수 있는 더 대담한 인물을 장군으로 뽑아야 했다.

◇◇◇◇◇◇

로마의 분위기는 전과 마찬가지로 암울하기 그지없었다. 지난 2년 동안 한니발과 치른 거의 모든 전투에서 패배했고, 그럴 때마다 몇만 명에 달하는 로마 군인이 전사했다. 로마에서 사랑하는 아버지, 아들, 형제를 잃지 않은 가정이 없을 정도였다. 카르타고군을 상대로 로마군이 펼친 전략은 공격적인 행동이든 수비적인 전쟁이든 모두 실패했다. 한니발은 이탈리아 농촌 지역을 거칠 것 없이 휩쓸면서 지배했고, 그의 편에 붙는 동맹이 계속 늘어났다. 로마인들은 피해 망상이 더 심각해져서 음모와 흉조를 어디에서나 봤다. 로마시 바로 바깥에 있는 캄푸스 마르티우스에선 적에게 부역했다고 추정되는 노예 25명이 곧바로 십자가형에 처해졌다.[62] 조각상에서 피가 흐르고 하늘에서 다시 돌이 떨어졌다는 이적異蹟의 보고가 들어왔다. 로마는 다음 여름이면 한니발이 마침내 로마 시내로 진군하여 시민을 몰살시킬 것이라는 두려움에 빠졌다.

　게로니움 진지에서 봄을 기다리던 카르타고군은 보급품을 계속 징발하면서 로마군을 상대로 여러 소규모 접전을 벌이는 생활을 계속 이어갔다. 한니발은 이탈리아 동맹들에게 지지를 호소하는 동시에 움직이는 도시나 다름없는 카르타고 사령부를 다스리며 무수한 행정 업무를 일일이 살폈다. 그는 전투에 매우 탁월한 재능이 있었지만, 스페인에서 아버지로부터 많은 걸 배워서 행정가로도 뛰어난 면모를 보였다. 게로니움에 저장된 식량이 충분히 있었지만 장병들에게 제공할 식량을 평소에 부지런히 찾아다니는 건 한니발이 꾸준히 신경 쓰는 일이었다. 그런 작업은 병사들을 계속 바쁘게 만들어 잡념을 물리치게 하는 효과까지 있었다. 부대를 따라다니는 창녀들과 위안부들은 병사들 사이에서 아주 편안하게 자리 잡았고, 상인과 행상, 온갖 소매상과 연예인도 마찬가지로 사령부 내에 정착했다. 그들은 부풀린 가격으로 서비스를 제공하며 짭짤한 수익을 올렸다. 한니발은 심지어 장병들의 급여를 지급하고자 독자적으로 화폐를 주조하기까지 했다. 겨울은 전투에서 해방되는 시기였지만, 카르타고 지휘관은 다가올 여름을 대비해야 해서 편히 쉴 수 없었다.

　로마에서 새로 선출된 두 집정관은 루키우스 아이밀리우스 파울루스와 가이우스 테렌티우스 바로였다. 아이밀리우스 파울루스는 지연 작전의 대가 파비우스처럼 로마에서 가장 오래되고 저명한 귀족 가문 출신이었다. 그는 몇 년 전 아드리아해를 건너가 사나운 일리리아인을 물리치며 전공을 올려서 그 능력이 증명된 지도자이자 노련한 장군이었다. 이제 거의 예순에 다다른 그는 가문의 명예와 공화국의 안녕을 위해 마지막으로 자신의 재능을 바칠 준비를 마쳤다. 반면 바로는 또 다른 신인 계급 출신으로서 공화국의 최고위층으로 힘들게 올라온 사람이었다. 리비우스는 바로를 가리켜 천한 푸주한 아버지 밑에서 성장하여 교양 없는 출세 지상주의자라고 부당하게 폄하했다. 바로는 귀족 혈통도 아니면서 오만하고 충동적인 사람으로 알려졌다. 로마는 다시 한 번 극명하게 대비되는 두 지도자를 선출했고, 두 집정관은 처음부터 카르타고군을 상대로 단결할 가능성이 별로 없었다. 한니발은 두 집정관 사이의 이 같은 불화를 적절히 이간질하는 방법을 이미 계산하고 있었다.

아이밀리우스 파울루스와 바로는 신병을 모집하고 로마 역사에서 가장 대규모인 가공할 군대의 병력을 훈련시키며 봄을 보냈다. 집정관의 부하들은 로마 군대에서 복무할 수 있는 장정들을 찾아 이탈리아 전역의 농장을 샅샅이 뒤지고 돌아다녔다. 설사 신병이 복무 연령에 미달이라고 해도 세세히 따지지 않고 받아주었다. 로마는 엄청난 대군을 동원하여 압도적 군사력으로 새해에 한니발을 끝장내려 했다. 그해 여름, 로마 군기 아래 몰려든 인산인해의 장병은 진정으로 인상적인 규모였다. 대략 8만 명이 카르타고군과 싸우려고 칼을 뽑아 들었다. 하지만 수많은 베테랑 로마 군인이 전사했기에 새로운 병력 중 최소 절반은 평소에 농가에서 키우는 닭을 보호하려고 늑대나 곰을 쫓아내다가 온 십 대 소년이었기에 당연히 전투 경험이 없었다. 그럼에도 불구하고 이 로마 청년들은 강인하고 용맹했으며, 그해 봄과 초여름에 다가오는 전쟁에 대비하여 고된 전투 훈련을 받으면서 보냈다. 한니발의 군대가 대부분 노련한 병사들로 구성되었다 하더라도 로마 군단에 비하면 그 수는 절반에도 못 미치는 수준이었다. 노련한 집정관 아이밀리우스 파울루스의 능숙한 지도 아래, 로마군은 반드시 카르타고군을 타도하고 말겠다는 기세였다. 그런 위협적 기세는 결코 한가한 허세가 아니었다.

14

칸나이

그해 겨울, 한니발은 세심하게 다음 행동을 심사숙고했다. 여름이 시작될 무렵, 그를 공격하기 위해 엄청난 규모의 로마군이 집결되는 중이었다. 아무리 한니발처럼 타고난 재능 있는 장군이라 할지라도 야전에서 그 같은 대규모 로마군을 쉽게 물리칠 수 있다고 생각한다면 어리석은 판단이 될 터였다. 그럼에도 불구하고 그가 자신의 우월한 기병대를 활용할 수 있는 탁 트인 들판에서의 총력전은 로마인을 난국으로 몰아넣고 전쟁의 다음 단계에서 더 많은 이탈리아 동맹을 얻을 수 있는 유일한 희망이었다. 따라서 한니발은 활용할 수 있는 모든 이점을 동원하여 로마인을 자극해 자신이 선택한 시간과 장소에서 로마군이 싸움에 나서도록 유도해야 했다. 겨우내 그는 말을 타고 이탈리아 남부 시골을 돌아다니며 싸울 만한 장소를 찾았다. 그는 수집된 첩보를 검토하고 첩자들에게 세심한 질문지를 보내, 로마군의 병참 업무는 물론이고 새로 선출된 로마 사령관의 기질 등 알아낼 수 있는 건 모두 알아내라고 지시했다. 초여름이 되자 그는 자신이 해야 할 일을 파악했다.

게로니움의 월동 진지에서 남쪽으로 며칠 행군해야 하는 거리에는 아우피두스강 저편 아드리아해와 맞닿은 해안 지역에 칸나이라는 작지만 전략적인 마을이 있었다. 로마인은 그곳에 거대한 곡물 창고를 두어 주변 지역에서 군대를 먹일 식량을 수집하고 저장했다. 한니발이 그 마을을 점령할 수 있다면 카르타고인은 곡물을 잔뜩 얻을 수 있을 뿐만 아니라 로마군을 굶주리게 하여 아풀리아 내에서의 로마군 움직임을 차단할 수 있었다. 칸나이를 점령한다면, 로마인은 무조건 카르타고군을 다시 공격하여 자신들의 식량을 되찾으려고 할 것이다. 한니발에게 곡물은 중대했지만, 중요한 점은 그것뿐만이 아니었다. 칸나이 주변의 시골은 널찍한 공간을 보유한, 완만하게 경사진 해안 평원이어서 카르타고 기병대가 원활하게 기동하며 야전 작전을 펴기에 적합했다. 만약 카르타고보다 한참 더 규모가 큰 로마군으로 하여금 그곳에서 총력전에 나서게 할 수 있다면 한니발은 승리할 수도 있었다.

한니발은 월동 진지에서 장병들을 이끌고 빠르게 진군하여 로마인에게 자신의 의도를 들키기 전에 칸나이에 도착했다. 방비가 허술한 그 마을에 도착하자 빠르게 그곳을 점령하여 아군이 쓸 귀한 곡물을 확보했다. 이제 그는 로마인이 나타날 때까지 기다리기만 하면 되었다. 겁에 질린 로마 원로원이 새로 선출된 두 집정관에게 전 병력을 맡겨 남쪽에 있는 칸나이를 탈환하러 보내기까지는 그리 오랜 시간이 걸리지 않았다. 물론 이런 대규모 병력을 구성하는 신병들은 훈련을 좀 더 시켜야 했으나 그럴 때까지 기다릴 시간이 없었다.

덥고 건조한 7월 말 어느 날, 한니발은 칸나이 근처 낮은 언덕에 서서 로마군이 북쪽에서 칸나이를 향해 접근해 오는 걸 지켜보았다. 그 당시 아풀리아의 곡물은 전부 수확되었고 이제 밭은 텅 빈 갈색 들판이었다. 접근해 오는 8만 로마 병사와 말들이 일으키는 자욱한 흙먼지를 보고 한니발은 쨍쨍 내리쬐는 햇빛에 반짝이는 로마인의 갑옷을 목격하기 한참 전부터 로마 군단의 접근을 감지했다. 전쟁터 에서 평생을 보내온 한니발조차 그런 대군이 다가오는 것을 경외감을 지닌 채 바라보았다. 그의 장교들과 사병들 역시 그 모습을 지켜 보았고, 세상에서 가장 큰 규모의 군대가 접근하는 중임을 깨달았다. 그들은 사령관에게 절대적 신뢰를 품었기에 곧 다가올 미래에 대해 서도 걱정하지 않고 희망을 품을 수 있었다.

그렇지만 헤아릴 수 없이 많은 로마 병사가 다가오는 모습에 한니 발의 베테랑 군인들마저 크게 두려움을 느꼈다. 기스고라는 한 카르 타고 장교는 로마인이 지평선 너머에서 먼지 구름을 일으키며 이쪽 으로 진군해 올 때 마침 한니발 근처에 서 있었다. 그는 적의 병력 수 가 믿기 힘들 정도로 많다고 무의식중에 중얼거렸다. 그러자 한니발 은 이렇게 답했다. "그래. 하지만 더 놀라운 게 뭔지 알아채지 못했 군." 카르타고 장교는 장군에게 그것이 무엇인지 물었다. 그러자 한 니발은 미소를 지으며 대답했다. "저들 중 이름이 기스고인 자가 없 잖나." 한니발 근처에 서 있던 모든 장교가 크게 웃음을 터뜨렸고 그 러면서 다가올 전쟁에 대한 두려움을 잊었다. 그들 부근에 있던 최전 선의 병사들은 이 웃음소리를 들었고, 장교들이 웃을 수 있다면 병사 들도 웃을 수 있고 따라서 상황이 괜찮을 거라며 안심했다. 이 이야기는 겁에 질린 카르타고군 내에 빠르게 퍼졌고, 엄청난 위협 앞에서도 평온한 자신감을 갖게 해주었다. 전투 심리학의 대가인 한니발은 장병들을 고무하는 방법을 잘 알았기에 전투를 앞두고 말 한마디로 장병들을 안심시킨 것이다.

◇◇◇◇◇◇

로마의 정치 제도에서는 두 집정관이 격일로 군대를 지휘하게끔 명시되어 있었다. 한니발은 운 좋게도 이 사실을 잘 알았기에 지휘권의 일일 교대를 감안하면서 어느 날에 어느 장군과 교전해야 하는지 미리 파악해두었다. 이런 격일제는 어떤 한 사람이 군대에서 지나치게 많은 권력을 보유하게 되는 일을 두려워하는 마음에서 생겨난 제도였지만, 지휘권의 연속성 결여라는 관점에서 보면 로마군 지휘 체계의 심각한 약점이었다. 적이 이런 사실을 훤히 꿰뚫고서 언제든 역이용할 수 있었기 때문이다. 하지만 로마인은 왕이 되려 하는 자가 나타날까 두려워 이런 관습적 지휘 체계를 변경하지 않으려 했다. 군단들이 안피두스강 바로 북쪽의 평원에 도착하자 아이밀리우스 파울루스는 그 지역이 평평하고 나무가 없어서 한니발의 기병대가 기동하기 좋은 곳이라는 걸 알아차렸다. 그는 동료 집정관 바로에게 그곳에서 카르타고인과 교전하면 안 된다고 말했고, 적어도 자신이 지휘권을 행사하는 날에는 그렇게 할 것이라고 선언했다. 바로는 그런 파울루스와 언쟁을 벌이며, 로마군의 우월한 병력 규모는 한니발 기병대의 이점 따위는 충분히 무력화할 수 있다고 주장했다. 그러나 바로보다 나이 많은 파울루스는 자신이 통솔할 때는 군대를 움직이지 않으려 했다.

그다음 날 바로가 로마군의 지휘권을 행사했는데, 장병들에게 캠프를 해체하고 카르타고 군대를 향해 진격하라고 명령했다.[63] 한니발은 그날의 지휘관이 바로임을 미리 파악해 가볍게 무장한 보병대와 기병대를 내보내 공격해 오는 로마군에게 기습 강공을 펴게 했다. 그것은 전투라기보다 소규모 충돌에 가까웠지만, 바로와 그의 장병들은 종일 카르타고군을 상대로 치열한 싸움을 벌이며 적을 퇴각시켰다. 하지만 이것은 미끼였고 이처럼 일부러 져주는 것이야말로 한니발이 의도한 바였다. 바로는 어느 때보다도 자신감이 충천하여 자기야말로 로마군을 이끌고 한니발에게 맞서 영광스러운 승리를 거둘 사람이라고 확신했다. 파울루스는 이튿날 지휘권을 인수하자 전투를 벌이지 않고 장병들에게 방비가 튼튼한 캠프 두 곳을 빠르게 설치하게 했다. 두 진지 중 하나는 아우피두스강의 북쪽 강둑에, 다른 하나는 남쪽 강둑에 세웠다. 연장자 집정관은 여전히 전투 지형에 만족하지 못했지만 적의 손에 들어간 곡물이 필요했고, 로마 당국이 대군을 활용하여 승리하길 바란다는 걸 알았다. 그의 생각에 강의 남쪽 지역은 전투를 펼치기에 조금 더 나은 곳이어서 마지못해 그곳에서 카르타고인을 상대하기로 결정했다. 그리고 이것이야말로 다시 한 번 한니발이 의도한 대로였다. 파울루스는 바로가 그다음 날 지휘권을 인수하면 곧바로 전투가 벌어지리라는 것을 알았기에 로마군에게 유리한 일이라면 무엇이든 하고자 했다. 한니발은 파울루스의 움직임에 발맞추어 강의 남쪽으로 카르타고군의 진지를 이동했고, 그곳에서 훨씬 수월하게 기병대를 활용하여 물을 길러 오는 로마인을 반복적으로 공격하여 차단함으로써, 로마군이 타는 듯한 여름 더위 속에서 계속 목마른 상태로 있게 했다.

그날 밤 서늘한 시간대에 한니발은 장병들을 연병장에 집결시키고 다가올 전투에 대하여 격려 연설을 했다.[64] 그는 로마인에게 한참 수적으로 열세이지만 칸나이 평원에서 자신들이 누릴 여러 이점에 관해서 말했다. 그는 장병들에게 칸나이는 전투에 나서는 카르타고 기병들을 완벽하게 보호해주는 유리한 전장이라고 장담했다. 그는 로마인의 보병대가 더 큰 규모라는 것을 인정했지만, 카르타고가 숙련되고 노련한 기병을 수천 명 더 보유하고 있으므로 충분히 그것을 상쇄할 수 있다는 말도 했다. 그는 또 로마인을 교묘하게 유인하여 그의 고향 아프리카에서 불어오는 맹렬하고도 더운 바람이 부는 해변 평원에 진을 치게 했으며, 그다음 날 로마군이 진군할 때 그들은 얼굴에서 이런 더운 바람을 느끼게 될 것이라고 예상했다. 그렇게 되면 로마군이 바다를 향해 서 있게 되어 아군과 싸울 때 눈이 잘 안 보이고 혀도 곧 바짝 마르는 불리한 위치에 설 것이라고 언급했다. 마지막으로 한니발은 장병들에게 전열에 굳게 버티고 서서, 자신의 파격적인 명령을 그대로 따르면 충분히 승리를 거둘 수 있다고 장담했다. 그는 일부 병사는 죽음을 맞이하겠지만, 그건 피할 수 없는 전쟁의 본질이라고도 말했다. 이어 그는 카르타고군의 수많은 켈트족 전사가 굳게 믿는 내세관을 그대로 말해주었다. 전투에서 용감히 싸우다가 사망한 병사는 그로부터 얼마 지나지 않아 더욱 용감한 전사로 이 세상에 다시 태어날 것이라는 믿음이었다.

이튿날 동이 트자 로마군과 카르타고군은 강의 남쪽 평원에서 전투 대형을 이루어 대치했다. 파울루스는 그 전투 지형에 전혀 만족하지 못했지만, 운명의 결전이 벌어지려는 날에 바로에게 지휘권을 넘길 수밖에 없었다. 젊은 집정관은 막대한 규모의 중무장 보병대를 남쪽을 바라보는 전열 중앙에 두었고, 그들을 빽빽이 밀집시켜 적이 통과할 수 없는 철옹성 절벽을 구축하게 했다.[65] 그는 카르타고인 중 누구도 두꺼운 로마 전열을 돌파할 수 없게 하는 것은 물론이고, 휘하 장병들로 하여금 계속 공격하게 하여 압도적 병력으로 적을 일방적으로 굴복시킬 생각이었다. 강 인근에 있는 집정관 바로의 전열 오른쪽엔 파울루스의 지휘를 받는 로마 시민 기병대가 있었다. 이 기병대는 충성스럽고 용맹했으나, 말을 타고 싸우는 측면에선 동맹들의 기병대만큼 숙련되지는 않았다. 바로가 직접 지휘하는 좌익에는, 그날 로마인을 위해 싸울 켈트족을 비롯한 동맹의 기병대가 포진했다. 로마 전열은 길이가 1킬로미터 넘게 뻗어 있었고, 8만 명이 두껍게 대열을 형성하여 카르타고군에게 두려움을 자아냈다. 이들 중 절반은 단 한 번도 전쟁을 겪지 못한 훈련 부족의 십 대 소년이었지만, 그들의 수 자체가 워낙 막대하여 진군할 때 규모만으로도 지축을 뒤흔들 정도였다. 집정관 바로는 영리하게도 로마 시민 기병대를 오른쪽에 배치했고, 아우피두스강과 접하게 하여 카르타고인이 오른쪽에서 로마군 전열을 빙 둘러 배후를 치는 것을 방지했다. 로마 시민 기병대와 동맹 기병대는 두 전선의 양쪽 끝을 방어할 것이고, 중무장한 로마군 보병대는 앞으로 진격하여 규모가 크지 않은 카르타고군의 중군을 돌파할 것이다. 이는 나름으로 훌륭한 계획이었고, 카르타고 기병대가 측면을 공격하는 것을 계속해서 방지할 수 있다면 효과를 볼 것임이 거의 확실했다. 설혹 카르타고군의 기병대가 어떻게든 측면 돌파를 해낸다고 하더라도 그들이 어떻게 이토록 많은 로마 병사를 물리칠 수 있겠는가? 그날 아침 칸나이의 로마 사령부에 원로원 의원 다수가 전장을 참관하러 왔다. 로마 엘리트들은 오늘이야말로 로마가 카르타고군을 최종적으로 완파할 거라고 확신했고, 다들 그 승리의 장면을 현장에서 직접 보고 싶어 했다.

한니발은 있을 법한 전투 시나리오를 수없이 머릿속에 떠올렸기에 로마인이 전열을 정비하는 모습을 보고 앞으로 어떻게 대처해야 할지 정확히 판단했다. 강을 옆에 둔 카르타고군의 좌익은 로마 시민 기병대를 상대할 텐데, 여기엔 카르타고군의 켈트족과 이베리아인 기병이 배치되었다. 우익에는 사나운 누미디아 기병대를 두어 로마군의 동맹 기병대를 상대하게 했다. 한니발 자신은 전열 중앙에 버티고 서서 전군을 지휘할 예정이었는데, 로마인에게 수적으로는 크게 열세였지만 그가 배치한 이베리아인과 켈트족 보병대는 과거에 무수한 죽음을 지켜본 노련한 군인들로 구성되어 좀처럼 뒤로 밀리지 않았다. 수적으로 우위인 로마인에게 대응하는 전투를 치를 장병들을 돕기 위해, 한니발은 카르타고군의 보병을 직선으로 배치하지 않고 로마군을 바라보며 아치 형태로 약간 구부러진 전열을 형성하도록 조치했다.

카르타고군은 수적으로 밀렸을지 모르나, 베테랑인 이베리아인과 켈트족 보병대는 로마군의 소년 신병들이 보기에 몹시 무서운 모습이었다. 머리칼을 길게 기르고 황금 목걸이를 찬 채 소리를 고래고래

지르는 카르타고군의 켈트족 병사들은 로마인 대다수보다 머리 하나
는 더 컸고, 선명한 색깔의 옷을 입고서 싸움터에 나왔다. 때로는 종
종 허세를 부리며 상의를 벗고 알몸을 노출시킨 채 어디 한번 찔러보
라는 식으로 사납게 전투에 달려들었다.

　카르타고군 전열은 로마군과 같은 길이로 펼쳐졌지만, 병력이 열
세여서 극도로 얇게 산개되어 앞으로 밀고 들어오는 로마 군단의 공
격에 취약했다. 바로가 거세게 강공을 계속 펼칠 수만 있다면 한니발
의 전열을 돌파하여 카르타고군을 둘로 나눌 것이고, 그렇게 되면 반
드시 승리를 거둘 수 있을 터였다.

　태양이 하늘 높이 뜨자 마침내 로마군 나팔이 울리며 공격 개시를
알렸다. 최전방에 있던, 갑옷 입은 로마 보병대는 한니발의 발레아레
스인 투석병이 던지는 돌을 맞았지만 소수 장병만 전사했다. 아치 형
태로 앞쪽으로 볼록 튀어나온 한니발 전열의 중앙부는 로마 병사 몇
만 명이 전력을 다해 거세게 밀고 들어오는 공세를 받아내야 했다.
로마군 병사들은 짧지만 치명적인 칼로 카르타고군을 계속 찔러댔
다. 볼록 렌즈 형태의 카르타고군 전열은 로마 보병대의 맹공을 받으
며 천천히 뒤로 밀리면서 오목 렌즈 형태가 되어가기 시작했다.•

• 고대 세계의 전투 대형은 보병을 기준으로 중군과 좌우에 떠받치는 양 날개로 구성되었으며,
기병대는 왼쪽 날개 혹은 오른쪽 날개에 배치되어 기동 타격의 임무를 수행했다. 야전에서의 대
치전일 경우, 회전(會戰)의 양상은 현대의 권투 경기와 비슷했다. 중군이 중심을 잡고서 그대로
있고 좌우 양 날개를 움직여 상대방을 가격했는데, 이는 권투에서 두 주먹을 휘두르는 것과 비슷
해서 공격이 적의 정면을 향하면 스트레이트, 좌우를 향하면 양쪽 훅이 된다. 이렇게 해서 적의
좌, 중, 우 대형 중 어느 한쪽을 허물어뜨리면 그 대형을 돌파하여 적 후방으로 들어가서 앞뒤에
서 공격하는 가위의 양날 모양이 되어 적을 완전히 두 동강 낼 수 있었다.

반면에 전열 양옆의 기병대 상황은 한니발이 볼 때, 점점 나아지고 있었다. 로마 시민 기병대는 카르타고 기병대가 우회하는 걸 막고자 강 가까이에 바싹 붙었지만, 그렇게 되고 보니 뒤쪽으로 움직일 공간이 없었다. 로마 기병대는 워낙 심하게 밀집된 탓에 다수가 말에서 내릴 수밖에 없었고, 땅 위에서 엄청난 어려움을 겪으며 싸워야 했다. 카르타고 기병대는 로마 기병을 강을 따라 밀어낼 수 있었고, 결국 로마 기병대는 무너져 로마군 오른쪽 측면이 통째로 카르타고의 공격에 무방비로 노출되었다. 로마군 좌익에서 로마의 동맹 기병들은 누미디아 기병대에게 더 빠르게 돌파당해 결국 로마 전열의 후방이 열렸으며, 로마군 보병대는 뒤쪽에서 카르타고 기병대의 공격을 받게 되었다.

　　그러는 사이 카르타고군 중앙부는 로마 보병대의 맹공격에 꾸준히 뒤로 물러나는 중이었다. 로마 지휘관 중 누구도 그런 상황이 적의 페이스에 그대로 말려드는 것임을 의식하지 못했다. 하지만 이는 한니발이 계획적으로 유도한 포위 공격 작전이었다. 이전 여러 전투에서 그랬던 것처럼 그는 뒤로 밀리는 척 속임수를 써서, 로마 보병대를 카르타고 보병대의 오목 렌즈 안쪽으로 깊숙하게 끌어들였고, 마침내 카르타고 기병대가 로마군의 좌우 양쪽 날개를 돌파하면서 배후를 공격해 오자 로마군은 완전히 포위되고 말았다. 카르타고 기병대는 뒤에서 로마인을 무자비하게 공격했다. 로마군은 적보다 수적으로 압도적 우위에 있었는데도 독 안에 든 쥐처럼 움직일 공간이 없어서 그 어디로도 도망칠 수 없었다. 로마군은 이제 양쪽에서 기병대의 지원을 받지 못하는 상황이었고, 동맹 기병대 중 상당수가 황급히 전장을 벗어나 도망쳤다. 로마군 사령관 바로는 그날 동이 틀 때 그 토록 싸움을 바랐건만 정작 로마 왼쪽 날개가 카르타고 기병대에게 압도당하자마자 무책임하게도 전장에서 곧바로 도망쳤고, 위험에 빠진 휘하 장병들이 각자도생하도록 내팽개쳤다. 바로보다 심적 동요가 훨씬 적었던 동료 집정관 파울루스는 전투 초기에 부상을 당했지만, 부하들이 도망치라고 말을 내줘도 거절하고 싸우다가 전사했다. 칸나이의 흙먼지 일어나는 평원에서 그날 한니발의 장병들은 로마 군인 몇만 명을 무자비하게 살해했다. 영광을 꿈꾸던 로마의 소년 농민들은 헛되이 신들에게 도와달라고 애원했지만 봄날의 양들처럼 도살당했다. 로마 원로원 의원, 천인대장, 백인대장, 병사 모두 인류 역사에서 가장 치명적이고 소름 끼치는 전투가 벌어진 날에 함께 칸나이 들판에 쓰러져서 죽음을 맞이했다.

로마군은 칸나이에서 궤멸했다. 이튿날 동이 트고 한니발과 그의 장교들이 대학살이 벌어진 전장을 살폈을 때 그들 중 가장 무감각한 사람들조차 카르타고군이 올린 성과에 놀라움을 금치 못했다.[66] 포위한 카르타고군과 포위된 로마 중무장 보병대 사이에서 벌어진 전투는 아무리 따져보아도 야만적이었다. 거의 움직일 곳이 없는 상황에서 로마군 병사의 다수가 창과 칼에 찔렸고, 소년 병사들은 넓적다리와 힘줄이 크게 베인 채 치명상을 입고 쓰러졌다. 심지어 카르타고 지휘부가 점검하러 나온 때에도 여전히 숨이 붙어 있는 소년병도 있었다. 많은 자가 목을 쭉 뽑으며 지나가는 카르타고 병사들에게 제발 이 고통에서 해방시켜달라고 간청했다. 죽은 로마인 병사 중 몇몇은 피가 줄줄 흐르는 땅에 구멍을 파고 머리를 묻은 채로 발견되었는데, 일부러 질식사로 목숨을 끊으려고 한 것이었다. 그런 최악의 조건 속에서도 로마인은 맹렬하게 싸웠다. 사망한 로마군 병사의 시신 밑에서 가까스로 기어 나온 부상당한 카르타고군의 누미디아 보병은 다음과 같은 보고를 올렸다. 자신이 상대한 로마군 병사는 더는 손에 칼을 들 수 없자 마지막 괴력을 발휘해 자신의 코와 귀를 이빨로 물어뜯었다고.

로마인 전사자 중엔 바로의 동료 집정관 아이밀리우스 파울루스 외에도 수많은 전직 집정관, 법무관, 재무관, 천인대장, 80명이 넘는 원로원 의원 등이 있었다. 전직 사마관으로 한니발을 물리치길 갈망했던 미누키우스도 카르타고인에게서 도망치는 걸 거부하고 전장에서 용맹하게 싸우다 죽었다. 집정관 바로는 고작 50명을 데리고 학살의 현장에서 도망쳤고, 여기엔 지휘관의 안전을 충실히 지키고자 했던 젊은 스키피오도 있었다. 전투가 절망적으로 흐르자 로마 동맹 기병 다수가 기회를 엿보다 도망칠 수 있었지만, 적의 기만술에 빠져 독 안의 쥐 신세가 된 로마군 보병은 도망칠 곳이 없었다. 카르타고 군은 나중에 몸값을 받아낼 속셈으로 로마인 몇천 명을 포로로 살려 두었다. 그러나 로마가 입은 손실 규모는 믿을 수 없을 정도로 막대했다. 정확한 수는 확인할 수 없지만 6만 명 정도가 그 여름날 칸나이 평원에서 전사한 것으로 추산되는데, 실제 상황에서 크게 벗어나지는 않았을 것으로 보이는 수치다. 병역 대상자 로마인 다섯 명 중한 명이 그날 칸나이에서 죽었으니 말이다.

한니발은 인류사에서 가장 위대한 승리를 거두었지만,* 카르타고 군이 입은 손실도 커서 우려하지 않을 수 없었다. 로마인에 비하면 비교적 적은 수치였지만, 최소한 5000명이 전사했는데 다수가 켈트족 동맹이었다. 그가 로마에 가한 손실에 비하면 사소한 규모였지만, 언제나 그렇듯이 그는 대체 병력을 보충해야 한다는 점에서 로마보다 크게 불리한 상황이었다. 하지만 그날은 카르타고인들이 아주 기뻐할 만한 날이었다. 그들은 전사한 전우들을 엄숙하게 매장했고, 전투에서 거둔 많은 전리품을 나누어 가졌다. 그것은 그런 대첩을 거둔 특별한 날에 비범한 용맹을 발휘한 병사들에게 마땅히 돌아가야 할 보상이었다.

● 칸나이 전투는 서양에서 대첩의 대표적 사례로 거론된다. 영어에서는 대승을 거둔다는 의미의 관용어로 'get your Cannae'라는 말이 널리 사용된다.

15

로마

칸나이에서 한니발이 승리를 거둔 이후의 카르타고군 상황에 관하여 흥미로운 이야기가 하나 전해진다.[67] 전투 후에 카르타고 장교들은 한니발의 주변에 모여 깜짝 놀랄 정도로 대승을 거둔 사령관을 축하했다. 대다수 부관이 그런 영웅적인 성과를 거두었으니 휴식을 취해야 한다고 조언했다. 하지만 한니발의 오랜 친구이자 기병대장인 마하르발은 정반대의 주장을 강하게 펼치고 나왔다. "지금이야말로 공격에 나서서 전쟁을 끝낼 때입니다." 그가 단언했다. "도시가 무방비 상태인 지금, 제가 로마로 기병을 이끌고 달려가겠습니다. 뒤에서 군대를 인솔하여 오시면 닷새 안에 정복된 로마의 심장부에 있는 카피톨리움 언덕에서 연회를 벌일 수 있습니다." 한니발은 마하르발의 열의를 반겼지만, 그의 주장에 이의를 제기하면서 다음 행동을 신중하게 고려할 시간이 필요하다고 답했다. 그러자 마하르발은 고개를 저으며 이렇게 답했다. "한니발, 당신은 승리하는 법은 알지만 그 승리를 활용하는 법은 모르는군요."

2000년의 세월이 흐르는 동안, 칸나이 전쟁 이후의 통찰을 모두 참고할 수 있는 상태에서 역사가들은 한니발이 칸나이에서 압승을 거둔 뒤 곧바로 로마로 진군했어야 했는지 여부를 두고 논쟁을 벌이곤 했다. 몇 세기가 지나고 제정 로마가 된 상황에서도 수사법을 연구하는 사람들 사이에서 이 문제는 선호되는 토론 주제였다. 하지만 한니발이 역대 최고 군사 지휘관 중 한 사람이었고 불필요한 우유부단함은 아예 없는 사람이었다는 점을 생각한다면, 왜 그가 로마가 가장 취약한 때에 곧바로 공격하지 않았는지, 그런 운명적 결정의 이유가 무엇인지 충분히 이해할 수 있다.

고대 세계의 다른 장군들과 마찬가지로, 한니발도 높은 석벽으로 둘러싸여 훌륭하게 방어되는 도시를 점령하는 건 무척 힘든 일이고 탁 트인 야전에서 적을 격파하는 것보다 훨씬 막대한 자원이 소모된다는 걸 잘 알았다. 한니발이 활약하던 시절에 성벽에 빠르게 구멍을 뚫는 기술은 존재하지 않았고, 그 후로도 몇 세기 동안 발명되지 않았다. 고대 세계에서 방어가 잘된 도시를 정복하는 유일한 실행 방안은 도시를 포위하여 식량 공급을 끊고 성내의 주민들을 굶주리게 만드는 것이었다. 그러는 사이 높은 성벽에서 주민들이 포위한 공격군에게 무기를 퍼붓고 그에 따라 사상자가 발생하는 건 어쩔 수 없는 일이었다. 트로이를 침공한 그리스군이 10년 동안 포위 공성전을 벌인 건 전설일지 모르지만, 트로이의 막강한 방어 환경은 전설이 아니라 현실이었다. 한니발은 로마보다 훨씬 작은 규모의 성벽을 갖춘 도시 사군톰을 포위 공격했을 때 공성전이 몇 달씩 걸리는 등 너무나 고통스럽고 시간도 많이 소요된다는 걸 직접 체험했다. 로마처럼 거대하고 훌륭한 방비를 갖춘 도시를 공격하여 점령하는 건 몇 년까지는 아니더라도 몇 달은 충분히 걸릴 터였다. 그 경우, 한니발은 적국의 영토 심장부에서 적의 수도에 대한 공격을 조직하고 수행해야 할 뿐만 아니라 끝이 보이지 않을 만큼 지루한 여러 달 동안, 카르타고에 우호적인 동맹들이 그런 공성전에 지치지 않도록 사기를 유지해야 하는 까다로운 작업도 동시에 해야 했다. 그의 군대 대다수를 구성하는 변덕스러운 켈트족은 그런 장기적 공성전을 수행할 만한 인내심이 대체로 없었다. 심지어 그의 연합에 합류한 이탈리아인들도 잦은 전투와 약탈로 얻은 전리품을 보장해주지 않으면 곧바로 대열을 이탈하는 등 비위를 맞추기가 어려웠다.

그러나 한니발이 칸나이에서 승리를 거둔 이후 즉시 로마를 공격하지 않았던 가장 중요한 이유는 그럴 필요가 없다고 판단했기 때문이다. 고대의 전쟁에서 적의 수도를 완벽하고 철저하게 파괴하는 일은 드물었다. 공격에 나선 군대는 보통 적의 땅을 침공하여 전투에서 몇 차례 승리하면 시골 지역을 불태운 뒤 약탈하고, 적과 유리한 조건으로 강화 조약을 맺는 것이 보통이었다. 총력전은 양쪽 모두에게 비현실적이고 비효율적이었다. 카르타고도 과거에 로마인이 시칠리아를 점령하고 아프리카를 침공하겠다고 위협하자 1차 포에니 전쟁에서 로마에게 항복했다. 카르타고 원로원은 막대한 배상금을 지급한 뒤에도 영토와 물질적 부의 대부분을 보존하면서 로마와 강화 조약을 맺었던 것이다. 적을 완전히 섬멸하기 위해 들여야 하는 시간과 자원은 너무나 막대해서 대다수 국가들은 그런 작전을 진지하게 고려할 수가 없었다.

한니발이 소년 시절에 로마를 영원히 적국으로 여기겠다고 아버지에게 맹세한 이야기는, 그가 남녀노소를 가리지 않고 로마 시민 모두를 죽이고 그들의 집을 돌무더기 폐허로 만들겠다는 뜻은 아니었다. 그는 로마가 조국 카르타고에 했던 일을 증오하며 그들을 정복하길 바랐지만, 궁극적 목표는 로마와 충돌하기 전에 카르타고가 누렸던 영광과 권세를 다시 복원하는 것이었다. 그러므로 한니발 당시의 합리적인 강화 조건은 지난 두 세기 동안 로마가 빼앗아간 카르타고의 모든 영토에서 물러나도록 하는 것이었으며, 그런 땅에는 사르데냐와 코르시카, 시칠리아가 포함되었다. 한니발은 또 로마인이 이탈리아 북부의 켈트족 영토는 물론 남부의 그리스인과 토착 이탈리아인의 영토도 포기하라고 주장했을 것이다. 그렇게 되면 로마는 라티움 언덕 너머로 육군이나 해군 같은 해외 원정군을 파견하지 못하고 이탈리아 중부에 머무는, 자그마한 지방 세력으로 격하될 것이다. 카르타고는 과거 로마가 1차 포에니 전쟁에서 시칠리아를 정복한 뒤 강제로 부과했던 것만큼 로마에 막대한 전쟁 배상금을 부과할 것이다. 그 후 로마는 자유로운 도시 국가로 남을 것이고, 로마인도 평화 속에서 일상생활을 이어나갈 수 있을 것이다. 고대 세계에서의 삶이 언제나 불확실하고 위험했다는 점을 감안할 때 합리적인 국가라면 이같은 전쟁의 결말을 아마도 받아들였을 것이다.

문제는, 로마가 다른 고대 국가들과 달랐다는 점이다. 그리스 장군 피로스가 몇십 년 전 이탈리아를 침공하여 로마인을 상대로 연달아 승리를 거두었을 때 로마인은 늘 전열을 재정비하며 다시 전투에 나섰고 강화를 요구하지 않았다. 당시 지중해의 거의 모든 다른 도시와 달리 로마는 절대로 뒤로 물러서려 하지 않았다. 로마인은 적이 베푸는 자비를 받아들이지 않는 것은 물론이고 적에게 자비를 베풀지도 않았다. 장군으로서 한니발이 실패한 부분이 있다면 그가 상대하는 적이 어떤 부류의 적인지 온전히 깨닫지 못했다는 것이다. 그는 고대 전쟁의 확립된 규칙에 따라 작전을 수행해나갔고, 그 규칙은 비록 가혹했지만 어떤 특정 국가와 그 시민을 철저하게 파멸시키는 노선을 추구하지는 않았다. 로마는 이 같은 전쟁의 규칙 따위는 신경 쓰지 않았다. 그리 머지않은 장래의 어느 날, 로마인은 카르타고라는 도시 자체를 아예 흔적도 남기지 않고 파괴해버릴 것이고, 그곳 시민을 도살하고서 다시는 그곳에 사람이 살지 않도록 폐허로 만들 것이다. 이 것이 로마가 준수하는 전쟁의 규칙이었다.

칸나이 전투 이후 한니발은 로마의 포로를 전부 모아놓고 자신의 생각을 선포했는데, 전쟁 중 포로를 상대로 한 연설은 이때가 처음이었다.[68] 군사적 전술뿐만 아니라 언어의 천재이기도 한 한니발은 라틴어를 잘 알아서 그들에게 직접 라틴어로 말했을 가능성도 있다. 그는 포로들에게 카르타고군은 로마를 파괴할 생각이 없으며 로마와 카르타고 사이의 합리적 강화를 협상하고자 한다고 말했다. 카르타고는 과거에 전쟁에서 패배하여 로마에게 굴복했지만 이제 상황은 변했다. 로마가 소소한 금액의 몸값만 지불하면 그들은 모두 산 채로 풀려나 가족에게 돌아갈 수 있다. 그들이 동포들에게 로마가 앞으로 존속할 수 있고, 지금보다 규모가 더 작긴 해도 여전히 자유로운 독립국으로서 세상에서 번영할 수 있다는 걸 증언해주기 바란다고 했다. 이어서 그는 포로들 중에 열 명을 대변인으로 선정하고 즉시 로마로 보내 로마 원로원에 강화 조건을 제시하겠다고 말했다. 그리고 선정된 열 명의 로마인 포로들에게 협상 임무가 끝나면 원래의 진지로 돌아오겠다는 맹세만을 요구했다. 그들과 함께 동행할 사람으로는 카르탈로라는 카르타고 귀족이 선정되었다. 그는 한니발을 대신하여 로마 지도자들에게 몸값의 조건을 제시하고, 로마인들의 답변을 듣기로 했다.

◇◇◇◇◇◇◇

칸나이에서 대패를 당했다는 소식이 성문에 도착한 뒤로 로마는 극심한 공포에 시달렸다. 여자들은 거리마다 나와서 공공연하게 눈물을 흘리며 슬퍼했다. 도시에는 사랑하는 가족을 잃지 않은 가정이 하나도 없었다. 당면한 곡물의 여신 케레스를 위한 축제는 취소되었다. 이 축제는 나이 지긋한 부인들이 조직했는데, 초상을 당한 여자는 그런 축제에 참여하는 것이 금지되었기에 의례를 진행할 사람이 아무도 없었다. 시민들은 재산을 챙겨 언덕으로 도망쳤는데, 어느 때든 한니발과 그의 미개한 야만인 군대가 도착할 것을 우려해서였다. "한니발이 성문 앞에 와 있다Hannibal ad portas"라는 외침은 도시 전체를 휩쓸며 공포의 도가니 속으로 몰아넣었다. 원로원은 즉시 모든 성문에 경비대를 배치하고 카르타고인이 들어오지 못하게 하는 동시에 시민들이 도시에서 탈출하는 걸 막았다. 로마 시민들은 신들이 정말로 자신들을 버렸다고 믿었고, 그들이 생각할 수 있는 책임자란 책임자는 다 비난했다. 베스타 여신을 모시는 신전의 여사제는 불경한 외간 남자와 성관계를 맺음으로써 성스러운 순결을 더럽혔다는 혐의로 생매장형에 처해졌고, 그 외간 남자는 숨이 넘어갈 때까지 매질을 당했다.[69] 나중에 포에니 전쟁을 기록한 핵심 역사가로 등장하는 파비우스 픽토르라는 로마 사절은 그리스 델포이의 신전으로 가서 아폴론 신에게 카르타고를 물리치려면 로마가 무엇을 해야 하는지 신탁을 구했다. 로마는 극도의 위기 상황에서만 열 수 있는 예언의 신탁집 《시빌의 책Libris Sybellis》을 면밀하게 살피면서 신들을 달랠 방법을 찾았다. 그들에게 주어진 놀라운 답은 공공 가축 시장에서 켈트족 남녀 한 쌍과 그리스인 남녀 한 쌍을 희생 제물로 삼아 죽이라는 것이었는데, 이는 전혀 로마답지 않은 인신 공양이었다. 도시 시민들은 피 흘리는 일에 그리 불안감을 느끼지 않았지만, 그처럼 야만적인 의식은 로마에서 극도로 드물었고, 그들 중 가장 무감각한 사람들도 그런 괴이한 신탁에는 고개를 가로저었다.

로마 원로원은 즉시 새 독재관 마르쿠스 유니우스를 임명하고 티베리우스 셈프로니우스 그라쿠스를 그의 사마관으로 삼았다. 로마는 칸나이에서 수많은 군사를 잃은 결과 병력이 몹시 부족했다. 그래서 16세 미만의 농장 소년을 신병으로 뽑아 입대시키기 시작했고, 자유 시장에서 노예 8000명을 사들여 군대에 복무하도록 조치했다. 앞으로 펼쳐질 전쟁에서 생존한다면 자유를 약속했기에, 노예들은 기쁜 마음으로 군 복무를 받아들였다. 하지만 로마가 노예를 사들여 무장시키고 소년병을 뽑아 함께 싸우도록 한 것은 로마 공화국이 얼마나 처참한 도탄에 빠졌는지를 분명히 보여주는 사례였다. 원로원은 병력을 무장시키기 위해 각 가정에 낡은 칼과 창을 기부하라고 호소했고, 신전 벽에 걸린 골동품 무기마저 전부 떼어내 실전용으로 배치했다. 이런 식으로 로마는 빠르게 2만 5000명으로 구성된 새로운 군대를 편성했다.

한니발의 사절 카르탈로가 로마 성문 앞에 도착했을 때, 그는 새로운 독재관의 상징을 지닌 한 길나장이와 마주쳤다. 카르탈로는 독재관과 로마 시민들에게서 해질녘까지 도시에서 떠나라는 지시를 받았다. 그는 원로원의 대답을 들을 수가 없었고, 한니발이 제안한 항복 조건은 일고의 가치도 없다는 답변을 들었다. 카르탈로와 동행한 포로 열 명은, 그들 자신 혹은 그들과 유사한 상황에 처한 포로들은 로마로부터 몸값을 받아 풀려나는 일은 없을 것이라는 말을 들었다. 여기에 더하여 로마 시내의 그 어떤 개인이나 시민도 자비로 가족이나 친구의 몸값을 지급할 수 없다는 명령도 내려왔다. 몸값 지급도, 협상도, 항복도 없을 것이라는 단호한 태도였다.[70] 다른 도시와 나라는 상황이 이렇게 되었다면 패배를 인정했을지도 모르지만, 로마는 최후의 한 사람까지 한니발과 그의 군대에 저항하며 싸울 태세였다. 로마 포로들은 당국의 그런 조치를 이해했고, 한니발 캠프로 돌아가 그들의 운명을 순순히 받아들였다.

16

카푸아

로마로 진군하지 않기로 한 한니발의 결정과 로마인의 항복 거부로 이탈리아에서의 전쟁은 카르타고 군대가 장기전을 펼쳐야 하는 상황이 되었다. 카르타고군은 이탈리아 현지와 해외 양쪽에서 동맹을 얻는 작업을 꾸준히 진행해 상당한 성과를 거두었다. 천천히 이탈리아인을 자신의 편으로 끌어들이는 한니발의 전략은 해마다 성공을 거두었다. 그리하여 더 많은 삼니움인과 그리스인, 그밖의 이탈리아 남부 다른 도시들이 카르타고인과 운명을 같이하며 점점 더 유익한 결과로 이어졌다. 그러는 사이에 로마군은 한니발의 군대와는 야전에서 교전하지 않고 그림자처럼 따라다니기만 하는, 잘 증명된 파비우스의 지연 전략으로 다시 복귀했다.

한니발이 이탈리아에서 점점 더 강력해질수록 로마는 점점 더 허약해졌다. 한니발이 처음 알프스를 횡단했을 때 성공할 공산이 없다고 코웃음 쳤던 지중해 주변 다른 나라 국왕들과 통치자들은 이제 바람이 어디로 부는지 돌아가는 상황을 주목하면서 이탈리아에 있는 한니발의 사령부로 사절을 보내 동맹을 맺자고 요청하기 시작했다. 한니발이 로마를 상대로 대승을 거두었던 그 순간에는 카르타고를 지지하는 자가 아무도 없었으나, 이젠 그가 장차 로마 정복을 확실히 해낼 것처럼 보였기에 귀부하려는 자가 늘어났다. 로마인은 대패했을 때 고대 전쟁의 규칙에 따라 항복해야 마땅했는데도 어리석게도 그렇게 하지 않았다. 그렇다면 시리아와 그리스부터 대서양에 이르는 모든 지역의 도시와 국가는 로마가 멸망하여 그 시민들이 도살되고 그 가족이 노예로 팔려가는 일이 벌어져도 눈물 한 방울 흘리지 않을 것이다. 로마인이 과거에 자신들의 팽창주의적 운명을 믿고, 자신들의 공격적인 전쟁 방법이 옳다고 생각한다는 것은 잘 알려진 사실이었다. 그리하여 지중해 세계의 국가 혹은 민족 들은 카르타고가 정복과 학살을 수행할 능력이 있었지만 상업 활동에 주력해왔고 또 제국주의적 야심이 없다는 것을 알고서 이제 로마보다 카르타고를 훨씬 더 선호했다.

　이탈리아 내에서 로마에 수많은 패배를 안긴 상황에서, 한니발은 이제 동생 마고를 사절로 보내 본국의 시민과 지도자 들에게 자신의 뜻을 표명했다. 지금껏 도시의 많은 상업계 거물들은 스페인에서 바르카 일족이 펼치는 모험에 노골적으로 반대했거나, 그도 아니면 마지못해 그들을 지지하는 모습을 보였다. 심지어 이탈리아 침공을 세상에서 가장 강력한 나라를 불필요하게 자극하는 어리석은 행동이라고 여겼다. 하지만 칸나이 대첩 이후에 그동안 한니발에게 맞서왔던 자들조차 그가 진정으로 뛰어난 업적을 성취했다고 인정하고 잠잠해졌다.

로마는 여전히 이탈리아와 아프리카 사이의 바다를 통제했기에 마고를 본국으로 데려갈 카르타고 배는 이탈리아 남부 해안의 어딘가에서 그를 은밀히 태워 로마의 해군 순찰함을 피해 지중해를 빠져나가야 했다. 마침내 그가 카르타고에 도착하자 도시는 그의 귀환을 커다란 경사로 여기며 대대적으로 환영했다.[71] 귀향한 영웅과 그의 엄청 유명한 형을 위해 기념행사가 거행되었다. 마고는 카르타고 원로원에 나아가 이탈리아에서 여러 차례 거둔 승리에 관해 설명하는 연설을 했다. 티키누스강, 트레비아강, 트라시메노 호수, 칸나이에서 치러진 전투에서 로마인들이 쓰러지는 모습을 현장에서 직접 지켜본 마고는 그 광경을 생생하게 보고했다. 허영심 강한 사람이 아니었던 마고는 그 공로를 자신의 뛰어난 형에게 전부 돌리고 형이 쓰러뜨린 장군, 집정관, 독재관을 일일이 열거했다. 20만이 넘는 로마 군인이 한니발의 손에 전사했고, 5만 명이 포로로 붙잡혔다. 이탈리아 북부 켈트족과 남부 많은 도시가 로마인을 격퇴하여 탐욕스러운 로마 제국을 무너뜨리자는 카르타고의 대의에 합류했다. 신들은 명백히 로마의 힘에 대항하여 싸우는 카르타고 편에 섰다고 했다. 그러더니 훌륭한 연극적 재능을 지닌 마고는 로마군의 핵심 전력인 죽은 로마 기사들에게서 탈취한 황금 반지 자루를 가져와 카르타고 원로원 회의장 바닥에 쏟아붓게 했다. 흐릿하게 빛나는 황금 반지 무더기가 거대한 층을 이루며 바닥 위로 높이 솟아올랐다. 카르타고의 거물 상인들 중 바르카 일족을 가장 달갑지 않게 여기던 부류조차 그 광경에 깊은 인상을 받았다.＊

그러고 나서 마고는 자신이 아프리카로 장거리 여행을 떠나온 가장 중요한 이유를 말했다. 그는 이탈리아에서 전쟁이 훌륭하게 진행되고 있지만, 카르타고 본국의 지원을 받아가며 수행하는 안전한 싸움은 전혀 아니라고 강조했다. 한니발은 매달 막대한 곡물과 자금을 확보하여 군대를 먹이고 유지하는 데 사용해야 한다. 그러나 현지 주민들 사이에서 동맹을 모집해야 하므로, 이탈리아 남부 시골 지역에서 식량을 약탈할 수는 없다. 그러니 지금 현재, 카르타고군에 무엇보다 필요한 건 식량, 자금, 전투 대열을 보충해줄 신병이며 그것을 본국에서 신속히 지원해주어야 한다고 말했다.

도시의 지도자들과 시민들 사이에선 기꺼이 돕겠다는 커다란 함성이 솟구쳤다. 마침내 함성이 잦아들자 오로지 한 사람만이 일어서서 그곳에 모인 사람들에게 색다른 연설을 했다. 당연하게도 그 사람은 오랫동안 바르카 일족에게 완강하게 대항해온 숙적 한노였다. 한노는 여러 군사적 승리에 관한 이야기나 이탈리아에서 가져온 보물에 전혀 마음이 동요하지 않았다. 그는 마고에게 로마인이 사절을 한니발 사령부로 보내 강화 요청을 했는지를 날카롭게 물었다. 만약 그들이 강화 요청을 아직도 하지 않았다면 전쟁에서 성공을 거두었다고 볼 수 없다는 얘기였다. 그러나 한노의 목소리는 그날 모인 군중

● 단테는 이 수북이 쌓아 올린 황금 반지에 감명해 《신곡》〈지옥 편〉 28곡에서 이렇게 노래한다. "예전에 행복한 아풀리아의 땅에서 트로이 사람들을 위해, 그리고 틀리는 법이 없는 리비우스가 기록했듯이, 엄청나게 많은 황금 반지를 노획했던 기나긴 전쟁(2차 포에니 전쟁 혹은 칸나이 전투 - 옮긴이)에서 고통의 피를 흘렸던 사람들을 위해…." 마고가 가져온 반지 자루 무게가 1펙이었다고 하는데, 1펙은 약 10킬로그램으로, 반지의 무게를 한 돈(3.75그램)으로 볼 때 약 2500개의 반지가 쌓인 셈이다. 칸나이에서 로마군 전사자가 5만 명이고 보병 대 기병의 비율은 10대 1이므로, 죽은 기병은 5000명 정도다. 따라서 그중 절반이 황금 반지를 끼고 있었다는 뜻이 된다.

의 환호하는 함성에 파묻혀 잘 들리지 않았다. 카르타고 민회는 즉시 한니발에게 새로운 누미디아 기병 4000명과 코끼리 40마리, 그리고 은을 넉넉하게 지원하겠다는 칙령을 선포했다. 스페인으로 곧장 건너가서 2만 명 이상의 이베리아인 보병과 4000명의 기병을 추가로 모집하게 해달라는 마고의 요청도 승인했다. 마고는 카르타고에서 스페인으로 출항하면서 형 한니발이 이탈리아 전장에서 곧 더 많은 병력을 보유할 것이고, 나아가 마침내 로마인을 무너뜨리고 전쟁을 카르타고의 승리로 종결시킬 것이라고 확신했다.

◇◇◇◇◇◇◇

그러는 사이, 바다 건너 이탈리아의 한니발은 더 많은 도시를 자기편으로 끌어들이려고 열심히 호소하는 중이었다. 그는 칸나이 전투 이후 몇 달 동안 대체로 성과를 거두었고, 로마에 오랜 세월 소속된 여러 중요한 공동체를 로마로부터 이탈시킬 수 있었다. 하지만 동맹 모집 측면에서 그가 거둔 성과는 결코 흡족하지 않았다. 이탈리아 남부의 많은 도시가 로마와 사업 및 혼인으로 밀접한 관계를 맺은 지배자 일족이 다스렸다. 그들은 테베레 강변에 자리 잡은 종주국 로마에게 그다지 깊은 애정은 없었지만, 로마인의 권력과 그 단단한 내구성은 익히 알고 있었다. 게다가 그들이 다스리는 도시에서 하층민에 대한 장악력은 빈번히 로마의 지지 여부에 달려 있었다. 그 때문에 갑자기 편을 바꿔 자신들이 쥔 권력을 잃어버리는 위험을 감수하지 않으려 했다. 그들은 카르타고군이 인상적이긴 하지만, 장기적으로 카르타고가 로마보다 더 나은 동맹이 될지는 불확실하므로 믿을 수 없다는 입장이었다. 많은 경우에 이탈리아 도시들을 동맹으로 끌어들이는 한니발의 능력은 도시의 상인 계층과 평민에게 그가 얼마나 매력적으로 보이는지 여부에 달려 있었다. 이들은 카르타고에게 기꺼이 기회를 제공하고자 했던 셈이다.

한니발이 가장 손에 넣고 싶었던 도시는 나폴리에서 하루 정도 진군하면 나오는 거대하고 중요한 상업 도시 카푸아였다.[72] 카르타고 군 사령관은 항구 도시 나폴리를 오랫동안 탐냈지만, 외교를 통해 로마에서 떼어내기가 불가능하기도 했고 그 도시를 점령하기 위한 장기간의 포위 공격도 받아들일 수 없었다. 그렇지만 만약 카푸아를 동맹으로 끌어들일 수 있다면 그는 캄파니아에서 근거지로 활용할 수 있는 더 크고 부유하고 중요한 도시를 손에 넣는 셈이었다. 이 도시 엘리트들은 로마와 맺은 밀접한 관계 때문에 카르타고와의 동맹을 주저했지만, 사업가들과 노동자 다수는 이탈리아 내부의 권력 경쟁에서 오만한 신참 국가였던 로마에 분노를 느낀 지 오래였다. 카푸아인은 혈통이 이탈리아 초창기의 그리스 정착민들에게까지 소급되었지만, 이제 그들은 라틴어가 아니라 오스칸어로 말하는 인근 삼니움 부족에게 지배되어 시장이든 본국이든 삼니움에게 밀리는 형편이었다. 로마인은 카푸아에 어느 정도 수준의 법적 보호를 제공하고 현지 문제에는 제한된 지배권을 허용했지만, 카푸아인에게 온전한 로마 시민권을 부여하지 않았기에 카푸아인들은 로마 공직에 나서거나 공직자를 선출할 권한이 없었다. 이런 2등 시민권은 자국을 로마가 아닌 이탈리아의 정당한 주권 국가로 보는 카푸아 같은 도시와는 영 어울리지 않았다. 그 도시의 많은 시민들은 한니발의 연전연승이 캄파니아와 그 너머에 참된 정치 질서를 복원할 수 있는 완벽한 기회라고 주장했다. 이제 로마가 곤경에 빠졌으니 카푸아가 카르타고인과 협정을 맺는다고 해서 카푸아에게 돌아올 희생은 거의 없을 것이다. 앞으로 한니발이 전쟁을 승리로 끝내고 아프리카로 돌아가더라도 카푸아는 이탈리아 내에서 자국의 권력을 굳힐 수 있을 것이다.

한니발이 칸나이 전투 이후 캄파니아로 다시 돌아오자 카푸아의 공식 사절단이 그를 찾아와 동맹 조건을 협상했다. 한니발은 그런 중요한 동맹을 얻게 되어 흥분했고, 그들의 충성을 담보로 그 도시에 여러 가지 특권을 후하게 내려주었다. 그는 카르타고인이 카푸아 시민에게 어떠한 권한도 행사하지 않을 것이며, 카푸아인은 누구라도 강제로 자기 뜻에 반해 카르타고에 도움을 제공하거나 혹은 함께 싸워야 한다고 강요당하지 않을 것이라고 약속했다. 한니발의 주장을 요약하면, 카푸아는 카르타고인과의 느슨한 연합체에 합류함으로써 오래전에 로마에게 빼앗긴 국가의 독립을 되찾는다는 것이었다.

카푸아의 합류는 카르타고의 실질적 승리라기보다는 상징적 승리에 더 가까웠지만, 로마에겐 엄청나게 큰 정신적 충격이었다. 카푸아는 로마 다음으로 이탈리아에서 가장 크고 중요한 도시였고, 캄파니아의 전략적·상업적 중심지였다. 그곳은 로마의 오랜 동맹이었으며, 로마인이 제국 팽창의 과정에서 비록 로마와 동급은 아니지만 그래도 하급 동맹국으로서 정중히 대우했다고 믿었던 곳이기도 했다. 따라서 로마인은 카푸아인에게 격분했고, 그들을 오만하고 하찮은 반역자라고 매도하며 훗날 이런 배신에 톡톡히 대가를 치러야 할 것이라고 위협했다. 카푸아인은 그러한 로마의 반응에 미소를 지으며 어깨를 으쓱했다. 그러고는 도시에 남은 로마 시민들을 모조리 검거하여 공중목욕탕에 가둬놓고 뜨거운 열기로 질식사시켰다. 얼마 지나지 않아 한니발은 카푸아로 진군했고, 휘하 병력의 선두에 선 그는 손님이자 영웅으로 환영받았다. 거리에 모인 군중은 한니발을 개선장군 받들어 모시듯이 환영했다. 한니발은 카푸아 원로원에 나아가, 카르타고와 우호적 동맹을 맺기로 한 카푸아의 결정에 감사하며 그러한 결정을 앞으로 후회하지 않도록 하겠다고 약속하는 연설을 했다.

하지만 칸나이 전투 이후 몇 년 동안 일어난 모든 일이 한니발에게 유리하게만 전개되지는 않았다. 카푸아를 자기편으로 끌어들이고 얼마 지나지 않아, 카르타고 장군은 주저하던 동맹인 놀라를 포섭하고자 캄파니아 남부로 이동했다.[73] 놀라 주민들은 어떤 쪽에 설지를 두고 의견이 분열되었다. 그 도시의 친로마파는 근처에 있던 로마 법무관 마르쿠스 클라우디우스 마르켈루스에게 즉시 지원해주지 않으면 놀라가 한니발에게 넘어갈 것이라고 전언했다. 노련한 전쟁 지휘관인 마르켈루스는 휘하 병력을 황급히 깨워 카르타고군의 감시를 피해, 산속의 뒷길을 통해 놀라로 진군했다. 그때 카르타고군은 놀라 인근의 도시를 공격하고자 그 지역을 잠깐 비웠던 터라 마르켈루스는 놀라시로 들어가 성문을 굳건히 닫고 버틸 수 있다. 한니발이 놀라 지역으로 다시 돌아온 후 양측은 성벽 앞에서 여러 차례 소규모 접전을 벌였지만, 마르켈루스는 현명하게도 카르타고군이 선호하는 야전에는 일절 응하지 않았다. 하지만 놀라 시민들은 성문 밖에 전설적인 한니발이 와 있다는 사실 때문에 점점 더 불안감이 심해졌고, 항복하여 도시를 넘겨줄 채비를 하고 있었다. 마르켈루스는 모험을 하지 않으면 도시를 잃을 것임을 잘 알았다. 성벽 앞에서 다시 한니발이 병력을 모아 야전을 청하자, 마르켈루스는 카르타고 사령관이 교전이 이루어지지 않을 것임을 확신하고 돌아갈 때까지 그 요청을 철저히 무시했다. 이어 한니발이 군대를 돌려 진지로 돌아가려고 하자 마르켈루스는 탁월한 타이밍으로 로마군을 성문에서 전력으로 출격시켜 적의 배후를 치게 했다. 한니발은 평소답지 않게 방심한 바람에 그날 수천에 이르는 병사를 잃었다. 이어 한니발은 놀라 지역에서 벗어나 캄파니아의 다른 곳을 공략하기로 결정했다. 로마에서 위대한 승리로 기념되었던 놀라 전투 이후 마르켈루스는 로마에 충성하지 않는 것으로 의심되는 놀라 시민 70명을 즉시 참수하여 이탈리아의 나머지 지역에 일벌백계의 본보기로 삼았다.

여러 해가 지나면서 카르타고인과 로마인이 이탈리아 남부에서 수행하는 싸움은 장기전으로 바뀌었다. 그러는 동안 한니발은 마케도니아의 필리포스 5세 같은 외국 세력을 새로운 동맹으로 얻었고, 비록 오래가지는 못했으나 어느 정도 성과가 있었던 사르데냐섬의 반란을 지원하기도 했다. 이탈리아 북부에서 켈트족 동맹들은 계속 로마를 상대로 싸움을 이어갔고, 때로는 그곳에서 로마 군단을 격파하기도 했다. 과거 카르타고와 종종 불화했던 시칠리아의 대도시 시라쿠사는 편을 바꾸어 카르타고 쪽으로 넘어왔다. 그리하여 비록 단기간이지만 이탈리아와 아프리카 사이의 전략적 요충에 자리 잡은 시라쿠사는 카르타고의 중요한 동맹이 되었다. 그 후 칸나이 전투가 종료되었고 3년 뒤 타렌툼의 몇몇 저명인사가 한니발이 직접 이끄는 카르타고군을 몰래 도시로 맞아들여 그곳에 주둔한 로마인을 공격하게 했다. 이렇게 하여 한니발은 이탈리아의 대도시인 타렌툼을 장악했다. 로마인들은 이 도시의 항구에 자리 잡은 성채를 간신히 고수했지만, 어찌 됐든 한니발은 이탈리아의 핵심 항구를 손에 넣었다.

그러나 로마인은 한니발과의 전쟁에서 귀중한 교훈을 많이 배웠다. 그들은 이탈리아 남부에 카르타고군을 붙잡아두기 위해 지연 전술과 그 전술의 창안자 파비우스를 적극적으로 활용하는 한편, 궁극적으로 카르타고를 물리칠 방법을 고민하면서 이탈리아반도 너머를 신중히 살폈다. 그들은 시칠리아가 핵심적인 전략 요충지임을 깨달았고, 따라서 시라쿠사 탈환을 시작으로 섬 전체에 대한 지배권을 되찾고자 배전의 노력을 가했다. 두 세기 전 펠로폰네소스 전쟁에서 아테네의 용맹한 함대가 시라쿠사에 일대 공격을 가했으나 방비를 훌륭하게 갖춘 이 도시를 점령하지 못하고 참패한 적이 있었다. 그래서 로마인은 시라쿠사 공격이 쉬운 일이 아님을 잘 알았다. 그리고 로마 군단의 장군들은 믿기 힘든 시라쿠사의 전술을 곧 직면하는데, 이는 도저히 미리 예상할 수 없는 종류였다. 그리스 과학자 아르키메데스는 시라쿠사 토박이로 로마가 시라쿠사를 공격하던 시기에 그곳에서 살고 있었는데, 자신의 비범한 과학적 재능을 발휘함으로써 시라쿠사가 로마인을 물리치는 데 일조했다.[74] 구체적으로 말하면, 로마인의 공성전에 대항하는 기계를 제작하여 그들의 공성 장비를 무용지물로 만들었다. 아르키메데스의 거대한 투석기는 어마어마한 투사체를 발사하여 항구에 정박한 로마 전함들을 타격함으로써 바닷속에 침몰시켰다. 그는 또 적의 배를 어떤 것이든 들어 올리는 성능 좋은 기중기를 발명하여 실수로 도시의 항구에 가까이 다가온 적함을 바다에서 땅으로 들어 올려 못쓰게 만들었다. 그가 직접 고안한 거대한 포물면거울은 햇빛을 로마 전함에 집중시킴으로써 로마 배를 활활 불타오르게 했다. 아르키메데스와 그의 경이로운 기계들 때문에 로마군 침략자들은 2년 동안 시라쿠사를 점령하지 못했다. 이내 로마인은 초자연적인 적을 상대하는 중이라고 믿기 시작했다. 하지만 시간이 흐르고 성벽에서 안전거리를 유지하면서 전면 봉쇄를 강행하여 도시 전체를 굶주리게 함으로써 로마인은 결국 그 도시를 함락시킬 수 있었고, 마침내 카르타고로부터 그 도시를 되찾았다. 아르키메데스의 최후에 대해서는 이런 이야기가 전해진다. 아르키메데스가 모래밭에서 수학 방정식을 풀고 있었는데, 그의 정체를 잘 모르는 한 젊은 로마 군인이 그를 창으로 찔러 죽였다는 것이다.

로마인은 이제 카푸아 탈환 쪽으로 눈을 돌렸다. 로마 군단들은 그 도시를 포위했지만 항복을 받아낼 수 없었다. 한니발은 도시를 포위한 로마군을 차례차례 공격했지만 그들을 격퇴시키지 못했다. 이탈리아 남부의 가장 큰 도시를 놓고 벌인 양군의 싸움은 곧 한니발도 어쩌지 못하는 교착 상태에 빠지고 말았다. 포위당한 카푸아를 구제하기 위해 들어가는 물자는 한니발의 보급품 조달에 막대한 부담을 안겼다. 그것은 로마인이 의도한 바이기도 했다. 캄파니아에서 가장 중요한 도시에서 도저히 이길 수 없는 상황에 직면하자, 한니발은 카푸아에서 로마 군단을 끌어낼 대담한 작전을 구상했는데, 바로 로마를 공격하는 것이었다.[75]

한니발이 마침내 휘하 병력을 이끌고 적의 수도 성문으로 나아갈 결심을 한 것은 칸나이 전투에서 승리를 거두고 5년이 지난 기원전 211년이다. 카푸아를 떠나던 첫날 밤, 그는 평소대로 모닥불을 계속 타오르게 하여 로마인이 여전히 자신이 그 근처에 있다고 생각하게 만들었다. 하지만 곧 모두가 카르타고인이 북쪽으로 움직였다는 사실을 알아차렸다. 실제로 한니발은 자신이 그곳에 와 있다는 사실이 널리 알려지길 바랐다. 그는 이동하는 내내 농장을 약탈하고 불태워 현지 주민들이 벌벌 떨게 만들었다. 그야말로 한니발이 로마로 다가오는 중이었다. 농민들이 로마로 쏟아져 들어오기 시작했고, 도시의 자원 조달에 부담을 가중시켰다. 여자들은 다시 신전으로 달려가 성문에 접근하는 야만인에게 대항할 수 있도록 도와달라고 신들에게 간청했다. 지연 전술의 대가 파비우스는 한니발이 카푸아에 가해지는 압박을 풀기 위해 일부러 진군하는 것이라고 도시 당국에 조언했지만 대다수 평민은 그의 이성적인 목소리에 귀를 기울이지 않았다. 로마의 부모들은 오래전부터 버릇없는 아이들에게 예의 바르게 행동하지 않으면 한니발이 와서 그들을 침대에서 낚아채 데려갈 것이라고 겁을 주었다. 이제 그 말이 정말로 실현되는 것처럼 보였다.

　카푸아의 로마 장군들은 병력을 둘로 나눠서 절반은 로마를 방어하기 위해 돌려보냈다. 로마 귀환 부대는 가까스로 카르타고 군대를 앞질러 먼저 로마 성벽에 도착했다. 그러자 한니발은 도시에서 불과 몇 킬로미터 떨어진 곳에 진을 쳤다. 이어 기병 2000명을 인솔하여 로마 북쪽 콜리나 성문으로 왔다. 이곳 근처에 헤르쿨레스의 신전이 있었는데, 한니발은 성벽에서 로마인들이 환히 지켜보는 가운데 자신의 수호신에게 제물을 바쳤다. 늘 그랬듯 한니발은 심리전의 대가였고, 로마의 신전에서 자신의 수호신에게 도와달라고 기도를 올리며 로마인들을 겁먹게 했다.

한니발이 직접 적의 수도를 본 것은 이탈리아를 침공한 이래 7년 만에 처음이었다. 그는 창을 던지면 닿을 거리에서 조금 물러나 방어 시설을 검토하며 도시 성벽을 따라 몇 킬로미터 말을 타고 움직이는 대단한 허세를 부렸다. 대다수 로마인도 이 위대한 장군을 직접 목격하는 건 처음이었다. 그들의 눈앞에는 알프스산맥을 넘어와 로마 병사들을 거의 25만 명이나 죽인 무서운 장군이 있었다. 하지만 그런 두려움에도 불구하고 그들은 여전히 굴복하지 않았다. 한니발이 진을 치고 있는 땅을 보유한 한 로마 지주가 점거 중인 들판을 매각한다고 선언하자 구매자들은 로마의 밝은 미래를 확신한다는 도전적인 눈빛으로, 온전한 땅값을 부르며 열렬히 매입 시도에 나섰다.

한편 카푸아에서 포위된 시민들은 한니발에게 버림받았다고 생각하며 희망을 완전히 잃어버렸다. 도시 원로원은 회의를 열어 로마인에게 항복하기로 결정하고 로마군의 자비를 기대했다. 카푸아의 현명한 원로 약 서른 명은 그런 관용을 절대 기대할 수 없다는 걸 깨달았고, 로마 군단에게 성문이 개방되기 전에 독을 마시고 스스로 목숨을 끊었다. 하지만 남은 사람들은 로마인이 성문으로 진입한 뒤에야 그렇게 죽는 편이 더 나았다는 생각을 하게 된다. 생존한 카푸아 원로원 의원 70명은 처형되고 귀족 다수가 포로가 된 것이다. 여자와 아이까지 포함해 도시 시민 대다수는 노예로 팔려 고향에서 멀리 떨어진 곳에서 비굴하게 살아가야 했다. 도시의 풍요로운 농지는 로마

투자자들에게 분배되었고, 캄파니아에서 가장 큰 도시에 남아 있던 자유는 영원히 사라졌다. 로마는 그 도시의 배신을 용서하지 않았고 절대 잊어버리지도 않았다.

로마로 진군한다는 한니발의 작전은 적어도 로마군의 일부라도 동맹 카푸아의 성벽으로부터 떼어놓아, 카푸아에게 로마의 포위 공격을 물리칠 기회를 준다는 측면에서 효율적인 전술일 것으로 보였다. 게다가 많은 로마 시민에게 실제로 극심한 공포를 안기기까지 했다. 그러나 한니발은 진군 이전에도 로마를 점령할 인력이나 자원이 더는 자신에게 없다는 사실을 잘 알았다. 심지어 한니발의 숭배자들조차 카르타고군을 이끌고 로마를 공격한다는 한니발의 결정이 좌절감에서 나온 무모한 작전이 아닐까 하는 의문을 품었다. 칸나이 전투 이후 5년 동안 한니발은 밤에 잠들지 못한 채로 누워, 가장 취약한 시기에 로마의 성벽을 공격하지 않기로 한 자신의 결정을 곰곰 생각했을 것이다. 칸나이 전투 이후 이탈리아의 내부와 해외에서 수많은 동맹을 얻었지만, 카푸아에서 머물던 그 시기에 틀림없이 때를 놓쳤다고 느꼈을 것이다. 그는 점점 이길 가망이 사라져가는 해외에서의 길고 끊임없는 정복전에 갇혀버렸다는 생각을 떨칠 수 없었다. 이런 관점에서 보면 그가 칸나이 전투에서 5년이 지난 시점에 로마로 진군한 것은 실은 숙적 로마를 절대로 정복할 수 없다는 인식을 드러낸 작전이었다고 볼 수 있다.

17
메타우루스

이탈리아에서 한니발이 벌이는 전쟁은 카르타고의 부유한 상인 가문들에게 그리 큰 관심사가 아니었다. 그들은 로마를 굴복시켜 지중해 서부에서 상업적 지배권을 되찾길 바랐을 뿐, 이탈리아반도의 정복은 그저 목적을 위한 수단에 불과했다. 가장 열성적인 한니발 지지자조차 그저 로마를 격파한 후에 이탈리아를 이탈리아인들에게 넘겨주고 원정 군대를 이끌고 조국으로 돌아오길 바랐다. 정부와 상업을 통제하는 카르타고 귀족이 진정으로 신경 쓴 곳은 스페인이었다. 카르타고 지배층 중 다수가 20년 전 하밀카르가 이베리아 침공에 착수했을 때 바르카 일족을 지지하지 않았지만, 하밀카르가 군사적 작전에서 성공하면서 이 광대하고 부유한 새로운 영토를 카르타고 번영의 핵심 원천으로 바라보았다. 바르카 일족이 스페인의 광산과 부를 통제하던 때보다 몇 세대 전에 카르타고인은 이베리아 해안에 있던 그리스와 페니키아 식민지들과 지속적으로 동맹을 형성했고, 그런 관계는 이베리아반도의 수많은 내륙 부족과도 마찬가지로 유지되었다. 최근의 스페인 정복은 그런 깊은 유대를 강화했을 뿐만 아니라 카르타고 상인을 엄청나게 부유하게 만들어주었다. 그들은 로마인을 격파해야 한다는 데엔 모두 동의했지만, 정복 사업이 끝나면 반드시 이탈리아에서 돌아와야 한다고 봤다. 이베리아반도와 현지의 물질적 부가 진정으로 중요한 문제였기 때문이다. 카르타고인은 스페인에서 보유한 지배권은 무슨 수를 써서라도 반드시 지켜야 한다고 생각했다.

카르타고가 스페인에 집중하는 모습은 전쟁 초기부터 명백하게 드러났다. 한니발의 동생 하스드루발은 오래전부터 제2군을 이끌고 형을 따라 이탈리아로 건너갈 계획을 세웠지만, 이베리아반도에서 발생하는 반란과 로마군이 가하는 위협 때문에 카르타고 본국은 하스드루발에게 이베리아에 계속 남아서 그곳을 방어하라고 명령했다. 한니발의 또 다른 동생 마고는 형의 사절로 이탈리아에서 카르타고에 갔다 온 뒤 이탈리아에 보낼 신병을 모집하러 다시 이베리아에 갔지만 스페인에서 발생한 문제들이 더 중요해져서 이탈리아의 한니발에게 지원군을 보내지 못하고 말았다. 카르타고 원로원은 두 젊은 바르카 형제에게 당분간 스페인에 머물면서 로마에 맞서 그곳을 지켜내라고 지시했다. 이탈리아에 남은 유일한 바르카 형제 중 한 명은 이제 본국의 증원군 없이 혼자 힘으로 모든 일을 처리해야만 했다. 그나이우스와 푸블리우스 스키피오 형제가 로마군과 현지 동맹군을 이끌고 스페인에서 카르타고군을 상대로 싸우고 있는 지금 이베리아에 가해지는 위협은 특히 심각했다.

기원전 216년 가을, 한니발이 칸나이에서 승리를 거둔 직후 그의 동생 하스드루발은 스키피오 형제를 스페인 북부 에브로강 바로 남쪽에서 만나 전투를 치렀다. 하지만 칸나이 때와 달리 전방의 중앙에 있던 카르타고 보병대는 붕괴했고 로마인은 하스드루발을 상대로 대승을 거두었다. 그날 참전한 카르타고 병사들 대다수가 목숨을 잃었다. 그 이후 몇 년 동안 때때로 카르타고인이 승전하는 경우도 있었으나 대체로 로마군이 스페인에서 꾸준히 승리를 거두었다. 하지만 마침내 푸블리우스 스키피오가 카르타고인, 켈트이베리아인, 그리고 새로운 누미디아 동맹인 젊은 왕자 마시니사의 연합군에게 공격당했을 때 전황의 흐름이 바뀌었다.[76] 그 전투에서 푸블리우스는 대부분의 병사와 함께 전장에서 사망했다. 이 패배로 인해 동생 그나이우스가 지휘하는 스페인 주둔 로마군은 극도로 취약한 상태에 놓이게 되었다. 최근 로마군에 합류한 이베리아 군인들은 그런 변화를 감지하고 즉시 동맹을 포기하고 로마군에서 이탈했다. 하스드루발과 그의 카르타고 군대는 이어 북쪽으로 나아가면서 로마인을 쫓았고 마침내 그들은 그나이우스와 휘하 병력을 민둥산에 몰아넣고 포위했다. 로마 장군은 부하들처럼 용맹하게 싸웠지만 결국 그들과 함께 카르타고인의 무차별적 공격에 쓰러졌다. 스키피오 형제와 바르카 일족 사이에 벌어진 스페인 내 전쟁은 이 같은 일련의 과정으로 마침내 카르타고를 명백한 승자로 선언하고 종료된 것처럼 보였다.

로마 원로원이 스키피오 형제의 전사 소식을 들었을 때 거의 모든 의원은 스페인에서 전쟁을 이어가고 싶은 생각이 없었다. 이탈리아 본토에서 한니발과 벌이는 싸움은 로마에 무척 불리한 상황이었기에 이베리아반도에 병력을 더 보내는 것은 안 그래도 부족하기 짝이 없는 자원을 낭비하는 것처럼 보였다. 바로 이때 한니발과의 전쟁에 처음부터 몰입했던 로마의 한 젊은이가 출현하여 스페인에서 로마군을 이끌며 승리를 쟁취하겠다는 대담한 의욕을 보이며 집정관 출마를 선언했다. 이 사람이 바로 푸블리우스 코르넬리우스 스키피오로 스페인에서 카르타고인에 의해 전사할 때까지 공화국에 크게 기여한, 같은 이름을 가진 장군의 아들이었다. 젊은 스키피오는 바르카 일족을 상대로 전쟁을 수행한 아버지와 삼촌의 뒤를 이어 전쟁을 이어가는 것을 자신의 성스러운 의무로 여겼다. 이 청년이 고위직을 지낸 적이 단 한 번도 없었고, 집정관으로 선출되기에는 법적으로도 너무 어리다는 사실●은 원로원 선임 의원 다수에게 무척 골칫거리였지만, 스키피오 가문은 막대한 영향력이 있었고 이 점이 로마인뿐만 아니라 스키피오 형제 휘하에서 전투를 하는 데 익숙한 스페인 동맹에게도 역시 영향을 미쳤다.

젊은 스키피오는 다른 소수 로마인과 마찬가지로 한니발과의 전쟁을 통해 성장했다. 십 대 시절 카르타고 군대가 처음으로 알프스를 넘어왔을 때 그는 티키누스강 전투에서 아버지 곁에 머물며 참전했다. 그곳에서 크게 다친 아버지를 죽음의 위기에서 구해내 지략 있고 단호한 장교라는 평판을 얻었다. 또 칸나이 전투가 벌어진 끔찍했던 날 젊은 천인대장으로 전투에도 참여했는데, 충실히 전투에 임했

● 1세기 초에 로마에서 제정된 연령 제한에 따르면, 집정관 선거에 후보로 나서는 사람은 최소한 42세는 되어야 했다. 그러나 스키피오 아프리카누스가 25세 무렵에 스페인 야전군 사령관으로 나간 것으로 보아, 이 연령 규정은 한니발 전쟁 당시에 유동적이었다고 보아야 한다. 스키피오는 개전 초기인 티키누스강 전투 당시에 17세 혹은 18세였을 것으로 추정된다.

으며 그리 용맹하지 않은 사령관 바로의 목숨을 구했다. 전투 이후 로마의 상황이 더욱 암울하게 보였을 때 로마 엘리트 계층의 몇몇 청년은 이탈리아에서 탈출해 지중해 어딘가에서 용병으로 복무할 생각까지 했다. 그때 스키피오는 친구들을 불러 모아 공화국을 절대 버리지 않겠다는 맹세를 하게 했다. 이제 25세인 그는 가문의 책임을 이어받아 이베리아에서 로마 야전군을 이끌 준비가 되어 있었다. 11년 전 스페인에서 카르타고군의 지휘권을 인수했을 때 한니발도 정확히 그와 같은 나이였다. 로마 원로원은 젊은 스키피오에게 기회를 주고 싶은 마음이 별로 없었지만 한니발과의 전쟁에서 로마 고위 행정관과 장교가 다수 사망한 바람에 군대를 지휘할 수 있거나 지휘하려는 자가 소수에 불과한 상황이었다. 따라서 그들은 마지못해 스키피오의 선출을 인정하고 그에게 스페인에서 전쟁을 수행하는 야전 사령관 임무를 맡겼다.

그렇게 하여 칸나이 전투로부터 6년이 흐른 후인 기원전 210년에 젊은 스키피오는 로마를 떠나 스페인으로 항해했다.[77] 그는 이베리아반도의 북서부 해안에 있는 옛 그리스 식민지 엠포리움에 군대를 상륙시켰고, 그곳에서 에브로강 바로 북쪽의 타라코로 이동하여 겨울을 났다. 이베리아 동맹들 사이에 섞인 첩자를 우려한 스키피오는 부장 가이우스 라일리우스에게만 자신이 구상 중인 작전 계획을 말했다. 스페인 내 카르타고 군대는 전사한 스키피오의 아버지와 삼촌이 보여준 유능하지만 꽤 관습적인 전투 방식에 익숙해져 있었다. 하지만 이 젊은 사령관은 훨씬 더 대담한 계획을 염두에 두고 있었는데, 그것은 한니발의 군사 작전과 무척 비슷했다. 스키피오는 전쟁에 관한 한 자신의 가문에서 크게 배운 바가 없었다. 오히려 그의 진정한 스승이라고 할 사람은 지금껏 단 한 번도 만나본 적 없는 카르타고 장군이었다. 한니발처럼 스키피오는 꼼꼼하게 준비하고 적이 예상하지 못하는 신속한 군사적 행동에 나섰다. 젊은 로마 장군은 스페인에서 보내는 첫 겨울에 적에 관한 정보를 수집하고, 새로 주둔한 지역에 친숙해지고, 카르타고에 불만을 품은 이베리아인들 가운데 동맹을 모집했다. 그러는 중에도 이듬해 봄에 실행할 대담한 작전을 구상했다.

당시 스페인에서 군사 작전을 벌이던 카르타고 군대는 셋이었는데, 둘은 바르카 형제가 지휘했고 나머지 하나는 하스드루발 기스고가 담당 사령관이었다. 카르타고 군대는 이베리아반도에서 로마의 위협을 무효화했다고 확신했고, 따라서 에브로강 너머의 지역에서 장군인 체하는 젊은 지휘관에게 거의 신경 쓰지 않았다. 그들은 스키피오가 소규모 접전을 몇 번 벌이고 병력을 배치하리라 예측했으나 실제로 위협은 없었다. 따라서 카르타고인들은 저항하는 이베리아 부족들과 싸우면서 사용할 자원을 확보하는 데 몰두했고 조국을 위해 스페인의 부를 확보하는 데 집중했다. 스키피오가 수적으로 열세인 휘하 병력을 이끌고 에브로강에서 수백 킬로미터 떨어진 남쪽으로 와서 카르타고 노바를 공격한다는 건 상상조차 해본 일이 없는 작전이었다. 하지만 젊은 스키피오는 바로 그 작전을 과감하게 펼쳤다.

바르카 일족이 세운 카르타고 노바는 스페인에서 카르타고가 행사하는 영향력의 핵심부였다. 육중한 성벽으로 둘러싸인 막강한 방어 시설을 갖춘 그곳은 지중해 해안에 자리 잡은 핵심 항구를 통제했다. 그곳은 또한 카르타고인의 보고寶庫였으며, 인근 산맥에서 수익성 좋은 채광업을 지배했다. 바르카 형제는 도시의 강력한 방어 시설을 확고하게 믿었기에 주둔군으로 1000명 정도의 군인만 남겨 놓았었다. 그 도시의 나머지 인구는 전쟁에 전혀 대비가 없는 상인, 소매상, 주민이었다.

스키피오는 군대를 움직여 에브로강을 건넜고, 카르타고 노바를 향해 해안을 따라 신속하게 이동했으며, 그의 부장 라일리우스가 이끄는 함대가 해상에서 본대의 이동 상황을 그림자처럼 뒤쫓았다. 스키피오와 2만 5000명 정도로 추정되는 휘하 로마군은 그들이 타라코를 떠났다는 사실이 알려지기도 전에 벌써 카르타고 노바의 성벽 앞에 도착했다. 그의 함대는 본대의 이동 상황에 발맞추어 동시에 그 도시의 항구로 나아갔고, 그곳 일원을 해상 봉쇄했다. 시민들은 바르카 형제에게 황급히 전령을 보냈지만, 그들이 이끄는 병력은 최소 열흘 정도 걸리는 거리에 떨어져 있었다. 그럼에도 도시의 성벽이 워낙 견고해서 주민들은 로마인이 성벽 앞에 도착해도 그리 크게 걱정하지 않았다. 지나치게 자신만만했던 그 도시의 수비대 지휘관은 병력을 출격시켜 성벽 너머의 로마 군단을 괴롭혀 포위된 시민들에게 좋은 인상을 남기고자 했지만, 그의 병사들은 곧 로마군에게 몰살당했다.

스키피오는 그 도시의 상황에 대한 보고서를 깊이 연구했고, 현지 어부들에게 성벽 아래 석호가 무척 깊어 보이지만 썰물일 때는 그리 깊지 않다는 이야기를 들었다. 바닷물이 줄어들자 그는 전군을 그쪽으로 보내 석호를 헤치며 걷게 했고, 그런 식으로 이동하면서 도시 공격에 쓸 공성용 사다리도 함께 옮겼다. 이제 도시는 사실상 방어가 되지 않았고, 로마 군대는 그곳 주민들이 무슨 일이 벌어지는지 파악하기도 전에 성벽을 넘어 시내의 거리로 쏟아져 들어왔다. 이렇게 해서 단 하루 만에 카르타고 노바의 공격과 점령이 완료되었다. 스키피오는 로마의 점령 방식에 충실하게 장병들에게 남녀노소를 가리지 말고 모조리 도륙하라고 명령했고, 노예 시장에서 좋은 값으로 팔 수 있는 자만 살려두게 했다. 사령관의 허락 아래 로마군 병사들은 희생자나 그들의 집에서 귀중품이라면 무엇이든 가져갈 수 있었지만, 도시의 보고에서 나온 카르타고의 막대한 금과 은은 로마 원로원과 로마 시민의 재산이 되었다. 경험은 없으나 역경을 극복한 이십 대 로마 장군에게 스페인 최고의 카르타고 도시는 너무도 빨리 함락되었다. 카르타고인들이 볼 때 그 패전은 대참사였고 이로 인해 한니발이 이탈리아 본토에서 수행하는 전쟁도 그 방향을 바꾸게 된다.

◇◇◇◇◇◇◇

로마에서는 카푸아, 시라쿠사, 카르타고 노바 등 한니발의 이탈리아 전쟁을 위해 병참과 재정을 지원해주던 도시를 빠르게 함락시켜갔다. 이탈리아 남부 핵심 항구인 타렌툼도 다시 집정관으로 선출된, '지연하는' 장군 파비우스에게 빼앗겼다.[78] 용서라곤 없는 로마인은 타렌툼의 배신을 보복하는 차원에서 시민을 다수 학살하고 3만 명을 노예로 팔아넘겼다. 타렌툼 함락으로 이제 한니발이 이탈리아에서 거둘 수 있는 군사적 승리의 기회는 거의 사라진 듯이 보였다. 그는 이제 물자의 재보급에 더 크게 제약을 받게 되었다. 그리고 로마의 무력 앞에 자유를 포기하지 않으려 하는 이탈리아 동맹에게 의지하려 했으나 그런 이들의 수는 갈수록 줄었다.

한니발은 이런 절망적인 역경을 마주했는데도 왜 계속 싸우려 했는가? 그 답변은 그가 로마인들에게 계속 불러일으킨 두려움에 있었다. 한니발은 수적으로 압도적 열세에 있었고 충성스러운 휘하 군인들과 이탈리아 남부의 산맥을 돌아다니는 일 외에 아무것도 할 수 없었지만, 여전히 로마에게는 군사적 위협이었으며 심리적으로는 더 큰 위협이었다. 그는 모든 주요 전투에서 로마인을 철저히 격파하여 그들로 하여금 자신과 상대하는 것이 어리석은 짓이라는 생각을 심어놓았다. 그는 로마의 청년 세대 중 상당수를 전장에서 전사시켰다. 그는 로마 제국과 로마를 지지하는 이탈리아 동맹들의 취약성을 여지없이 폭로했다. 간단히 말해서 한니발은 무서운 존재였고 로마인들이 결코 깨어날 수 없는 악몽이었다. 그의 군대가 이탈리아 시골을 돌아다니는 한, 로마인은 자신들이 안전하다는 생각을 절대로 할 수 없었다.

하지만 한니발이 군대를 철수시켜서 배를 타고 귀국하지 않은 가장 중요한 이유는 이탈리아에서 로마의 주요 병력이 자신을 그림자처럼 쫓아다니게 하면서 로마군을 국내에 묶어둘 수 있었기 때문이다. 그리하여 그 병력이 해외로 파견되어 스페인이나 아프리카에 있는 동포들을 공격하는 것을 사전에 방지할 수 있었다. 암울한 시기에도 자신의 편에 남기로 한 이탈리아 동맹들에게도 그는 엄청난 책임감을 느꼈다. 그가 이탈리아를 포기하면 로마인은 그들을 학살하고,

그들이 사는 도시를 파괴하고, 그들의 가족을 노예로 팔아넘길 것이라는 사실을 한니발은 잘 알았다. 게다가 그는 여전히 로마 정복의 희망을 품고 있었는데 그게 그리 어리석은 희망만은 아니었던 것이, 스페인의 두 동생이 여전히 증원군을 이끌고 이탈리아로 건너올 가능성이 있었기 때문이다. 그렇게만 된다면 카르타고의 정예 병력을 보충하여 로마를 상대로 합동 공격을 펼칠 수 있었다. 진정 스페인이 가망이 없다고 판단되면 그의 두 동생 하스드루발과 마고는 예전에 한니발이 그랬듯이 알프스산맥을 넘어 북쪽에서 로마인을 압박할 수 있었다.[79] 그 경우 한니발도 그에 보조를 맞춰서 남쪽에서 로마인을 공격하는 협공 작전을 펼칠 수도 있었다. 이처럼 바르카 형제들이 이탈리아에서 힘을 합쳐 로마인을 공격하는 시나리오는 위협적이었다. 로마 원로원 의원들은 전쟁이 그런 양상으로 전개될까 두려워 밤에 제대로 잠을 못 잘 정도였다.

하지만 스페인의 카르타고인들은 아직 스페인을 포기할 각오가 되어 있지 않았다. 이듬해 봄, 하스드루발 바르카는 스페인 남부 바이쿨라라는 도시 근처에서 젊은 장군 스키피오와 전투를 치렀다. 하스드루발은 전쟁에 관한 한 형에게 손색없는 기량을 갖추고 있었다. 반면에 스키피오는 야전에서 한니발의 동생을 상대하여 자신의 무운을 시험해보길 갈망했으므로 적을 상대하기에 유리한 장소에 군대를 배치했다. 스키피오는 한니발에게서 배운 독창적인 군사 작전을 활용하여 하스드루발 군대의 양쪽 측면을 공격하여 카르타고군을 뒤로 밀어냈다. 그렇게 하여 그는 하스드루발의 장병들을 진지에서 후퇴시켰고, 자연히 카르타고 군사들은 일대 혼란에 빠져 제대로 대응을 하지 못했으며, 그 과정에서 적어도 3분의 1 이상이 몰살당했다.

바이쿨라 전투는 스페인의 카르타고인들에게 치명타였다. 그들은 아직 로마군에게 이베리아반도를 넘길 뜻이 없었지만, 하스드루발은 전쟁의 초점을 이탈리아로 옮겨 스페인에 가해진 압박을 누그러뜨리기로 결심했다. 그리하여 한니발의 동생은 병력을 이끌고 대서양 해안을 향해 서쪽으로 우회하는 행군을 떠나, 피레네산맥을 넘어서 갈리아 남부로 들어가 이탈리아로 향했다. 스키피오는 평소답지 않게 신중한 태도를 보이며 적의 이런 움직임이 덫일지 모른다고 생각해 그 뒤를 쫓지 않았다. 그러자 역설적이게도 로마에 있던 파비우스 막시무스는 젊은 장군이 과도하게 소심한 모습을 보인다며 비판하고 나섰다.•

이탈리아에 돌아온 한니발은 동생이 대규모 카르타고 병력을 인솔하여 이탈리아로 향하고 있다는 소식을 듣고서 열광했다. 반대로 로마인들은 한니발이 동생과 합류하기 전에 그를 이탈리아에서 격파해야겠다고 새로이 결의했다. 한니발이 과거보다 적은 병력을 거느리고 있고 작전 지역도 점차 줄고 있었으므로 로마는 마침내 한니발에게 치명타를 가할 수 있다고 생각했다. 그해 두 집정관은 시라쿠사를

• 하스드루발 부대가 피레네산맥을 넘어 이탈리아로 들어가도록 허용한 것을 두고 역사가들의 해석이 엇갈린다. 스키피오를 비난하는 역사가들은 이런 주장을 편다. 9년 전인 기원전 215년에 하스드루발 부대가 이탈리아로 건너가려는 것을 아버지 스키피오 형제가 결사적으로 막은 적이 있었다. 이처럼 스페인에서 카르타고의 증원군을 막아냈기에 로마는 한니발을 여유 있게 상대할 수 있었다. 그런데 아들 스키피오는 하스드루발을 막지 못했으니 과실이 크다는 것이다. 반면에 스키피오를 옹호하는 역사가들은 이렇게 주장한다. 만약 하스드루발을 끝까지 추격했더라면 스페인 내에 있던 마고와 기스고 부대의 공격을 받아 오히려 스페인 내 전황이 불리하게 돌아갔을 것이고 그렇게 됐다면 이탈리아 내 전쟁에도 악영향을 미쳤을 것이라고 말이다.

함락시킨 베테랑 정복자 마르쿠스 클라우디우스 마르켈루스와 마찬가지로 전쟁에 능숙한 티투스 큉크티우스 크리스피누스였다. 그들은 병력을 저마다 남쪽으로 이동시켰고, 한니발을 전투로 끌어들이기 위해 서로 조화롭게 협력했다. 매일 그들은 대담하게 군대를 이끌고 진지 밖으로 나와 한니발의 소규모 병력에 접근하여 싸울 용기가 있으면 어디 한번 나와보라고 도발했다. 어느 날, 두 집정관은 소규모 병력을 대동하고 로마 진지 근처의 어느 언덕을 살펴본 후 그곳을 한니발을 기습하는 출발점으로 활용하기로 계획을 세웠다. 하지만 카르타고 사령관은 평소처럼 로마인보다 한 수 앞을 내다보고 있었다. 그는 이미 언덕 뒤에 누미디아 기병대를 숨겨두었고, 이들이 갑자기 배후에서 두 집정관을 공격했다. 크리스피누스는 날아온 창에 맞아 다쳤고, 마르켈루스는 백병전을 벌이던 중 적의 칼이 그의 몸을 꿰뚫었다. 두 집정관은 전쟁 경력이 많은 노련한 장군이었지만 어리석게도 적이 파놓은 전형적인 함정에 걸려들었다. 한니발은 적장 마르켈루스의 시신을 수습하여 적절하게 단장하고 정중한 예를 갖추어 화장하라고 지시했다.

로마인들 못지않게 한니발도 하스드루발이 갈리아를 통해 이탈리아로 들어오길 기다렸다. 10년 전 한니발은 초겨울에 군대를 이끌고 알프스산맥의 험준한 산간 지대를 통과하며 막대한 병력 손실을 봤지만, 하스드루발은 한니발의 경우와 달리 로마군의 위협이 없으니 그 산맥을 가로지르는 아래쪽의 더 낮고 훨씬 빠른 길을 선택했다. 여름이 되자 그는 포강 계곡으로 들어왔고, 새로운 켈트족 전사들을 모집하려고 돌아다니면서 여러 로마 정착지를 괴롭혔다. 그가 이탈리아 북부를 떠날 무렵에 휘하 군대는 장병 3만 5000명에 전투 코끼리 여러 마리로 편성되어 있었다. 이 희소식을 듣고 한니발은 북쪽으로 군대를 움직여 중간쯤에서 동생과 만날 준비를 했다. 이렇듯 이탈리아에서 승리를 거둘 수 있다는 카르타고인의 기대가 다시 한 번 살아났다.

로마는 한 명도 아니고 바르카 형제 두 사람이 나란히 공격해 올지 모른다는 전망에 또다시 공포에 휩싸였다. 그해에 새로 뽑힌 집정관은 가이우스 클라우디우스 네로와 마르쿠스 리비우스 살리나토르였다. 두 집정관은 병력을 나누어 각자 이탈리아 남북의 카르타고 군대를 향해 나아갔다. 그들은 두 적장을 떼어놓는 데 필사적으로 매달렸다. 한니발 형제의 카르타고 군대가 서로 합류한다면, 칸나이 전투 이후 로마가 착실히 쌓아온 승리가 물거품이 될 수도 있었기 때문이다. 형제를 떼놓으려 하는 군사 작전은 우연한 계기에 의해 더 수월해졌다. 하스드루발이 형 한니발에게 보낸 전령이 로마인에게 붙잡혀 카르타고군의 공격 계획을 상세히 적어놓은 편지를 빼앗긴 것이다. 형제는 움브리아•에서 만날 계획이었다. 따라서 두 집정관은 이런 일이 벌어지기 전에 빠르게 병력을 합쳐 하스드루발 군대에 공격을 집중하기로 결정했다. 이렇게 결단한 것은 한니발이 동생과 합류하기 전에 북쪽의 카르타고 군대를 물리칠 수 있다고 확신했기 때문이다.

• 여기서 말하는 움브리아는 아펜니노산맥 동쪽, 그러니까 루비콘강과 아이시스강 사이에 있는 아드리아해 연안 지방인 아게르 갈리쿠스를 뜻한다. 하스드루발은 한니발이 아드리아해 연안 지역을 거슬러 올라와 자신과 만나기를 기대한 것이다.

곧 하스드루발은 수적으로 열세인 자신의 군대로 두 로마 집정관을 상대해야 한다는 사실을 깨달았다. 그는 승리의 열쇠가 자신의 군대를 형의 병력과 합치는 것임을 잘 알았다. 그래서 하스드루발은 로마군과의 전투를 피하여 야간 행군을 감행하여 이탈리아 중부 구릉지에 있는 메타우루스강까지 퇴각했다. 그가 막 군사를 이끌고 강을 건너려는 참에 로마인이 공격해 왔다. 하스드루발은 익숙하지도 않은 지역에서 무방비 상태로 허를 찔렸고, 아무런 대비도 없이 전투를 치러야 했다. 하스드루발은 훌륭한 장군이자 용맹한 전사였지만 그 운명적인 날에 운명과 상황 모두가 자기편이 아님을 알아차렸다. 로마인은 한니발에게서 배운 기법을 활용해 측면에서 그를 공격함으로써 카르타고군을 궤멸시켰다. 최후까지 장병들 옆에서 싸운 하스드루발은 로마군의 칼 앞에 쓰러졌다.● 로마에 이 소식이 전해지자 원로원은 그 승리를 사흘에 걸쳐 공식적으로 축하하겠다고 선포했다. 로마인은 적장에게 적합한 매장을 허락하지 않고 목을 베어 그 수급을 한니발의 진지 벽 너머 안쪽으로 내던졌다. 리비우스에 따르면, 한니발은 동생의 죽음과 수급을 보고 앞으로 카르타고에 닥칠 암울한 운명을 보았다고 한다.●●

● 폴리비오스는 하스드루발의 죽음을 이렇게 묘사한다. "그는 과거 자신의 패전과 운명의 변화를 씩씩한 용기와 고상한 정신으로 견뎌왔다. 그는 자신이 위대한 바르카 가문의 아들이라는 점을 한시도 잊어버린 적이 없었다. 자신의 과거 업적에 필적하는 결과를 거둘 수 있다는 희망이 있는 한, 그는 자신의 안전이 가장 중요하다고 생각했다. 그러나 운명이 미래에 대한 희망을 모두 앗아가고 극단적인 상황으로 밀어 넣자 그는 전쟁의 승리를 위해 최선의 노력을 다했음에도 불구하고 자신의 운명을 받아들이고 과거의 명성에 손상이 가는 일은 하지 않으려 했다"(폴리비오스, 《역사》, 11권 2장).
●● 리비우스는 《로마사》 27권 51장에서 이렇게 서술한다. "네로는 카누시움에 돌아오는 길에 하

하스드루발은 전사했지만, 한니발의 또 다른 동생 마고가 여전히 젊은 스키피오와 로마군을 상대로 스페인에서 전쟁을 수행하고 있었다. 동료 장군 하스드루발 기스고와 함께 마고는 여전히 카르타고에 충성하는 이베리아 토착민들 중에서 병사 5만 명을 새로 뽑아 대군을 편성했다. 기원전 206년 초봄, 카르타고인과 로마인은 현대의 세비야 바로 북쪽 일리파라는 도시 근처에서 조우했다.[80] 스키피오는 수적으로는 몇천 명이 부족했지만, 일찍이 가장 뛰어난 스승인 한니발에게서 전쟁의 기술을 배웠다. 12년 전 이탈리아 북부 트레비아강 전투에서 한니발은 로마인에게 기습 공격을 가하기 전에 장병들을 배불리 먹이고 푹 쉬게 했다. 멀리 스페인에 나와 있던 스키피오는 똑같이 사전 조치를 했다. 카르타고군은 이른 아침에 방심한 채로 있다가 적의 공격을 받았고, 한니발마저 수긍했을 법한 로마군의 연속적인 기동 전술에 맞서야 했다. 카르타고 생존자들은 후퇴했고, 하스드루발 기스고는 가데스로 도망친 뒤 그곳에서 배를 타고 아프리카로 돌아갔다. 마고는 한동안 카르타고군 생존자들과 함께 가데스에 남았고, 그 이후 이베리아를 버리라는 본국의 명령을 받고 함대와

스드루발의 잘린 머리를 세심하게 보존했고, 그렇게 보존한 수급을 한니발의 전초 기지 앞쪽 땅에 내던졌다. 그는 또한 사슬에 묶인 아프리카 포로들을 보란 듯이 전시했고, 그들 중 둘을 풀어주어 한니발에게로 가서 무슨 일이 벌어졌는지 알리게 했다. 공사 양면으로 공격받아 엄청나게 괴로워하던 한니발은 이렇게 소리쳤다고 한다. '나는 이제 카르타고의 운명을 분명하게 보고야 말았구나!' 그는 이탈리아의 가장 먼 구석인 브루티움에 전념하려는 생각으로 진지와 병력을 그곳으로 옮겼다."

군대를 이끌고 다른 곳으로 떠났다. 바다에 나온 뒤에는 카르타고 노바를 탈환하려고 시도했으나 여의치 않자 이탈리아 북부 리구리아로 항해하여 항구 도시 제노바를 점령했다. 젊은 바르카 장군은 도시를 점거하여 그곳을 2년 동안 현지 습격의 근거지로 활용할 수 있었지만, 로마인의 시각에서 보자면 그런 움직임은 조금 성가셨을 뿐 전쟁의 대세에는 전혀 지장이 없었다.

스키피오는 그해 나머지 시간을 스페인의 잔존 저항 세력을 진압하면서 보냈다. 일루르기아에서는 휘하 장병들에게 적을 몰살시키라고 지시했는데, 엄마 품에서 영아를 떼어내 죽이는 짓도 서슴지 않았을 만큼 그 학살의 정도가 심했다. 아스타파 주민은 이런 잔악한 소식을 듣고서 항복하기보다 집단 자살을 선택했다. 로마인은 이베리아반도에서 자국의 지배권을 굳히고 그곳의 부를 확보하는 과정에서 현지인들에게 일절 자비를 보이지 않았다.

한니발은 그 후 몇 년을 장화 모양 이탈리아의 발가락에 해당하는 브루티움을 근거지로 삼으며 지냈다. 그는 여전히 위협적인 세력이었고 분명 로마인이 무시할 수 없는 군사력을 보유했지만, 가장 열렬한 지지자였던 동맹마저 이젠 그가 전사하거나 아프리카로 물러나는 건 시간문제라고 생각했다. 그러나 한니발은 자신이 이탈리아에서 군대를 유지하는 한 해 한 해가 아프리카를 공격하는 데 쓸 로마의 병력을 이탈리아 본토에 묶어두는 시간임을 잘 알았다. 그는 또 지난 12년 동안 로마인을 상대로 수행한 이탈리아 내에서의 전쟁에서 자신을 무척 잘 도와준 현지 동맹을 버리는 행위를 여전히 꺼렸다. 그는 지칠 줄 모르고 동맹들을 보호하고 휘하 군인들을 보살폈는데, 이런 군인들 다수는 청년일 때 알프스를 넘어와서 이탈리아에서 한니발과 함께 나이가 들어갔다. 무수한 전투로 몸에 수두룩하게 상처가 나고 머리도 희끗희끗하게 변한 그들이 사령관에게 보이는 헌신은 절대적이었고, 그런 모습은 한니발이 어떤 부류의 사람인지 웅변해 주었다.

18

자마

카르타고를 옭아매는 올가미는 천천히 조여지는 중이었다. 스페인과 시칠리아가 로마인에게 함락되었고, 한니발은 장화 이탈리아의 발가락에 해당하는 비좁은 지역, 그것도 점차 줄어드는 지역에 갇힌 채 간신히 명맥을 유지하고 있었다. 카르타고의 충실한 동맹이자 독보적 기병대의 공급원인 누미디아인 중 일부는 이제 로마와의 전쟁에서 엉뚱한 편에 섰다는 의문을 품기 시작했다. 누미디아인은 카르타고군에게 무척 중요했을 뿐만 아니라, 카르타고 본국의 서편 아프리카 북부 해안을 따라 대서양에 이르기까지 광대한 영토를 차지한 민족이었다. 만약 그들이 설득당해 로마인 편에 선다면 카르타고 본국은 군사력의 가장 강력한 요소를 잃는 것은 물론이고, 아프리카 서부로부터의 침공마저 허용하게 될 것이다. 젊은 누미디아 왕자 마시니사는 그 누구보다 이런 상황을 잘 알았고, 일리파 전투 이후 카르타고 동맹을 포기하면 얻어낼 이득이 무엇인지 타진하기 위해 스키피오와 은밀하게 협상을 벌였다. 하지만 마시니사는 왕국이 없는 왕이었다. 세상을 떠난 그의 아버지가 아프리카에서 보유했던 영토는 먼 친척이 통치하고 있었고, 누미디아 서부 지역은 교활한 늙은 왕 시팍스가 지배하고 있었다. 시팍스는 로마와 카르타고를 서로 이간질해서 큰 이득을 얻고 있었다. 왕국에서 쫓겨난 왕자 마시니사의 자산이라곤 그의 예전 명성, 그리고 비할 데 없는 야심뿐이었다. 스키피오에게는 이것만으로도 젊은 왕자를 로마 원로원과 로마 시민의 새로운 친구로서 환영하기에 충분했다.

마시니사를 아군으로 끌어들인 뒤, 기원전 205년에 스키피오는 스페인에서 로마로 돌아와 집정관 선거에 출마했다. 그는 이베리아에서 거둔 여러 승리뿐만 아니라 로마인을 위해 배에 싣고 온 막대한 보물과 어마어마한 수의 노예로 도시에 깊은 인상을 남겼다. 비록 원로원의 많은 의원들이 그에게 의심의 눈초리를 보이며 건방지다고 생각했지만, 그는 평민층을 매료시켜 쉽게 집정관으로서 임기를 시작했다. 그가 구상한 군사 작전 중 가장 핵심적인 것은 아프리카로 전쟁의 무대를 옮겨 그곳에서 전쟁을 끝내야 한다는 것이었다. 파비우스를 포함한 몇몇 원로원 의원들은 한니발이 여전히 이탈리아에서 심각한 위협이 되므로, 카르타고 본국을 쳐들어가기 전에 반드시 한니발을 먼저 제압해야 한다면서 아프리카 침공을 반대했다. 하지만 더 젊은 원로원 지도자 세대는 스키피오 편을 들었고, 결국 스키피오 지지파가 승리를 거두었다. 로마는 해외에서 벌인 공격적인 정복으로 점점 더 부유해졌다. 아프리카에서 카르타고를 물리칠 수 있다면 지중해와 그 너머에서 폭넓게 판도를 확장하려는 야심을 펼칠 수 있을 테고 그 지역에서 거두어들이는 수익도 무제한이 될 것이다.

스키피오는 북아프리카로 건너가는 중간 기착지인 시칠리아에 도착해 원정 사령부를 세운 뒤, 이듬해에 개시할 아프리카 침공을 세심하게 준비했다. 그러는 동안에도 그는 신뢰하는 부장 라일리우스를 현지로 보내 카르타고 해안을 습격하게 함으로써 카르타고 주민들을 겁먹게 했다. 카르타고인은 이제 로마군의 침공이 불가피하다는 사실을 알아차렸다. 따라서 그런 침공의 영향을 완화하고자 모든 수단을 동원했다. 이탈리아에 있던 한니발과 마고는 그곳에서 로마 군단의 발을 최대한 묶으라는 지시를 받았지만, 두 형제에게 그렇게 할 선택권은 제한되어 있었다. 카르타고는 누미디아 왕 시팍스를 자기편으로 확고하게 끌어들이고자 하는 노력을 재개하기도 했다. 시팍스는 아름다운 여자를 잘 알아보는 안목으로 정평이 나 있었기에, 카르타고인은 소포니스바라는 하스드루발 기스고 장군의 딸을 주겠다고 제안했다. 그것은 시팍스 왕을 카르타고로 끌어들이는 결정적한 수였다. 시팍스 왕은 소포니스바를 새신부로 맞아들임에 따라 로마가 침공했을 때 어쩔 수 없이 카르타고 편에 서서 싸우게 되었다는 서신을 스키피오에게 보냈다.

그동안 젊은 왕자 마시니사는 아버지의 왕국을 되찾고자 분투하고 있었다.[81] 그는 스페인에서 아프리카로 건너와 지중해의 아프리카 서부 해안을 따라 동맹을 결집시키기 시작했다. 하지만 시팍스는 그 지역에서 여전히 강력한 영향력을 행사했고, 곧 마시니사에게 반격을 가해 젊은 왕자를 격퇴시켜 그가 산속으로 피신하게 만들었다. 그런 뒤 시팍스는 산속으로 마시니사를 뒤쫓아가 다시 한 번 승리를 거두었다. 결국 왕자는 겨우 병사 몇십 명만 거느린 채 황야로 도망쳤다. 이렇게 하여 마시니사는 더는 전쟁에서 카르타고에 위협이 되지 않을 것처럼 보였다.

로마인은 아프리카 침공 계획을 준비하는 동안 한니발을 고려하지 않았으나, 카르타고 장군이 여전히 무시할 수 없는 세력이라는 사실을 곧 깨닫는다. 한니발은 여전히 이탈리아의 '발가락' 부분에서 주요 항구인 로크리를 지배하고 있었다.[82] 이 항구 도시는 성벽 안에 주된 방어 성채를 하나도 아닌 두 개나 보유했다. 몇 년 동안, 도시 내부의 협력자들은 한니발에게 충성을 바쳤지만 현지 상인 중 일부는 끝나지 않는 전쟁으로 경제적 손실이 커지자 점점 견디기 힘들어했다. 그들은 스키피오에게 접근하여 우호적인 조건을 보장해주는 조건으로 로마인에게 도시를 넘기겠다고 제안했다. 스키피오는 이 기회를 덥석 받아들였고, 밤중에 시칠리아에서 로마군 병력을 항구로 보내 두 성채 중 하나를 점령했다. 카르타고인은 여전히 다른 성채를 점령하고 있었고, 로크리의 불행한 주민들만 두 적대적 군대 사이에서 고통을 겪게 되었다. 한니발은 곧 도시 성벽에 소규모 지원군과 함께 도착했고, 로마인이 통제하는 지역을 공격했다. 같은 때, 스키피오는 대규모 병력을 이끌고 시칠리아에서 로크리로 건너갔다. 수적 열세에 몰린 한니발은 이제 충실한 동맹을 버릴지, 아니면 패전이 예상되는 시가전을 치를지 선택해야 했다. 그는 마지못해 다음 기회를 보기 위해 산간 지대로 병력을 철수시켰고, 곧 다가오리라 여긴 아프리카에서의 더 큰 전투에 대비하여 그 병력을 아껴두었다. 스키피오와 복수심에 불타는 로마인은 로크리 주민들을 학살했고, 훗날 로마 작가들조차 인정하기 부끄러워할 정도로 여러 잔인한 행위를 저질렀다.

◇◇◇◇◇◇◇

기원전 204년 봄, 스키피오와 휘하 로마군은 시칠리아를 떠나 마침내 아프리카 해안에 도착했다. 그들은 카르타고의 지배 영역에 속하는 우티카라는 도시 근처에다 진지를 세웠는데, 카르타고에서 북쪽으로 그리 멀지 않은 곳이었다. 카르타고의 영토 전체에 극심한 공포가 퍼졌고, 여러 해 전 한니발이 로마의 성문 앞에 도착했을 때 로마를 휩쓸었던 것과 똑같은 두려움을 카르타고 시민들도 맛보게 되었다. 카르타고의 원로들은 자국 군대가 수적으로 열세이며 스키피오와 휘하 로마군을 물리칠 장군이 가까이에 없다는 것을 깨달았다. 스키피오가 우티카를 포위하는 동안 카르타고 원로원은 하스드루발 기스고와 시팍스 왕을 보내 5만 명 정도 되는 연합군으로 스키피오와 맞서게 했다. 수적으로 밀리는 상황이던 스키피오는 우티카에서 물러나 카르타고 북쪽 바그라다스강 인근에 경비를 강화한 월동 진지를 세웠다. 그러는 사이 아프리카인들은 로마군 근처에 진지를 세워 줄곧 로마군을 주의 깊게 살폈다. 스키피오의 야심찬 아프리카 침공 작전은 이렇게 갑작스럽게 멈추었다.

하지만 일부 카르타고 사람들은 스키피오의 영리함을 대단치 않게 여기는 어리석음을 저질렀다. 스키피오는 시팍스를 통해 카르타고와 종전 논의를 하기 위한 협상을 시작했다. 한니발이 이탈리아에서 물러나고 자신도 아프리카에서 물러나는 것을 전제로 한 협상이었다. 하지만 그것은 말로만 협상이었고, 실은 카르타고인의 경계를 늦추기 위한 지연 전술에 지나지 않았다.

스키피오는 아프리카의 시골을 정찰하면서 카르타고의 월동 진지가 거의 나무로 지어졌으며, 장병들이 쓰는 막사가 갈대와 짚으로 세워졌다는 걸 눈여겨보았다. 한니발이라면 절대 저지르지 않았을 적의 실수를 스키피오는 재빠르게 이용했다. 그는 휘하 병력을 인솔하여 갑자기 우티카 방향으로 우회했고, 동시에 부장 라일리우스에게 병력을 떼어주어 횃불을 지참하고 카르타고 진지로 가게 했다. 밤중이 되어 적당한 때가 되자, 로마군은 카르타고 진지의 벽 너머로 횃불을 던져 방화했고, 순식간에 불이 솟구쳐 진지를 모조리 불태웠다. 리비우스는 4만 명이 타 죽거나 불길을 피해 도망치다 죽었다고 했는데, 이 수치는 아마 과장일 것이다.[83] 하지만 사상자는 틀림없이 수천 명에 이르렀을 것이다. 하스드루발 기스고와 시팍스는 월동 진지에서 무사히 탈출했고, 그 후 더 많은 장병을 모집했다. 하지만 그들 중 다수가 카르타고군에 강제 징집된, 무장이 빈약한 현지 농민이었을 것으로 보인다. 그들은 용맹했으나 어리석게도 우티카를 포위 중인 스키피오에게로 진군하여 대평야라 불리는 탁 트인 벌판에서 야전을 벌였다. 로마인은 이 급조된 군대를 손쉽게 격파했고, 전쟁의 마지막 국면에서 월등한 우위를 차지했다. 카르타고는 로마인과 싸울 수 있는 병력이 소수에 불과했고, 스키피오와 그의 병사들이 농촌 전역에서 맹위를 떨치는 동안 육중한 성벽 뒤에 숨는 것 말고는 할 수 있는 일이 거의 없었다.

시팍스는 로마군의 도움을 받아 재기한 마시니사에게 쫓겨 자국으로 도망쳤다. 마시니사는 늙은 왕을 키르타 요새 근처에서 따라잡았고, 그곳에서 붙잡아 사슬에 묶어 여러 거리에서 조리를 돌렸다. 젊은 왕자는 시팍스의 아내인 소포니스바를 포로로 잡았고, 그녀를 어떻게 처리해야 할지 숙고했다.[84] 그때 그녀는 마시니사 앞에 엎드리며 제발 로마인에게 자신을 넘기지 말라고 간청했다. 마시니사는 그녀의 애원과 미모에 마음이 흔들려서 적의 젊은 아내를 빼앗아 자기 아내로 삼는 것이 늙은 시팍스에 대한 최대의 복수라는 결론을 내렸다. 전쟁 포로가 된 적의 왕비와 결혼하는 건 누미디아 지방에서는 전통적인 처리 방식이었고 그의 부하들은 왕자가 그렇게 하는 것을 당연하다고 생각했다.

그러나 스키피오는 자신의 개선식에 가장 중요한 포로로서 소포니스바를 로마로 데려가 멋지게 구경시킬 계획이었기에 그 소식을 듣고는 격분했다. 그는 당장 여자를 자기에게 넘기라고 요구했다. 그러자 마시니사는 곤란한 처지가 되었다. 스키피오에게 불복하여 권력을 되찾게 해준 로마의 지지를 잃거나, 아니면 이제 막 결혼한 신부를 넘겨 아프리카 부하들의 존경을 몽땅 잃어버리는 것, 이 둘 중 하나를 선택해야 했다. 그는 결국 어느 쪽도 선택하지 않기 위해 소포니스바에게 독배를 건넸고, 그녀 역시 스키피오의 전리품이 되기를 거부하고 거리낌 없이 독배를 들이켰다.•

카르타고인들은 자국이 대단히 곤란한 상황에 처했음을 깨달았다.

• 리비우스는 《로마사》 30권 15장에서, 소포니스바가 독배를 받아 들고 한 말을 이렇게 전한다. "나는 이 결혼 선물을 받아들입니다. 나의 남편이 아내에게 이것보다 더 큰 선물을 줄 수 없다고 하니 기쁘게 받아들여야겠지요. 하지만 그이에게 말해주세요. 내 장례식 날에 결혼식을 올리지 않았더라면 훨씬 더 좋은 죽음을 맞이했으리라는 것을." 이어 리비우스는 말한다. "실로 자존감이 엄청난 말이었다. 그녀는 자신이 한 말에 걸맞은 품격 넘치는 태도로 잔을 받아들고 조금도 동요하지 않고 차분하게 독을 마셨다."

그들은 로마인을 아프리카에서 몰아낼 수 없었고, 전장에서 그들과 결판을 낼 만큼 병력도 충분하지 않았다. 한니발과 그의 군대는 멀리 이탈리아에 가 있었고, 전속력으로 카르타고로 귀국한다 하더라도 몇 달은 걸릴 터였다. 본래 상인이었던 카르타고 원로들은 로마인과 타협하기로 결정했다. 30명의 저명인사로 구성된 카르타고 협상단이 스키피오의 사령부에 평화 조약을 체결하러 찾아갔다. 그들은 장군에게 다가간 뒤 그 앞에서 머리가 땅에 닿도록 절했고, 즉시 이 전쟁이 모두 한니발 때문이라며 온갖 비난을 그에게로 돌렸다. 스키피오는 그 말이 전부 거짓임을 알았지만, 그 역시 카르타고라는 훌륭한 방어 시설을 갖춘 도시를 강제로 점령하기는 어렵다는 걸 잘 알았다. 또 적의 도시를 완전히 파괴하겠다는 생각은 하지 않는 합리적인 사람이기도 했다. 차라리 관대하게 처리하여 로마의 위신과 국력을 한껏 높이는 편이 더 나은 선택이라고 보았다. 스키피오가 평화 조약을 체결하기 위해 내세운 조건은 가혹했지만, 당시 두 나라의 상황을 따지면 그리 과도한 것도 아니었다. 그 조건은 이러했다. 우선 카르타고인들은 이탈리아와 아프리카 외의 다른 모든 지역에서 군대를 철수시켜야 한다. 그들은 로마인 포로를 빠짐없이 몸 성히 돌려보내는 건 물론이고 군단 탈영병도 함께 돌려보내야 한다. 로마군은 이런 탈주자들을 십자가형으로 처형할 생각이었다. 카르타고는 20척의 전함을 제외하고 모든 해군 전력을 로마에 넘겨야 하고, 잔여 전함도 아프리카 해안을 순찰하는 목적으로만 활용되어야 한다. 마지막으로, 카르타고는 밭과 창고의 곡물을 로마인에게 제공해야 하고, 1차 포에니 전쟁이 끝났을 때 그러했듯이 현금으로 막대한 배상금을 지급해야 한다.

선택권이 거의 없던 카르타고 원로들은 스키피오가 내세운 조건에 모두 동의했다. 그런 뒤 카르타고 정부의 대표로 구성된 사절단을 로마로 보내 로마 원로원에서 조약을 비준받기로 했다. 늘 카르타고에 적대적이었던 리비우스는, 카르타고가 협상에 임할 때 전혀 진지하지 않았고 그저 시간을 벌어 전쟁을 재개하길 바랐을 뿐이라고 주장했다. 심지어 이 조약은 로마에서 비준되지도 않았다고 했다. 이 주장은 사실일 가능성이 적을뿐더러 폴리비오스가 기록한 내용과도 배치된다. 두 역사가의 기록이 일치하지 않을 때는 보통 폴리비오스 쪽이 더 믿을 만하다. 폴리비오스에 따르면, 협상이 성공적으로 마무리되어 로마와 카르타고 양측에 의해 조약이 비준되었다.

평화 논의가 끝나자 카르타고는 이탈리아의 한니발에게 전령을 보내 야전 사령관이 오래전부터 예상했던 명령을 내렸다. 이탈리아에서 철수하여 아프리카로 돌아오라는 것이었다. 비슷한 명령이 제노바에 있는 한니발의 동생 마고에게도 내려갔지만, 그는 전투에서 입은 부상으로 아프리카로 돌아오는 도중에 사망했다. 이제 바르카 형제 중 단 한 사람만 살아 있었다. 한니발은 그를 충실하게 도운 이탈리아 동맹을 뒤로하고 이탈리아를 떠날 수밖에 없었다. 그들 중 다수는 전쟁 초기부터 그를 지지했다. 하지만 자신의 편에 섰던 이탈리아 남부 주민들은 데려갈 수는 없어서 현지에 남겨두고 휘하 병력 중 일부만 인솔해 아프리카로 귀국해야 했다. 그들이나 한니발이나 로마인들이 그들에게 어떤 보복을 취할지 잘 알았다.

그렇게 하여 한니발은 이탈리아에 처음 도착한 때로부터 15년 뒤인 기원전 203년에 수평선 너머로 이탈리아 남부의 산맥이 사라지는 모습을 배에서 바라보았다. 그는 소년일 때 카르타고를 떠나 스페인으로 갔고, 청년일 때 이탈리아로 진군했다. 이제 40대 중반이 되어 기억에도 가물가물한 고국을 향해 돌아가는 중이었다. 조국 카르타고는 그에게 등을 돌려 그가 조국을 위해 해낸 일은 까맣게 잊어버리고 현재 겪는 고통이 모두 한니발 탓이라며 그를 비난했다. 분명 그는 카르타고에서 따뜻한 환영을 받지 못할 것이고 심지어 투옥될 수도 있었기에, 배를 남쪽으로 돌려 마침내 가문 사유지 근처인 아프리카 땅을 밟았다. 그곳은 카르타고에서 멀리 떨어진 하드루메툼 근처의 비옥한 농지였다. 어린 시절의 추억이 어린 곳인 데다 카르타고와 로마 사이에 앞으로 어떤 일이 벌어질지 안전하게 지켜볼 수 있는 곳이기도 했다. 그는 강화 조약의 조건들을 로마인이 준수하리라고 보지 않았다.

스키피오는 카르타고를 주의 깊게 지켜보며 휘하 장병들과 함께 아프리카에 남았다. 카르타고 본국은 정작 수도 내에도 보급이 부족해서 매일 더 많은 사람이 굶주리는 상황인데도 로마군에게 식량을 공급하는 데 동의했다. 로마 군단이 카르타고에 식량을 요구한 것은 불가피한 일이라기보다 고의적인 모욕이자 처벌처럼 보였다. 아프리카 주둔 로마군은 겨우내 로마에서 꾸준히 보내오는 수송선에 의해 곡물 배급을 받았으니 말이다. 이 수송선들이 폭풍을 만나 스키피오의 진지에서 벗어나 카르타고 근처에 표류하다가 도착했다. 성벽 근처에 있던 주민들이 풍랑에 허우적거리는 배들을 멀리서 발견해 원로원 회의를 소집하여 이를 어떻게 처리할지 논의했다. 그들은 식량이 절대적으로 필요했고, 대다수가 난파된 로마 선박들을 만만한 상대로 보고 구조 작업을 하자고 제안했다. 또 다른 이들은 그렇게 하면 스키피오가 맹렬하게 반응할 것이라고 생각했다. 결국 시민들의 굶주림이 논의에서 승리했고, 카르타고인은 수송선들을 도시로 견인하여 배에 있던 식량을 마음대로 처분했다.

스키피오는 카르타고인이 벌인 소행의 소식을 듣고서 펄쩍 뛰었다. 식량이야 딱히 아쉽지 않았지만, 그렇잖아도 깨지기 쉬운 강화조약에 심각한 위협이 가해졌기 때문이다. 그는 로마 수송선들이 카르타고인에게 몰수된 일 때문에 로마에서 반대 파벌이 자신의 평판에 손상을 입힐 것을 우려했다. 스키피오가 처음엔 스페인에서, 이젠 아프리카에서 성과를 내자 많은 원로원 의원이 점점 더 그의 성공을 질투했다. 로마 보수파는 그에게서 지휘권을 빼앗을 만한 기회가 생기면 거세게 달려들어 놓치지 않으려 할 것이다. 썩 내키지는 않았지만, 스키피오가 선택할 수 있는 유일한 방안은 카르타고에 강력한 반격을 가해 엄중하게 처벌하는 것이었다. 먼저, 사절을 카르타고 원로원에 보내 곡물을 넘기라고 요구했다. 물론 곡물이 이미 굶주린 주민에게 배분되어 없어졌으리라 확신하면서도 일부러 그런 요구를 한 것이다. 카르타고인은 로마인들의 요구에 지칠 대로 지친 상태라 아무런 대꾸도 하지 않고 사절을 그냥 돌려보냈고, 주민 중 일부 열성분자는 사절이 로마 진지로 돌아갈 때 그가 타고 있던 배를 공격하기까지 했다. 이런 일들이 바로 스키피오에겐 절실히 필요한 구실이었다. 그는 해안을 오가며 카르타고의 여러 도시를 공격하기 시작했고, 많은 주민을 죽이고 나머지는 사로잡아 노예로 팔았다. 이런 행위가 로마와 카르타고 사이의 협상된 평화를 끝장내리라는 것을 알았지만, 이제 양국 상황은 그의 통제 범위를 넘어선 상태였다. 그는 이 같은 공격이 카르타고에서 남쪽으로 한참 떨어진 은신처에 머물던 한니발을 끌어내길 바랐다. 그는 한니발을 진심으로 존경했지만, 전설적인 카르타고 장군을 상대로 영광스러운 최종 승리를 거둔다면 영원히 자신의 명성을 굳힐 수 있다고 생각했다.

카르타고인은 그 무렵 시골에 머물고 있던 한니발에게 사절을 보내 제발 조국을 지켜달라고 간청했다. 불과 얼마 전까지만 해도 그들은 조국의 가장 유명한 아들에게 등을 돌리고 현재 겪는 심각한 상황이 모두 그의 탓이라고 비난했는데, 이제 닥친 대재앙을 극복하기 위해 그의 도움을 청하는 것 말고는 방법이 없었다. 한니발은 고국을 지키기 위해 서두를 생각이 없었는데, 카르타고를 통치하는 부유한 상인들이 자기 좋을 때만 바르카 일족을 친구처럼 대했기 때문이다. 하지만 그는 속으로 자신이 카르타고의 아들이며 오랜 세월 그 자신과 일족을 지지했던 평민들에게 깊은 친밀함과 책임감을 느꼈다. 자신에게 닥친 역경이 어마어마하다는 걸 알았지만 동포가 자신을 부르는데 외면할 수는 없었다. 그는 마지막 전투에 나서기로 마음먹는다. 그에게 닥친 가장 긴급한 문제는 이탈리아에 기병대용 말들을 거의 다 두고 온 것이었다. 하지만 시의적절하게도 누미디아 반란군 중기병 2000명이 한니발의 사령부에 도착했고, 이걸 계기로 로마에 최후의 가르침을 줄 수 있겠다는 희망을 품을 수 있었다. 그렇게 하여 한니발은 병력을 모아 내륙을 향해 서쪽으로 며칠 진군하여 스키피오의 진지 근처 자마라는 곳에 도착했다.

한니발은 그 어떤 것도 행운에 맡기는 법이 없었으므로, 믿을 만한 정찰병 세 명을 보내 스키피오의 위치를 정찰하고 자신에게 보고하게 했다. 그러나 이들은 기민한 로마 순찰대에게 붙잡혀 스키피오 앞으로 끌려갔다. 로마 장군은 자국의 일반적 관행에 따라 이들에게 죽을 때까지 고문을 가하지 않고, 직접 진지를 두루 보여주고 안전하게 한니발에게 돌려보내면서 그들이 목격한 모든 것을 사실대로 보고하라고 했다. 그것은 확신에 찬 스키피오의 현명한 행동이었고, 동시에 유명한 적에게 자신은 전혀 두려움이 없다는 걸 보여주려는 행위이기도 했다. 이런 행동은 평범한 장군에겐 효과가 있을지 모르나, 한니발은 실제로 전쟁 심리학 교본을 쓰기까지 했기에 그런 반응에 동요할 사람이 아니었다. 카르타고 사령관은 스키피오에게 서신을 보내 부하들에게 관용을 베푼 데에 감사를 표했고, 일대일 회담을 열어 둘이서 직접 이야기를 나누자고 요청했다.[85]

이는 스키피오가 예측하던 바는 아니었지만 그는 두려워하지 않고 그 만남에 동의했다. 그러자 한니발은 자신의 진지를 로마군 진지에 더 가깝게 이동시켰는데, 이 조치는 심리적으로 스키피오를 더 불편하게 했을 것이다. 양측은 이제 마지막 전투를 준비하느라 분주했다. 전투가 벌어지기 전날, 한니발과 스키피오는 각자 소규모 호위대를 대동하고 말을 타고서 진지를 나와 양군 사이의 조용한 장소로 갔다. 당대에 가장 위대한 두 장군은 호위대조차 뒤에 남겨두고 말에서 내려 중간 지점에서 둘만 만났다. 몇몇 고대 사료는 그들이 통역사를 대동했다고 했지만 그럴 가능성은 적다. 둘 다 그리스어에 능통했으니 이들의 대화는 아마 그리스어로 진행되었을 것이다. 한니발은 먼저 스키피오에게 인사를 건네고 회담에 동의한 데에 사의를 표했다. 그는 로마 사령관에게 서로가 이 세상 누구보다도 공통점이 많다며 스키피오에게 전혀 분노를 느끼지 않는다고 말했다. 두 사람은 전쟁에 뛰어난 전략가이자 전술가였고, 오랜 세월 서로의 업적에 감탄해왔다. 또 그들 각자의 동포가 상대를 얼마나 심하게 대했는지 알고 있는데도 여전히 조국에 깊은 애정이 있었다. 한니발은 자신이 이탈리아에서 이끌었던 피비린내 나는 장기전에 관해 이야기하고 더는 인명 피해 없이 갈등을 끝내는 방법을 모색하고자 한다고 말했다. 스키피오는 고개를 저으며 슬프게도 그렇게 하기엔 너무 늦었다고 대답했다. 그들 모두에게 닥친 여러 사건들과 조국 로마에서의 정치적 압박으로 도저히 이쯤에서 끝낼 수가 없다고 말했다. 오로지 결전만이 전쟁을 끝낼 수 있다는 뜻이었다. 두 장군은 이어 말을 타고 각자의 진지로 돌아가 휘하 부대에 이튿날 치러질 전투를 준비하도록 지시했다.

이렇게 하여 기원전 202년 가을 어느 날 아침, 카르타고군과 로마군은 자마 평원에서 마지막으로 충돌했다.[86] 한니발은 자신이 스키피오와 불굴의 로마 군단을 야전에서 격파할 가망이 거의 없다는 것을 알았지만, 전쟁의 결과는 붙어봐야 안다는 심정과 조국의 도시를 지켜야 한다는 의무감으로 그 전투에 임했다. 그날 한니발의 군대는 트라시메노 호수나 칸나이에서 전투에 임했던 군대의 그림자 혹은 껍데기에 지나지 않았다. 제노바에서 동생 마고를 도운 수천 명의 용병이 현장에 도착했지만, 그들은 오로지 돈만을 좇아 싸웠고 당면한 전투에 거의 열의가 없었다. 나머지는 누미디아 망명자와 카르타고 자원병이었는데, 그들은 전투 경험이 거의 없었다. 이탈리아에서 한니발과 함께 싸운 핵심 병력은 그날 소규모에 불과했다. 한니발은 전열을 배치하면서 이 베테랑들을 자신 가까이에 두었다. 스키피오를 상대해야 하는 그에게 가장 부족한 건 기병이었다. 자마의 탁 트인 평원에서 고작 몇천 명의 기병만 지휘하게 된 그는 로마인에 비해 엄청난 군사적 약점을 안은 셈이었다. 하지만 한니발은 이번 전투가 조국을 구하기 위한 자신의 마지막 분투라는 것을 알았기에 최대한 분발하여 싸워보기로 했다.

스키피오는 군단의 전열을 배치하며 대열 사이에 듬성듬성 공간을 마련하게 했다. 그는 이 전법이 카르타고 코끼리가 아군 전열에 큰 손실을 입히지 않고 지나갈 수 있게 하는 데 효과적일 거라고 판단했다. 실제로 전투가 시작되자 코끼리는 공황에 빠져 등을 돌려 카르타고군을 향해 돌격하자 한니발의 대열은 혼돈에 빠졌다. 그것이 카르타고에 재앙이 들이닥친 그 패배의 날이 시작된 광경이다. 전방에 있던 카르타고 용병 부대는 처음엔 로마인을 밀어냈지만, 맹렬한 발사체의 공격에 뒤로 물러났고 황급히 도망치기 위해 그들 뒤에 있던 카르타고 장병들을 공격했다. 전투는 빠르게 유혈 낭자한 살육전으로 변했다. 스키피오는 카르타고의 전열을 쉽게 돌파할 수 있었고, 카르타고 병사 수천 명을 죽였다. 한니발과 그의 핵심 베테랑 부대는 용맹하게 싸우면서 최대한 오래 버텼지만, 로마군의 승리가 분명해지자 한니발은 생존한 소수 병사와 함께 하드루멘툼에 있는 사유지로 퇴각했다. 한니발이 그토록 오랫동안 최후까지 잘 수행했던 카르타고와 로마 사이의 전쟁은 이렇게 끝났다.

19

유배

오랜 세월 카르타고는 실패한 장군을 처형하는 전통이 있었다. 승률이 매우 희박한 전투에서 최선을 다해 싸운 장군에게도 이런 처벌은 예외가 없었다. 한니발은 조국 카르타고가 그와 똑같은 처분을 자신에게 내릴 것이라고 예상했다. 그들이 전쟁 이전에 이미 카르타고에서 발생한 손실을 그의 탓이라고 비난했기 때문이다. 따라서 자마에서 패배한 뒤 사유지로 퇴각한 한니발이 카르타고 원로원에 소환되었을 때 출석하기 위해 상경한 것은 놀라운 애국심의 발로였다.

한니발은 이제 사십 대 중반이었다. 그는 아홉 살에 카르타고를 떠나 그때까지 고국에 돌아오지 않았다. 카르타고는 바르카 일족 덕분에 지난 몇십 년 동안 도시로 쏟아져 들어온 스페인의 금과 은을 통해 점점 더 부유해졌다. 한니발은 원로원 회의장으로 가기 위해 익숙한 길을 따라 말을 타고 나아가던 중, 비르사 언덕에서 부유한 상인들이 사는 훌륭한 새 저택 여러 채와 보물로 꽉 들어찬 정교한 여러 신전을 둘러봤다. 평민들 역시 그의 가문이 도시를 위해 기여한 공로 덕분에 큰 혜택을 봤다. 시민들은 한니발을 존경의 눈빛으로 바라보았다. 사람이라기보다는 전설에 가까운 존재인 그가 말을 타고서 거리를 여럿 지나 원로원 회의장으로 올라갔다. 그곳에 도착하자 그는 말에서 내려 안으로 들어가 여러 원로와 도시의 지도자들을 만나 대화를 나누었다. 회의장에서 몇몇은 이기지 못할 전쟁을 시작했다는 이유로 그를 나무랐고 다른 몇몇은 칸나이에서 승리를 거둔 이후 로마를 완전히 파멸시키지 못했다고 비난했다. 몇몇은 여전히 로마와 싸우길 바라면서 한니발이 다시 한 번 지휘를 맡으면 승리하리라 기대하기도 했다. 하지만 그는 고개를 가로젓고 더는 전쟁을 해서는 안 된다고 말했다. 전쟁은 끝났고, 카르타고는 패배했다. 이제는 로마인과 영구적 평화를 유지하도록 애써야 할 때였다.

로마인이 강화 조건으로 새로 제시한 조건은 자마 이전에 요구한 것보다 훨씬 가혹했다.[87] 스키피오와의 이전 협상에서 합의된 모든 조항에 더해 카르타고는 이제 향후 50년에 걸쳐 로마에 1만 탈렌트라는 엄청난 거액을 지급해야 했다. 늘 그랬듯이, 부유한 카르타고 원로원 의원들은 이 돈을 자신이 지급하려 하지 않고 어떻게든 살아보려고 힘들게 애쓰는 농민들에게서 빼앗기 위해 새로운 세금을 납부해야 한다고 고집을 부렸다. 게다가 카르타고는 스키피오가 직접 도시의 유력 가문에서 선발한 청년 100명을 로마에 넘겨야 했다. 이들은 카르타고의 약속 이행을 보장하기 위해 로마에 강제로 송치되는 인질이었다. 카르타고가 반란을 일으키거나 강화 조약을 위반하는 것처럼 보일 때 이 젊은 인질들은 모두 고문해서 죽일 예정이었다. 게다가 보유한 전투용 코끼리도 전부 로마에 넘겨야 했고, 항구에 계류 중인 자국의 해군 함대를 불태우고 성벽에 올라서 다 탈 때까지 지켜보아야 했다. 카르타고는 아프리카 너머의 모든 국가와 정치적 거래를 하는 것이 금지되었으며, 외국 군대의 침공으로 방어해야 하는 상황이 생기더라도 전쟁을 벌이기 전에 로마의 허락을 구해야 했다. 카르타고 인근의 서쪽 땅을 통치하는 마시니사에게는 북아프리카 해안을 따라 카르타고의 엄청난 영토를 그의 영토로 편입시키도록 허락되었고, 그는 그 지역을 누미디아 왕국의 영토로 추가했다. 그는 이제 로마의 주요 동맹이었고, 카르타고를 면밀하게 살피는 임무를 맡았다.

한니발은 도시의 명맥을 유지하기 위해 이 모든 조치를 지지했다. 놀랍게도 로마인은 그의 신병을 로마 당국에 넘기라는 요구는 하지 않았다. 다른 나라들과의 전쟁에서 로마가 승리를 거두면, 패배한 적의 지도자는 공개 처형을 당하기 전에 일종의 트로피로서 수치스럽게 개선식의 구경거리가 되어 로마 거리를 따라 걸어야 했다. 한니발을 이렇게 인도적으로 대우한 결정엔 스키피오의 영향이 있었을 것이다. 카르타고 장군은 전쟁에서 스키피오의 가장 치열한 경쟁자였지만, 평화로운 시기에는 존경받아 마땅한 패장이었다. 스키피오는 카르타고인이 한니발에게 손대는 것도 허용치 않았다. 후대의 여러 사료에는 이에 관한 기록이 남아 있다. 카르타고는 로마를 점령하는 데 실패하고 이탈리아에서 얻은 전리품을 탐욕스럽게 전용한 일로 한니발을 재판에 회부했다. 그가 휘하 군대를 유지하고자 이탈리아에서 빼앗을 수 있는 건 무엇이든 빼앗아 현지의 소용에 충당해야 했다는 사실을 감안해보면, 사후의 이런 고발은 터무니없는 일이었다.

하지만 재판 결과 한니발은 모든 범행에 대하여 무죄를 선고받았다. 이는 재판에 참여한 배심원들이 스키피오의 영향력을 은연중에 고려했기 때문이다. 마침내 최종적으로 강화 조약이 서명되어 비준되었을 때 한니발은 카르타고를 떠나 그 도시의 머나먼 남쪽에 있는 시골 사유지로 돌아가 몇 년 동안 조용하게 살아갔다.

한니발의 삶을 알기 위해 우리가 참고하는 여러 로마 역사가는 전쟁 이후의 은퇴한 장군에 대해서는 별로 관심이 없다. 로마는 계속해서 다른 전쟁과 정복에 나섰고, 특히 지중해 동부 그리스 셀레우코스 왕조 안티오코스 3세와도 전쟁을 치렀다. 6년 뒤, 한니발이 카르타고로 돌아와 이듬해에 도시 최고 행정관인 수페테스 두 명 중 하나로 선출되었다는 소식을 들을 때까지 우리는 한니발에 관해 아무런 이야기도 듣지 못한다.[88] 한니발이 사유지를 떠나 카르타고의 지저분한 정계로 뛰어들기로 한 이유는 수수께끼이지만, 그 도시에 품은 애국심이 가장 타당한 이유인 듯하다. 한니발의 고국은 로마와의 전쟁으로 몹시 피폐해졌고 그 도시를 재건하고 주민을 돌보기 위해서는 성실하고 유능한 일꾼이 절실했다. 우리에게 알려진 얼마 안 되는 이야기를 종합해보면 한니발은 군대를 이끌던 시기에 연마한 행정 기술과 지구력으로 맡은 일을 열심히 해나갔다. 그는 카르타고의 평민들을 굶주리지 않게 하면서도 로마에 전쟁 배상금을 지급할 수 있도록 국가의 재정을 튼튼하게 체계화했다. 그는 상선대가 다시 아프리카 해안을 따라 여러 지역에서 교역하도록 도와줄 수 있는 여러 가지 계획을 수립하여 실시했다. 카르타고의 새로운 상업적 연결망을 구축하는 데에도 성공했고, 이로 인해 도시는 실제로 로마에 전쟁 배상금 전액을 40년 앞당겨서 지급할 수 있을 것으로 전망되었다. 하지만 그는 탐욕스러운 카르타고 엘리트층에게서 또다시 분노를 샀다. 그렇게 된 것은 한니발이 그들이 탐내는 권력 일부를 평민에게 돌려주려고 시도했기 때문이다. 이런 일만으로도 귀족 계층은 한니발에게 맞서 그를 타도하려 들었다. 한니발이 달성할 수 있도록 도운 카르타고의 새로운 번영은 그들에겐 그리 중요한 문제가 아니었다. 그들은 자기들끼리 모여서 이 명망 높은 장군이 도시의 정계에서 영원히 은퇴해야 한다고 수군거리기 시작했고, 그를 비방하고 중상하는 서신을 줄기차게 로마 원로원에 보냈다. 그 편지들은 로마의 가장 큰 적이 아시아의 안티오코스와 공모하여 이탈리아에 새로운 위협이 될 수 있다고 경고하는 내용이었다.

로마 정부의 보수파는 전후에 한니발이 처벌되지 않고 자유롭게 사는 것을 절대 용납할 수 없었다. 증거가 있든 없든, 그들은 로마를 타도하기 위해 한니발이 안티오코스와 결탁했다는 중상모략을 기꺼이 믿으려 했다. 스키피오는 원로원에서 한니발을 강력히 변호했지만, 그의 영향력은 약해지는 중이었고 그가 아무리 애를 써도 로마 극우파의 마음을 돌릴 수 없었다. 로마 원로원은 카르타고 정부에 안티오코스와 전쟁을 계획한 죄목으로 한니발을 체포하여 실형을 선고하라고 명령했다. 한니발에 반대하는 카르타고 지도자들은 더없이 기뻐하며 그 명령에 따랐고, 즉시 한니발을 범법자이자 원로원의 적으로 선포했다. 한니발은 기민하게도 당시에 카르타고를 떠나 있었다. 그러자 그의 적들은 카르타고에서 그가 살던 작은 집을 불태우는 것으로 분노를 표출했다.

한니발은 이제 아주 곤란한 상황에 직면했다. 그는 남쪽 사유지로 물러날 수 있었지만, 카르타고인과 로마인이 그가 거기서 평화롭게 살도록 내버려두지 않으리라는 점은 너무나 분명했다. 그는 카르타고의 아이콘 같은 인물이었다. 그래서 로마나 카르타고 당국은 그가 무명 인사가 되어 여생을 살아가도록 허용할 수도 없었다. 상황이 이렇게 돌아가자 그에게 남은 유일한 선택지는 아프리카에서 도망쳐 로마의 손아귀에서 벗어나는 것이었다. 물론 그런 삶이 가능하다면 말이다. 따라서 적이 자신을 찾아내기 전에 소년 시절을 보낸 집에 작별 인사를 하고 수많은 해외 지역에서 많은 상인이 몰려드는 가까운 섬 케르케나로 배를 타고 떠났다. 그곳에서 멀리 떨어진 레바논 해안의 티레로 떠나는 페니키아 교역선 하나를 물색했다. 한니발의 선조는 몇 세기 전 티레를 떠나 카르타고를 발견했으니 그가 종족의 옛 고향으로 돌아가는 것도 나름으로 어울리는 일이었다. 티레는 당시 안티오코스 치하의 셀레우코스 왕국의 일부이기도 했다. 카르타고가 날조된 고발장에서 한니발이 같이 공모를 꾸몄다고 했던 그 안티오코스 말이다. 한니발이 이 도시를 유배지로 선택하면 적들은 틀림없이 자신들의 고발이 정당했다고 주장하고 나설 것이다. 한니발이 예전에 로마에 대항하여 안티오코스와 은밀히 협력했을 가능성은 별로 없었다. 하지만 한니발의 처지에서 보자면 이제 노골적으로 안티오코스에게 협력한다고 해서 조국을 떠나온 이상 잃을 것도 없었다. 카르타고와 로마의 한니발 반대파는 그의 귀국을 절대 허용하지 않을 것이고, 그가 죽거나 붙잡힐 때까지 세상 어디든지 따라다니며 괴롭힐 것이 분명했다. 포에니 전쟁이 끝났을 때 그는 로마와의 평화를 옹호했지만, 로마인은 이제 그를 다시 적으로 변신하도록 밀어붙이고 있었다. 한니발은 조국이 자신을 지켜주지 않는다면 기꺼이 로마와 맞설 지중해 군주를 찾아 나설 것이고 그게 누구든 가리지 않고 적극적으로 도와줄 생각이었다.

한니발은 티레에서 소아시아 에게해의 해안 지역에 있는 에페수스로 갔다. 안티오코스 왕국의 궁궐이 거기에 있었다. 현지에 도착한 한니발은 처음으로 왕을 만났고, 로마를 상대하는 일을 돕겠다고 제안했다. 안티오코스는 겉으로는 한니발을 환영했지만 그를 완전히 신뢰하지는 않았다. 그의 고문 가운데 다수가 한니발은 로마의 분노를 일으키기 쉬운 사람이어서 안티오코스가 로마를 상대로 전쟁 준비를 제대로 마치기도 전에 로마와의 전쟁을 촉발시킬지 모른다고 조언했다. 이제 오십 대에 다다른 한니발은 그 이후 안티오코스를 완전히 돕는 것도 아니고, 그렇다고 아예 안 돕는 것도 아니었다. 그는 항상 궁정 주변부에서 유용하게 쓰이길 기다리는 자진 유배자였다. 평생 전투를 하며 살아온 한니발에게 그런 상황은 새로우면서도 아주 불편했다. 거의 하는 일 없이 시간을 보내던 어느 날, 한니발은 에페수스에서 포르미오라는 저명한 철학자가 하는 군사학 강의를 들었다고 한다. 포르미오는 군사軍事 전문가를 자처하면서 강의를 펼쳤다. 한니발은 포르미오가 이상적인 장군의 모습에 대하여 강연하는 것을 들은 뒤, 자리에서 벌떡 일어나 당신은 주제를 전혀 알지 못하는 사람이라고 그리스어로 솔직하게 말했다. 한니발은 만년에도 거리낌 없이 솔직하게 말했고, 어리석은 소리를 들으면 그냥 넘어가는 법이 없었다.

전해지는 얘기에 의하면, 에페수스는 한니발과 그의 오랜 경쟁자인 스키피오가 만난 장소이기도 했다.● 이제 카르타고인을 상대로 승리를 거두어 아프리카누스라는 별명을 얻은 로마 장군은 원로원이 안티오코스에게 보내는 사절단의 일원으로 이 도시에 왔다. 스키피오도 이제 중년이 되었고 로마에서 인기가 많이 떨어진 상태였다. 이전에 적이었던 두 사람은 따뜻하게 서로에게 안부를 건넸고 예전에 치른 여러 전투와 예상 밖으로 쉽게 변하는 운명에 관한 이야기를 나누었다. 와인을 여러 잔 마신 스키피오가 한니발에게 누가 역사상 가장 위대한 장군이냐고 물었다. 그는 알렉산드로스 대왕이라고 답했고, 스키피오도 진심으로 동의했다. 그다음은 누군지 스키피오가 묻자 카르타고인은 한 세기 전 이탈리아를 대담하게 침공하여 마지막에 패배하기 전까지 로마인에게 큰 골칫거리를 안겨준 그리스의 피로스 왕이라고 답했다. 스키피오 역시 이에 동의했다. 이제 로마인은 그러면 세 번째는 누구인지 물었다. 그는 이 명예가 무적의 한니발을 꺾은 자신에게 주어질 것으로 짐작했다. 하지만 카르타고인은 미소를 지으며 변변찮지만 그 자리는 자신의 것이라고 생각한다고 답했다. 알프스산맥을 넘어 최종적으로 패배하기 전까지 카르타고로부터 거의 도움도 받지 못한 채 오랜 세월 로마에 두려움을 심어준 무패의 장군이었다는 것이 그 이유였다. 스키피오는 한바탕 웃으며 한니발에게 로마를 정복할 수 있었다면 위대한 장군 목록에서 몇 번을 차지

● 《로마사》 35권 14장에서 리비우스는 "역사가 클라우디우스는 또 다른 역사가 아킬리우스가 전한 그리스 역사서의 내용에 의거하여 이런 기록을 남겼다"라고 하면서, 한니발과 스키피오 사이의 대화를 전한다.

할지 물었다. 그러자 한니발은 그렇게 되었다면 자신이 알렉산드로스 대왕보다 앞자리를 차지했을 것이라고 대답했다.

이것이 스키피오와 그의 오랜 경쟁자가 만난 마지막 일화다. 그 이후로 한니발은 안티오코스를 계속 도우려 했지만, 제대로 한 일은 거의 없었다. 한니발이 은밀히 아프리카에서 대리인을 모집하여 카르타고가 로마에 반란을 일으키도록 강력히 권유했다는 얘기도 전해지는데, 그런 일은 개연성이 없어 보인다. 한니발은 행동에 나서는 사람이지 음모를 꾸미는 사람이 아니었다. 몇몇 기록은 그가 57세의 나이에 참전의 소망을 이뤘을지도 모른다고 했다. 안티오코스가 마그네시아에서 로마인을 상대한 대규모 해전에서 몇 척의 배를 지휘했기에 그런 말이 나왔다. 하지만 셀레우코스 왕은 패배했고, 한니발은 영구히 안티오코스의 궁정을 떠날 수밖에 없었다. 그 이후 한니발에 관한 이야기는 별로 기록된 것이 없지만, 우리가 떠올리는 그림은 육십 대에 접어든 늙은 전사가 여러 왕국을 방랑하며 여전히 지중해에 남은 독립국들에게 로마가 그들을 점령하러 온다고 경고하고 돌아다니는 모습이다. 그는 크레타섬으로, 아르메니아로, 마침내 소아시아 북서부의 비티니아로 갔다. 비티니아에서는 프루시아스 왕의 궁정에 갔는데, 당시 프루시아스는 로마 동맹인 인근 아탈로스의 왕 에우메네스와 전쟁 중이었다. 공상인지 사실인지 모르는 어떤 이야기에 따르면, 한니발이 해전에서 프루시아스의 소함대를 이끌고 에우메네스와 싸웠고, 적선의 갑판에 독사를 풀어서 물리쳤다고 한다. 이는 순전히 허구인지도 모르는 이야기지만, 젊은 한니발이 로마인을 상대로 썼을 법한 독특한 전술과 비슷한 부류이긴 하다.

그럼에도 프루시아스는 전쟁에서 패했고, 항복 조건 중 하나가 한니발을 로마인에게 넘겨준다는 것이었다. 한니발이 패배하고 오랜 세월이 흘렀는데도 로마인의 마음에 그가 일으키는 공포는 무척 생생했고, 그들은 여전히 바다 건너까지 노장군을 추적하여 죽이려고 혈안이 되어 있었다. 한니발은 당시 은퇴하여 소아시아의 리비사라는 작은 도시에서 살아가는 노쇠한 노인에 지나지 않았다. 따라서 로마에 아무런 위협이 되지 못했지만, 원로원과 로마 시민은 한니발을 가만히 놔두려 하지 않았다. 그들은 여전히 개선식에서 늙고 피로한 노병을 거리마다 끌고 다니며 구경거리로 만들기를 바랐다. 몇몇 일화에 의하면, 로마 파견대가 그의 집에 도착했을 때 그는 늘 손가락에 끼던 반지에 숨긴 독약을 삼켰다고 한다. 다른 이야기는 그가 독이 든 와인을 마셨고, 죽으면서 병든 노인의 자연사도 기다려주지 못하는 로마인은 얼마나 쩨쩨하고 옹졸하냐고 개탄했다고 한다. 세부적인 내용이 어떻든, 한니발은 최후의 저항을 벌임으로써 숙적 로마가 자신을 산 채로 끌고 가는 것을 허용하지 않았다. 그는 로마 포룸에서 로마 군중의 저속한 오락용 구경거리가 되고 싶은 생각은 조금도 없었다. 그는 사랑하는 조국 카르타고와 아주 멀리 떨어진 곳에서 자기 방식대로 로마에 저항하며 최후의 조용한 전투 중에 숨을 거두었다.

20

유산

고향에서 멀리 떨어진 곳에서 쓸쓸히 절명하고 수많은 혜택을 가져 다준 도시로부터 멸시당한 인물이 한니발만은 아니었다. 스키피오 역시 그의 업적을 질투하며 군사적 경력과 유산을 파괴하기로 작심 한 정적들에게 죽을 때까지 시달렸다. 마르쿠스 포르키우스 카토가 이끄는 로마 원로원 보수파는 스키피오가 안티오코스 왕의 궁정에 다녀온 뒤 그를 고발했고, 증거도 없이 스피키오가 조국 로마를 배신 하는 대가로 그리스 왕에게서 뇌물을 받았다고 주장했다. 스키피오 를 아는 사람이라면 그 주장이 터무니없는 소리라는 걸 알았지만, 소 문과 추문은 쉽게 가라앉지 않고 부풀려졌다.● 스키피오는 야전 전술

● 리비우스는 로마의 역사가 발레리우스 안티아스를 인용하면서 당시 떠돌아다니던 소문을 기록 했다. 집정관 루키우스 스키피오(스키피오 아프리카누스의 동생)는 동생을 도와 고문으로 참석 한 스키피오 아프리카누스와 함께 안티오코스 왕과의 회담에 초대되었는데 회담 목적은 왕에게 전쟁 포로로 잡힌 아프리카누스의 아들을 돌려받기 위함이었다. 이 자리에서 두 장군은 적에게 체포되었고, 그 후 안티오코스 왕의 군대가 로마 진지를 공격하여 점령해 로마군 전체가 몰살되 었다. 그 결과 로마군과 안티오코스 왕의 군대가 전투를 벌인 현지의 아이톨리아인들은 반항심이

의 대가였지만, 원로원의 옹졸하고 뒤통수 때리는 정치를 전혀 참아주지 못했다. 그는 무죄 선고를 받았지만 로마를 영원히 떠나기로 결심한다. 그때 그의 나이 겨우 오십 대였고, 앞으로도 오래 존경받는 정치 원로로 살아갈 날이 남아 있음에도 불구하고 그런 선택을 한 것이다. 그는 캄파니아 리테르눔에 있는 시골 사유지로 은퇴하여 다시는 로마로 돌아오지 않았다. 조국 로마의 배신에 억울해하고 비통해하던 그는 한니발과 같은 해(기원전 184/183년)에 죽었다. 세상은 위인에게 좀처럼 친절한 법이 없다. 그는 가족에게 자신의 시신을 로마에서 한참 먼 캄파니아에 묻어달라고 유언했다. 두 세기 뒤에 사태를 좀 더 정확하게 파악한 로마인 발레리우스 막시무스는 스키피오가 직접 작성한 묘비명을 기록했다. "배은망덕한 조국이여, 너는 나의 유골조차 갖지 못하리라."[89]

스키피오를 로마에서 내쫓은 장본인인 카토는 한니발의 도시 역시 끝장내겠다고 결심했다. 그는 한니발이 도시에 활기를 불어넣은 후에 카르타고를 방문했는데, 로마의 숙적이 빠른 속도로 회복되어 번영하는 모습에 큰 충격을 받았다. 카토는 카르타고가 앞으로 또다시 로마의 권력에 심각한 위협이 될 것이라고 생각했다. 카토는 원로원으로 돌아온 뒤, 어떤 주제로 연설을 하든 늘 이런 말로 끝맺음했다.

더욱 높아져 로마군의 명령을 따르길 거부했다. 그리하여 원로원은 아이톨리아 사절단에게 이렇게 물었다. 두 로마 장군이 아시아의 안티오코스 왕에게 붙잡히고 그 후 로마군이 전멸했다는 정보를 어디서 들었는가? 그 사절은 집정관과 함께 있던 아이톨리아의 대표들에게서 그 이야기를 들었다고 대답했다. 리비우스는 이 소문의 존재에 대해 다른 권위 있는 역사가는 알지 못하므로 이것을 진실한 사건의 기록으로 받아들이지 않겠다고 하면서도 이를 아예 근거 없는 이야기로 일축해서도 안 된다는 어중간한 태도를 취했다.

"카르타고는 반드시 파멸되어야 합니다Carthago delenda est!" 결국 기원전 149년에 한니발이 사망하고 35년 뒤, 카토는 도시 원로들을 설득하여 카르타고를 상대로 세 번째이자 최종적인 전쟁을 개시했다. 이번 전쟁은 또 다른 스키피오, 즉 스키피오 아프리카누스의 입양된 손자 스키피오 아이밀리아누스가 이끌었다. 하지만 쉬운 정복이 되리라 생각한 로마인은 이내 오판했음을 깨닫는다. 그렇지만 결국 카르타고의 성벽이 붕괴되었고 며칠에 걸친 잔인한 시가전 끝에 도시가 함락되었다. 이렇게 될 때까지 카르타고인들은 무려 4년에 걸쳐 로마를 상대로 맹렬하게 싸웠다. 어렵사리 살아남은 카르타고인들은 노예로 팔렸고 도시는 흔적조차 남기지 못하고 완전히 파괴되었다. 폐허에는 영구적으로 사람이 살지 못하도록 로마 신관들이 고대 세계의 지독한 저주를 퍼부었다. 카르타고가 로마에 안겨주었던 엄청난 공포심은 이렇게 하여 깨끗이 불식되었다.

하지만 로마인은 그들 자신도 언젠가 깨달은 바와 같이 한니발에게 큰 신세를 졌고 그 덕분에 거대 제국으로 성장할 수 있었다. 따라서 우리는 다음과 같은 합리적 주장을 펼 수 있다. 만약 로마가 이런 위대한 적과 상대하는 일이 없었더라면 절대로 지중해 전역으로 퍼져나가지 못했을 것이고, 좋든 나쁘든 세상을 변화시키는 문명을 세우지 못했을 것이다. 카르타고와 충돌하기 이전에도 로마인은 숙련되고 사나운 군인이었지만, 전쟁의 가혹한 시련을 통해 더 노련한 군사력을 배양할 수 있었던 것은 오로지 한니발 덕분이다. 로마인은 우선 한니발에게서 이탈리아 너머의 해외 지역에서 장기전을 벌이는 방법을 배웠다. 그런 해외 전쟁은 아마추어 장군이 통솔하는 전통적인 농민군이 아니라 매우 전문적인 군대를 필요로 했다. 로마인은 한니발 덕분에 그들의 전투 기술을 개선하여 고도의 낯선 전술과 우월한 전략을 받아들일 수 있었다. 그 덕분에 로마인은 이탈리아 너머 해외 지역을 바라볼 수 있었고 스페인을 침공하여 그곳을 로마 제국의 첫 해외 주요 속주로 삼을 수 있었다. 물론 한니발의 영향이 없었다 할지라도 로마는 이탈리아보다 훨씬 넓은 지역으로 제국의 판도를 확장할 수 있었을 것이다. 하지만 한니발이 가져온 구체적인 위협이 일종의 촉매제가 되었다. 한니발 전쟁에서 승전한 경험을 바탕으로 로마는 스페인, 영국, 시리아, 이집트 등을 포괄하는 매우 광범위한 제국의 확장을 달성할 수 있었다. 한니발은 로마에 전쟁 기술을 가르친 사람 가운데 가장 뛰어난 스승이었다. 그는 하나의 거대한 공포였고 로마인들의 악몽에 반드시 등장하는 단골 메뉴였다. 그 후 몇 세기에 걸쳐서 로마인들은 자국을 위협하는 외세를 논할 때마다 알프스를 넘어 진군해 온 한니발을 상기했다. 한니발 전쟁의 재발을 절대 허용해서는 안 된다는 결단 덕분에 그들은 세계사에서 가장 공격적인 제국으로 성장할 수 있었다. 한니발은 고향과 멀리 떨어진 땅에서 삶을 마쳤지만, 그의 유령은 여러 세대에 걸쳐 로마의 거리를 배회하며 로마인들의 악몽 속에서 수시로 출몰했다.

한니발이 죽고 거의 400년이 지난 뒤, 로마 제국의 새 황조인 세베루스 황조가 권력을 잡자 로마인들은 이 아프리카 장군을 새로운 방식으로 바라보게 된다. 당시 로마 제국은 수많은 외국 문화를 아우르고 포용한 지 오래였다. 야심 넘치고 재능 있는 지도자들은 로마 자체의 오랜 귀족 가문에서만 태어나는 것이 아니라, 제국 어디서든 나타날 수 있었다. 세베루스 황조의 첫 번째 황제 셉티미우스 세베루스는 리비아 태생 아프리카인이었고 그의 뿌리는 카르타고를 건설한 페니키아 정착민까지 거슬러 올라갔다. 셉티미우스 황제는 한니발을 자기 일족의 먼 조상으로 보았기에 그의 평판을 복원하기 시작했다. 황제가 비티니아에 있던 황폐한 한니발의 무덤을 재건하자 이 무덤은 로마인과 지중해 전역에서 오는 다른 이들의 순례지가 되었다. 많은 사람이 로마를 거의 파멸시킬 뻔했고, 동시에 궁극적으로 현재 로마 제국의 발전을 도운 저 유명한 장군의 무덤을 보고 싶어 했다.

한니발에 관한 이야기는 로마가 멸망한 뒤로도 오랜 세월 전해졌다. 중세 유럽은 주로 리비우스의 역사서를 통하여 한니발을 알았는데,• 리비우스는 아프리카 지도자에게 가장 적대적인 역사가였다. 그럼에도 한니발은 중세 내내 대담하고 명예로우며 독보적인 군사적 기량으로 크게 존경받았다. 시대를 막론하고 모든 장군이 전투에서 우월한 적을 맞이하여 아군의 약점을 극복하고 승리한 한니발의 전략과 기교를 계속 배우고 연구했다. 나폴레옹은 한니발을 가장 찬양했던 인물이고, 무수한 역사학도도 전투용 코끼리들을 이끌고 알프스를 넘어 트라시메노와 칸나이에서 로마인을 격파한 한니발의 모습을 상상하며 역사학의 꿈을 키웠다.

결국 우리가 한니발을 어떻게 평가하는지는 그에게서 무엇을 보고 싶은지에 달렸다. 오늘날은 누구도 전장에서 몇만 명을 학살한 지도

• 중세 유럽에서는 라틴어가 오늘날의 영어처럼 보편 언어였는데, 라틴어 초급을 떼고 중급으로 들어선 학생들은 리비우스의 《로마사》를 읽으며 라틴어를 학습했다.

자를 고귀한 영웅이나 귀감으로 보지 않는다. 우리는 다행스럽게도 알렉산드로스 대왕, 율리우스 카이사르, 한니발 등이 살았던 시대와는 다른 시대에 살고 있다. 하지만 이런 사람들이 살았던 난폭한 시대의 기준으로 사람을 판단한다면 한니발은 관대한 마음가짐이나 싸우려는 용기 등에서 그리 나쁜 점수를 받지는 않을 것이다. 한니발은 자신이 조국과 동포를 멸망시키려는 적을 상대로 싸우므로 정당한 전쟁을 수행하고 있다고 믿었다. 심지어 그를 매우 두려워하고 증오한 로마인조차 그의 결단력, 탁월함, 궁극적으로 다정함을 존중하지 않을 수 없었다. 우리도 그에 못지않게 평가해야 할 것이다.

에필로그

만약 한니발이 승리했다면?

로마인들이 국력에서 모든 나라를 능가한다는 건 의심의 여지가 없는 진실이다. 로마인은 결단력에서도 다른 민족들을 압도한다. 그러나 한니발이 군사적 능력 측면에서 다른 모든 지휘관을 능가한다는 사실 역시 부정해서는 안 된다. 이탈리아에서 로마인과 전투를 치를 때마다 한니발은 늘 승리를 거두었으니 말이다. 고국 카르타고 시민들이 질투심 탓에 그를 소환하지만 않았더라면 그는 로마를 정복했을 수도 있다.[90]

— 코르넬리우스 네포스

과거를 연구하며 가장 크게 느끼는 기쁨 중 하나는 상황이 달리 전개되었다면 어떤 일이 벌어졌을지 대체 역사를 상상해보는 것이다. 역사의 결과는 한 사람의 영향력을 훌쩍 뛰어넘는 경제적·문화적 힘에 의해서만 결정된다는 것이 일부 현대 역사학자 사이에서 인기 높으며 널리 인정되는 의견이지만, 나는 거기에 동의하지 않는다. 물론 역사는 우리 모두를 휩쓰는 거대한 흐름으로 형성되지만, 나는 다른 많은 이들처럼 단 한 번의 결정으로 모든 걸 변화시킬 수 있는 특정 시대, 특정 시기의 특정한 개인들이 있다고 믿는다.

기원전 216년 여름, 칸나이 전투에서 거둔 압승 이후, 한니발이 로마로 진군하여 도시를 점령하기로 했다면 어떤 일이 벌어졌을지 상상해보자. 그가 성공할 수 있었을까? 이 문제는 한니발의 부장 마하르발이 전투 직후 로마를 공격해야 한다고 강력히 주장한 이래 2000년 넘게 논쟁의 대상이 되었다. 당시 많은 카르타고인이 그가 도시를 점령할 수 있었을 것이라고 믿었고, 이는 당대와 그 이후 몇 세기 뒤의 많은 로마인도 동의하는 바다. 한니발의 망설임은 두려움 탓도 아니었고, 로마 약탈이 불가능하다고 생각해서도 아니었다. 단지 그런 공격이 불필요하다고 믿었기 때문이다. 고대의 전통적인 전쟁 규칙에 따른다면, 로마인은 카르타고인과의 연전에서 수만 명의 장병을 잃은 뒤 항복했어야 마땅했다. 하지만 한니발이 차차 알게 된 대로, 로마인은 다른 사람들 모두가 지키는 규칙을 따라가지 않았다. 그들은 절대 포기하지도 항복하지도 않았다.

한니발이 칸나이 전투 이후 이 사실을 깨달았다면 그는 로마를 점령하기 위해 이탈리아의 열렬하고도 무수한 군대를 총집결시켜 로마 시 정복에 나섰을 것이다. 그랬더라면 그 전투는 튼튼하고 드높은 성벽 뒤에 있는 주민을 상대로 한 포위, 굶주림, 맹공격이 수반되는 잔인하고 장기적인 군사 행동이 되었을 것이다. 결국 로마를 파멸시키고자 하는 이탈리아 모든 세력이 한니발에게 합류했다면 로마는 함락되고 말았을 것이다. 한니발의 군사들과 동맹들은 성벽에 구멍을 뚫고 도시로 뛰어들었을 것이고, 도시 전역에서 맹렬한 학살이 일어나는 가운데 로마인들은 숨이 붙어 있는 한 계속 싸우며 저항했을 것이다. 그렇더라도 한니발은 그 모든 것을 극복하고 결국에는 로마 중심부의 카피톨리움 언덕에 서서 자신에게 승리를 허락한 카르타고 신들에게 제물을 바쳤을 것이다. 살아남은 로마인은 지중해의 노예 시장에서 팔려나갔을 것이고, 로마의 보물은 승자들에게 배분되었을 것이다. 한니발은 승리를 거두고 배를 타고 카르타고로 돌아갔을 것이며, 그 후 이탈리아반도 내 여러 민족이 폐허가 된 로마의 땅을 차지하기 위해 이전투구를 벌였을 것이다. 로마는 그런 유혈 참극 속에서 끝장나고 말았을 것이다.

그렇다면 그런 사태는 역사에 어떤 파급 효과를 미치게 될까? 율리우스 카이사르나 아우구스투스, 하드리아누스나 콘스탄티누스 같은 로마 제국의 저명한 황제들이 등장하지 못하는 건 물론이고, 로마 제국이 아예 존재하지 않는다면 우리가 사는 세상은 어떻게 달라졌을까? 물론 우리가 할 수 있는 일이라곤 추측하는 것뿐이지만, 만약 로마가 없었다면 어떤 일이 전개되었을지 지적 추측은 해볼 수 있을 것이다.

한니발이 로마를 파멸시켰다면 이탈리아는 수많은 독립 부족과 도시와 나라로 할거하면서, 각자의 구역에서 부와 지배권을 차지하려고 겨루는 땅으로 추락했을 것이다. 인근 에트루리아 도시 중 하나는 폐허가 된 로마의 일곱 언덕을 자국 영토로 흡수했을지도 모른다. 무너진 성벽과 풀을 뜯는 양들이 뛰노는 황폐한 포룸이 있는 옛 로마 시가지는 옛 로마 제국의 운명에 관심 있는 방문객의 관광지가 되었을지도 모른다. 그들은 약탈을 견뎌낸 바위에 새겨진 몇 안 되는 로마 명문을 봤을지 모르지만 라틴어는 최후의 로마인 노예가 죽어버리면서 구어口語로서 수명을 다했을 것이고, 따라서 스페인어, 프랑스어 혹은 다른 로망스어는 생겨나지 않았을 것이다. 더불어 영어의 형태도 무척 달라졌으리라.

이탈리아의 나머지 지역들은 가혹한 통치, 징병제, 중과세를 부과하는 로마가 없으므로 자연히 번영했을 것이다. 남부 그리스 도시들은 카르타고, 스페인, 지중해 동부와 새롭게 교역을 하며 번영했을 것이다. 이탈리아반도 중부에서 여러 산간 지대 부족들은 농사를 짓고 계절의 변화에 따라 가축 무리를 여름 초원과 겨울 초원으로 이동시키는 전통적인 삶을 이어갔을 것이다. 북부 켈트족은 남부 이웃을 때때로 급습했을 수도 있지만, 전통적인 켈트족 방식에 따라 그들의 전사다운 활력은 대체로 서로 싸우면서 발산되었을 것이다. 하지만 어떤 이탈리아 도시나 나라도 반도 전체를 통제할 가능성은 없었을 것이다.

지중해의 더 넓은 지역을 살펴보면, 알렉산드로스 대왕에 의해 시작된 헬레니즘 문화 혁명은 로마 없이도 계속되었을 것이다. 그리스 예술·언어·문학·철학·문화를 통해 이집트에서 스페인에 이르기까지 여러 지역에 거주하는 민족 사이에 통합된 유대감이 형성되어 현지 문화와 언어 역시 마찬가지로 계속 번창했을 것이다. 안티오코스의 셀레우코스 왕조나 이집트의 프톨레마이오스 왕조 같은 여러 그리스 왕국은 로마가 남긴 공백을 이용해 일시적인 군사적·정치적 성공을 거둘지는 모르지만, 지배권을 놓고 다투는 수많은 권력자들 탓에 어느 단일 세력이 장기간 우위를 점할 가능성은 낮았을 것이다. 팔레스타인의 유대인은 헬레니즘에 대항하는 마카베우스의 반란에 가담했을 것이고, 여러 반란을 진압하는 로마 군단이 없었을 테니 몇 세기 동안 지중해 동부에서 정치적·군사적으로 독립을 유지하는 주요 세력이 되었을 것이다. 동쪽으로는 이제 로마를 적으로 상대하지 않아도 되는 페르시아인이 더 거리낌 없이 제국의 판도를 확장했을 것이고, 여러 그리스와 유대 왕국에 상당한 압박을 가했을 테지만 지중해 해안으로 세력을 영구히 확장할 수는 없었을 것이다.

카르타고는 어땠을까? 한니발이 로마를 멸망시켰다면 바르카 일족은 여러 세대에 걸쳐 카르타고에서 주요 세력으로 부상했을 것이다. 하지만 도시의 다른 부유한 가문들은 바르카 일족에서 황제가 나타나 그들 위에 군림하는 걸 허용하지 않았을 것이다. 대대적인 제국주의적 영토 확장은 카르타고의 목표가 전혀 아니었지만, 스페인은 점점 더 성장하는 카르타고의 부를 지탱하는 주된 원천으로 남았을 것이다. 카르타고는 정복자가 아닌 상인과 선원의 나라였다. 카르타고는 분명 지중해에서 문명의 기준이 되었을 것이고, 그 위용은 이집트의 알렉산드리아마저 능가했을 수 있다. 그곳의 장엄한 여러 신전은 봉헌 제물과 희생 제물로 넘쳐났을 것이고, 그곳의 도서관은 수많은 지역에서 수입한 문학·과학·종교 서적들을 소장하여 그런 책들을 읽을 수 있게 된 열람자들을 놀라게 했을 것이다. 카르타고는 지중해와 그 너머에 펼쳐진 세상의 세계적 중심지가 될 것이다.

카르타고는 원래 상인 국가였기에 로마의 방해가 없었더라면 고대 세계의 대부분을 자국의 영향력 범위 안에 포함시킬 수 있었을 것이다. 한니발 시대보다 몇 세기 전에 아프리카 북서부의 대서양 해안을 따라 설립된 카르타고 교역소들은 초창기에 불과했으니 앞으로 계속 뻗어나갔을 것이다. 도시 상인들은 식민지를 개척하는 배를 아프리카 해안을 따라 세네갈강과 나이저강 삼각주까지 쉼 없이 보냈을 것이고, 이어 대륙의 최남단 곶을 돌아 아프리카 대륙의 동부 해안까지 보내 이집트와 페르시아 남부에 있는 교역로를 자국 교역로와 연결했을 것이다. 아시아 동부와의 직접적인 무역은 우리가 오늘날 기억하는 포르투갈과 네덜란드 탐험보다 1천 몇백 년은 더 빠르게 지중해 세계에 개방되었을 것이다. 한니발이 로마를 무너뜨리고 몇 세기도 되지 않아 인도, 중국, 일본 해안을 따라 카르타고 상인들의 식민지가 진출한 모습을 상상하기는 그리 어렵지 않다. 카르타고는 예전에 기울였던 유럽 북부에 계속 관심을 유지했을 것이고, 대서양 갈리아의 해안, 영국과 아일랜드, 호박琥珀이 풍부한 발트해 해안 전역을 따라 교역소를 설립했을 것이다. 그들은 또 콜럼버스보다 1천 몇백 년 전에 대서양을 가로질러 서쪽으로 항해하여 아메리카의 광대한 해안으로 가서 마야인을 비롯한 신세계 주민들과 오래 지속되는 평화로운 교역을 확립했을 것이고, 아메리카 대륙 남쪽 곶을 돌아 항해하며 북아메리카와 남아메리카의 태평양 해역으로 나아갔을 것이다. 로마 약탈 이후 불과 몇백 년 뒤에 두 카르타고 선박 중 하나는 아시아에서 동쪽으로 항해해 오고, 다른 하나는 유럽에서 서쪽으로 항해해 가서 아메리카 북서부 해안의 교역소에서 만나 세계 일주를 완수할 수도 있었을 것이다. 적어도 구세계 농업과 식단은 감자, 옥수수, 토마토, 초콜릿 같은 이전에 알려지지 않은 음식을 조기에 도입하여 급진적 변화를 겪었을 것이다.

로마 없는 세상은 절대로 목가적이지 않았을 것이다. 노예제는 여전히 로마 치하에서처럼 널리 퍼지고 잔혹했을 것이다. 세상 전역에서 끊임없이 전쟁이 터졌을 것이고, 약자는 강자에게 늘 압제를 당했을 것이다. 아무리 로마가 압제적이었다 할지라도, 제국이 지중해와 유럽에 몇 세기 동안 지속된 질서를 제공하고 황제 치하에서 문명이 발달하도록 도왔다는 점은 의심의 여지가 없다. 로마 군단이 없었다면 여러 게르만 부족은 유럽 남부를 반복적으로 침략하고 지중해 여러 지역을 혼란 속으로 몰아넣었을 것이다. 로마가 없었다면 훗날 유럽과 미국 여러 정부의 기반을 형성하는 공통적 법률의 유산도 없었을 것이다. 또 로마가 없었다면 우리가 아는 기독교는 무척 달랐을 것이다. 폰티우스 필라투스(빌라도)가 예수를 십자가형에 처하지 않았다면 이 신흥 종교가 과연 거대 세력으로 성장할 수 있었을까? 그러나 이렇게 정반대로 상상해볼 수도 있다. 기독교의 메시지는 로마의 압제를 받은 시기보다 카르타고의 무역 네트워크를 통해 더 널리 퍼졌을 수도 있다. 유대교 역시 로마가 없었더라면 번창하여 고대 세계에서 지배적인 종교가 되었을 수도 있다. 유대교와 기독교의 가르침에 뿌리를 둔 이슬람교 역시 로마가 없었다면 무척 다른 역사를 거쳤을 것이다.

결국 칸나이 전투 승리 이후 한니발이 로마를 파멸시키기로 결정했다면 세상이 어떻게 변했을지 알아내는 건 간단한 일이 아니다. 역사는 여러 세기를 거치면서 흐르는 수많은 복잡한 흐름으로 구성된다. 하지만 이 점 하나는 자신 있게 말할 수 있다. 만약 로마와의 전쟁에서 카르타고가 승리했다면 그 후의 세상은 우리가 오늘날 아는 세상과는 무척 다른 세상이었을 것이다.

옮긴이의 말

한니발의 생애와 포에니 전쟁을 다룬 고대의 대표적 역사서로는 폴리비오스의 《역사》와 리비우스의 《로마사》가 있다. 폴리비오스의 책은 1차 포에니 전쟁(기원전 264)에서 로마가 카르타고와 코린토스를 완전히 파괴한 시기(기원전 146)에 이르는 로마의 역사를 기록한 책이다. 총 40권으로 구성되었으나 그중에서 첫 1~5권만 완전하게 전해졌고 나머지는 부분적으로 전해진다. 리비우스는 《로마사》 21권에서 30권까지 2차 포에니 전쟁을 다루었다. 그는 한니발 전쟁의 내용을 세세하게 전한다는 점에서 폴리비오스를 앞서지만, 웬만하면 한니발을 깎아내리려 한다는 점에서 다소 신빙성이 떨어진다. 두 역사가의 저서는 승자인 로마의 시각에서 본 전쟁 기록이다.

이 책 필립 프리먼의 《한니발》은 제3의 객관적 관점에서, 그리고 가능하면 카르타고 편에 서서 한니발의 생애를 기술하려 한다. 이 말이 모순적으로 느껴질 수도 있겠지만, 기존의 한니발 서사가 로마 중심이었기 때문에 무게 추를 반대쪽에 좀 더 실어야 오히려 균형이 잡히는 것이다. 이는 기존의 서양 중심적 시각에서 벗어나 동방이나 이슬람 등을 중심에 두고 세계사를 다루어 균형을 맞추려는 최근의 경향과도 통한다.

이 책은 이처럼 중립적 서술 원칙을 지키면서, 리비우스의 번거로움, 폴리비오스의 무미건조함을 모두 극복한, 간명하면서도 설득력 높은 한니발 전기다. 이 책은 포에니 전쟁 초기에 연전연승을 거둔 한니발의 군사적 전략을 요령 있게 설명한다. 전쟁 초기에 한니발의 전략은 적군의 전열을 돌파하여 앞쪽과 뒤쪽 양면에서 적을 공격함으로써 적을 혼란에 빠뜨리는 방식이었고, 전투 당일의 배후 침투가 어려운 경우에는 그 전에 전장 근처에 아군을 매복시켜서 적이 전혀 예상하지 못하는 때에 공격했다. 적이 생각하지 못한 곳으로 나아가려면 고육지계苦肉之計를 써야 하는데, 10장에서 다룬 아르노 습지의 통과가 그런 경우다. 적에게 간파당한 함정은 적을 유인하지 못할뿐더러 역공을 당할 수 있으므로 그게 함정이 아니라고 착각하게 만들어야 한다. 그래서 한니발은 교묘한 이간계를 써서 그런 착각을 유도했는데, 14장에서 다룬 칸나이 전투가 그런 경우다.

반대로 적이 너무 깊게 생각한 나머지 아무런 함정도 없는 곳에서 함정을 보도록 망상하게 만들기도 했는데, 황소 뿔에 나뭇단을 올려놓고 불을 질러 적이 지키는 고개를 밤중에 통과한 것(12장)이 그런 경우다. 한니발은 로마군보다 적은 병력을 가지고 매번 크게 승리를 거두어야만 이탈리아 내에서 생존할 수 있었으므로, 상대방이 성급하게 덤벼들도록 배후 조종하여 전투에 유리한 상황을 조성했다. 12장에서 사마관 미누키우스를 전투에 끌어들인 수법이 그런 예다.

한니발은 좋은 전투 여건에서만 휘하 병사들을 잘 운용한 것이 아니라 어려운 환경에서도 어려움을 함께 겪으면서 더욱 굳건한 리더십을 발휘했다. 아르노 습지(10장)의 횡단 작전이 좋은 사례다.

리비우스에 따르면, 스키피오 아프리카누스는 에페수스에서 망명 중인 한니발을 만나 위대한 장군에 대한 얘기를 주고받았다고 한다. 가장 위대한 장군이 누구라고 생각하느냐는 질문에 한니발은 먼저 마케도니아의 알렉산드로스라고 대답한다. 두 번째로 위대한 장군은 그리스의 피로스 왕, 이어 세 번째는 한니발 자신이라고 대답한다. 스키피오가 웃음을 터뜨리며 만약 당신이 자마에서 승리했더라면 그땐 뭐라고 말했겠느냐고 묻자, 그 경우엔 내가 알렉산드로스, 피로스, 여타 세상의 모든 장군보다 더 위대한 장군으로 평가되었을 것이라고 대답했다. 이 대화는 이 책에도 소개되어 있는데, 과연 실제로 이런 대화가 있었을지는 역사가들의 의견이 엇갈린다.

이 대화는 리비우스의 선배 역사가 클라우디우스 콰드리가리우스 Claudius Quadrigarius의 기록이라고 하는데, 리비우스는 《로마사》 35권 14장에서 그대로 인용했다(콰드리가리우스는 도덕적이고 수사적인 역사 기술 방법을 강조하여 리비우스에게 깊은 영향을 미친 로마 역사가다). 이 일화는 기원후 2세기의 알렉산드리아 역사가인 아피아노스 Appianos의 《로마이카 Romaica》에서도 언급된다. 그러나 리비우스를 상당히 보완해 주는 폴리비오스의 《역사》에서는 언급되지 않는다. 그래서 두 장군의 만남은 후대의 첨가이거나 허구일 가능성이 있다. 두 사람 사이의 만남이 없었을 거라고 보는 근거는 리비우스 《로마사》 37권 45장에 있다. 여기서 스키피오가 안티오코스 왕과 강화 조건을 이야기하면서 한니발의 신병을 로마로 넘겨달라고 요구하는 대목이 나온다. 이처럼 한니발을 로마로 강제 압송하려는 스키피오가 한니발을 직접 만나서 그런 한담을 나누었으리라고 보기는 어렵다는 것이다. 아무튼 이 고사는 한니발의 군사적 천재를 증언하는 자료로 널리 인용된다.

폴리비오스는 《역사》 9권 22~24장에 걸쳐서 한니발의 나쁜 성격 두 가지를 논한다. 하나는 과도한 잔인함이고, 다른 하나는 엄청난 탐욕이다. 그러나 잔인함의 평판은 측근을 잘못 둔 것과 이탈리아 현지 상황 때문이라고, 폴리비오스는 한니발을 다소 옹호하듯이 보충 설명한다. 돈을 밝히는 탐욕은 카르타고인의 상인 기질에서 비롯되었다. 그들은 무역상의 후예이므로 원래 돈을 좋아했다. 사실 한니발 전쟁이 전개되는 동안에도 카르타고 본국의 보수파는 어서 전쟁을 끝내고 상업 국가의 본분으로 돌아가야 한다며 끊임없이 한니발을 흔들어댔다. 한니발은 이탈리아 내부에서 자력으로 용병 부대를 유지하려면 늘 돈이 필요했다. 폴리비오스는 자신의 시대까지 살아 있었던 누미디아의 왕 마시니사(스키피오에게 우수한 기병대를 제공하여 자마 전투의 승리에 기여했고 92세까지 장수한 현지 왕)로부터 한니발이 돈을 좋아한다는 사실을 직접 들었다고 기록한다.

선배 폴리비오스의 자료를 적극적으로 활용한 리비우스는 기회 있을 때마다 한니발의 나쁜 성격을 강조한다. 가령 칸나이에서의 대승 이후 한니발은 승전 사령관답지 못하게 전쟁에 이기려 하지 않고 돈을 밝혔다고 기술했고, 현지의 배신자 처리에서도 한니발이 그의 가족을 산 채로 불태우는 등 불필요하게 잔인한 행동을 한 것도 그의 돈을 빼앗으려는 동기에서 나왔다고 말했다. 한니발이 칸나이 대전 이후 더 큰 승리에 목말라 있었던 것도 장군다운 명예욕보다는 그런 탐욕스러움의 소치라고 지적한다. 리비우스는 알렉산드로스 대왕이 설사 페르시아 정벌에 나서지 않고 서쪽으로 방향을 돌려 이탈리아 정복에 나섰더라도 로마 장군들을 이기지 못했을 것이라며 로마 장군들을 과대평가하기 좋아한 역사가였으므로, 이런 관점이 한니발 평가에 고스란히 반영되어 있다.

그러나 이 책의 지은이 프리먼은 그런 편견이 들어간 대목은 모두 배제하고 오로지 한니발이 이탈리아 내에서 전투를 치를 때의 객관적 상황과 사실적 내용만을 제시하여 독자들이 한니발의 객관적 모습을 파악할 수 있게 했다. 지은이는 한니발의 생애 후반에 대해, 그가 이탈리아에 머물던 15년 동안 본국의 증원군 없이 자력으로만 로마 군단을 상대로 버텨냈다는 사실, 이것 하나만으로도 위대한 장군이라고 암시한다. 사실 한니발 전쟁은 미국의 독립 전쟁과 비견할 수 있다. 18세기 미국 독립 전쟁 당시, 세계 최강국인 영국이 신생 국가 미국에게 패배한 건, 두 나라 사이의 거리가 4800여 킬로미터 떨어져 보충병과 물자 조달이 여의치 않은 상황에서 거의 무한정에 가까운 자원을 지닌 미국과 싸워야 했기 때문이다. 이런 사정은 한니발 전쟁에도 그대로 적용된다. 한니발도 영국처럼 원정군이 떠안아야 하는 문제점을 고스란히 안고 있었다. 이 사실을 간파한 로마의 '지연' 장군 파비우스 막시무스는 주로 게릴라전으로 한니발을 상대했다.

한니발 전쟁에서 가장 중요한 쟁점은 왜 한니발이 초창기에 연전연승할 때 파죽지세로 로마로 쳐들어가서 전쟁을 일찍 끝내지 않았는가 하는 것이다. 지은이는 이 책의 15장과 〈에필로그〉에서 이 문제를 논한다. 카르타고군의 기병대장 마하르발은 시간 낭비하지 말고 곧바로 로마로 진공하자고 한니발에게 건의했다. 그러나 한니발이 로마 공격을 주저하자 기병대장은 "사령관님은 싸워 이기는 법은 알지만, 승리를 활용하는 법은 알지 못한다"고 탄식했다고 한다. 그러나 이 얘기는 리비우스의 책에만 나올 뿐, 폴리비오스의 《역사》에는 나오지 않는다. 지은이는 두 역사가가 상이할 때에는 폴리비오스를 따르는 편이 더 좋다는 취지로 말했다. 이런 점을 감안할 때, 마하르발 관련 기술은 로마인 저술가들이 한니발 전쟁 이후 카르타고인들에게 품었던 경멸을 드러내려고 지어낸 이야기가 아닐까 하는 의문이 든다.

그렇다면 왜 한니발은 로마로 곧바로 쳐들어가지 않았을까? 고대의 전쟁에서 어떤 도시를 빼앗는 방법은 두 가지였다. 하나는 전면적 공격을 감행하여 함락시키는 것이고, 다른 하나는 그 도시를 포위하여 서서히 목을 졸라 항복을 받아내는 방법이다. 한니발이 로마 공성전을 결심한다면 로마군보다 훨씬 더 많은 병력이 필요하고 수시로 병력을 보충할 수 있어야 하는데, 한니발로서는 그것이 여의치 않았다. 게다가 공성전에서는 한니발의 주특기인 매복이나 유인이나 심리전 등이 원천적으로 불가능하다. 군사 작전의 천재인 한니발이 이런 단점들을 소홀히 넘겼을 리가 없다. 그래서 한니발은 이탈리아 전역의 도시들을 수중에 넣은 다음, 서서히 로마를 옥죄는 방식을 선택했다. 그의 목표는 이제 로마라는 도시 하나를 함락시키는 것이 아니라 이탈리아 전역에서 동맹을 확보하여 로마라는 나라를 굴복시키려는 것이었다. 그러자면 이탈리아 내 많은 로마 우방국, 즉 라틴 동맹을 로마로부터 이탈시키고 해방시켜야 했다. 또한 한니발은 자신이 이탈리아 내에서 도시들을 차례로 함락시키는 작전을 펴는 동안에 카르타고 본국에서는 스페인에서 로마인을 몰아내고 사르데냐를 다시 차지하고, 이어 시칠리아까지 전쟁 무대를 확대하여 로마를 완전히 포위하는 양면 작전을 펴주기를 바랐다. 그러나 이 양동 작전은 한니발에게는 불운하게도 성사되지 못했다.

한편 한니발이 로마 공화국의 적응성과 유연성을 예측하지 못한 것은 큰 패착이었다. 로마는 칸나이 전투의 대패 이후 파비우스 막시무스의 지연 작전이 성공하여 힘들게 명맥을 유지하면서 비로소 반격의 기회를 잡을 수 있었다. 한니발을 피하는 파비우스는《삼국지》에서 제갈공명을 피해 다니는 사마중달을 연상시킨다. 사마중달은 공명을 가리켜 식소사번食少事煩하니 얼마 가지 못할 것이라고 했는데 과연 그대로 되었다. 이와 비슷하게 파비우스의 전략은 장기적인 소모전을 펼쳐서 상대를 지쳐 나가떨어지게 하는 것이었는데, 결과적으로 전쟁 중반기에 로마에 아주 유리한 상황을 조성할 수 있는 전략이었다. 그 후 젊은 장군 스키피오가 아예 북아프리카의 카르타고 본거지를 침공하여 한니발의 군대를 이탈리아에서 북아프리카로 철수시키겠다고 제안하자, 지연 장군 파비우스는 이 계획에 반대했다. 하지만 로마 공화국은 파비우스의 방식을 물리치고 스키피오의 제안을 받아들여 카르타고를 상대로 승리를 거둘 수 있었다. 로마는 국가의 상황에 따라 지연 작전이 필요한 때에는 파비우스를, 그리고 과감한 침공 작전이 필요한 때에는 스키피오를 내세웠는데, 이렇게 할 수 있었던 것은 공화국 시민들의 다양성을 통해 다양한 상황에 군주정보다 더 쉽게 대처할 수 있었던 덕분이다. 만약 로마가 한니발이 침공했을 때 군주정이었다면 전쟁은 카르타고의 승리로 끝났을지도 모른다.

이처럼 한니발과 로마를 둘러싼 이런 여러 가지 문제를 이 책은 흥미진진하게 기술한다. 예부터 문장의 기본은, 자세하지만 장황하지 않고 간결하지만 남루하지 않은 것을 최고로 쳐왔는데, 프리먼의 문장은 그런 기본에 충실하여 읽을수록 호소력이 짙어진다. 기존에 리비우스와 폴리비오스를 읽은 독자들은 프리먼의 이 책으로 기억을 되살릴 수 있을 것이고, 일반 교양인 독자가 리비우스, 폴리비오스, 프리먼, 이렇게 세 가지 책 중에 하나만 읽을 거라면 객관적이고 중립적인 이 책을 권하고 싶다.

이종인

참고문헌

고대

한니발은 소크라테스와 알렉산드로스 대왕처럼 오랜 세월이 지난 후에도 인류에게 전해질 그런 문서 기록을 남겨놓은 것이 없다. 따라서 우리는 그의 삶에 관한 정보를 주로 고대 역사가의 증언에 의지하여 파악해야 한다. 물론 고고학과 묘비나 석비의 명문도 유용한 통찰력을 많이 제공한다. 불행하게도 한니발에 관해 전해지는 얼마 안 되는 문헌은 거의 모두 로마인이 작성한 것이거나 아니면 친로마적인 것이다. 물론 그런 로마 편향적 기록 중 일부는 고대 카르타고 저술에서 가져온 것도 있다. 가령 한니발이 이탈리아에서 벌이는 전쟁에 동행하여 그 전쟁에 관한 글을 일곱 권 작성한 한니발의 스파르타인 가정교사 소실로스의 기록을 그들이 참고했을 것이다. 하지만 소실로스의 기록은 후대에 전해지지 않았다.

한니발에 관해 가장 중요한 저자는 폴리비오스와 리비우스인데, 그들의 저술을 훌륭하게 번역한 책들이 많다. 여기엔 그리스어/영어, 그리고 라틴어/영어 본문을 실은 '로브 고전 총서Loeb Classical Library'도 포함된다.

폴리비오스(기원전 200?~118): 폴리비오스는 한니발의 삶과 로마와 카르타고가 벌인 전쟁과 관련해 가장 훌륭하고 자세한 사료를 제시한다. 펠로폰네소스 도시 메갈로폴리스 출신의 그리스인 폴리비오스는 정치적 인질로 이탈리아에 잡혀 온 청년이었는데, 다행히 스키피오 아이밀리아누스(소 스키피오, 스키피오 아프리카누스의 양손자)와 친해졌다. 훗날 알프스산맥을 따라 한니발의 경로를 추적하기 전 스키피오와 함께 스페인을 다녀오기도 했으며, 기원전 146년에 카르타고가 멸망할 때 소 스키피오와 함께 있었다. 폴리비오스는 글을 보면 명백히 로마 편향적이라 할 수 있지만, 그래도 서술에 균형이 잡혀 있어서 믿을 만한 안내자다. 실용적인 역사가인 그는 이전에 작성된 사료를 주의 깊게 살피고 활용했으며, 자신이 현장에서 관찰한 사항도 꼼꼼히 고증했다. 그리스인 동포에게 로마가 어떻게 지중해 세계에서 그런 막강한 패권을 쥐게 되었는지 설명하기 위해 작성한 그의《역사》는 1차 포에니 전쟁의 시작부터 카르타고 멸망에 이르는 시기를 다룬다. 40권의 저술에서 오로지 첫 다섯 권만 현존하지만, 여러 고대 작가와 비잔틴 작가들이《역사》의 제6권에서 40권에 이르는 부분의 여러 발췌본과 관련 정보를 전했다.

코르넬리우스 네포스(기원전 110?~24): 초기 로마 전기 작가이자 키케로의 친구. 현존하는 책《외국의 저명 지도자들에 관하여》는 여러 유명 인사들의 도덕적이고 찬양적인 전기로 구성되는데, 한니발의 삶에 관해 쓴 짧은 글도 들어 있다. 이 책은 유일하게 현존하는 한니발 전기다. 네포스는 그보다 더 이른 시기의 많은 사료와 친숙했지만, 증거를 활용하는 데 다소 부주의했을 수도 있다.

시칠리아의 디오도로스(기원전 1세기): 신화 시기부터 기원전 60년까지 지중해 세상에 관한 40권의 역사서를 남긴 그리스 역사가. 그의 작품 대다수가 사라졌지만 포에니 전쟁 이전 시칠리아에서 로마와 카르타고 간 충돌에 관하여 때때로 중요하고 믿을 만한 사료를 제공한다.

리비우스(기원전 59~기원후 17): 이탈리아 북동부 파타비움(파두아) 태생의 로마 역사가. 도시 설립(ab urbe condita)부터 기원후 1세기 초 아우구스투스 통치기까지 이어지는 142권의 로마 역사를 작성했다. 1권부터 10권까지(기원전 293년까지) 후대에 전해졌고, 2차 포에니 전쟁과 그 여파를 다루는 21권부터 45권까지도 현존한다. 리비우스는 선조의 미덕을 모방하여 다시 국가의 탁월함을 회복하자는 뜻을 로마인에게 불어넣길 무엇보다 바랐던 설교조의 역사였다. 직접 체험하고 답사하여 기록하려는 폴리비오스와 비교하면 리비우스는 남들의 저술에만 의존하려는 성향이 훨씬 강했으며, 실제로 광대한 사료를 활용하여 로마사를 집필했다. 이런 약점이 있기는 하지만 한니발에 관해 그가 전하는 내용은 무척 소중한 자료다. 그러나 너무 노골적으로 카르타고에 적대적인 편견을 드러내므로 그의 역사서는 경계하면서 읽어야 한다.

스트라보(기원전 1세기 후반~기원후 1세기 초반): 아우구스투스 통치기의 그리스 지리학자이자 역사가. 그의 저술엔 한니발과 카르타고에 관한 간략한 기록이 있다.

발레리우스 막시무스(기원후 1세기 초반): 기원후 1세기 티베리우스 통치기의 군소 작가. 이전 시기 여러 사료에서 가져온, 한니발에 관한 몇 가지 유용한 정보를 제공한다.

플루타르코스(기원후 50?~120): 고대 그리스 전기 작가 중 가장 훌륭한 저술가. 플루타르코스는 주요 그리스인과 로마인의 삶을 다룬 저서 중에 최고이자 가장 널리 읽히는 작품을 집필했다. 한니발 전기를 쓰지는 않았지만, 한니발의 삶과 직접적으로 관련 있는 파비우스 막시무스 같은 인물들의 삶을 탐구했다. 플루타르코스는 세심한 작가로, 한니발과 카르타고에 관한 훌륭한 사료를 제공한다.

프론티누스(기원후 1세기): 평이한 어조로 글을 쓴 로마의 군사 지휘관.《전략》이라는 안내서를 집필했다. 이 책에서 한니발을 비롯해 과거 군사 지도자들을 논평했다.

아피아노스(기원후 2세기): 알렉산드리아 태생의 그리스 역사가. 로마로 이주하여 폴리비오스처럼 그리스 독자를 위해 로마의 놀라운 역사를 기록했다. 기원전 1세기에 발발한 여러 로마 내전에 관한 저술로 가장 잘 알려졌지만, 그 이전에 집필한 역사서는 한니발과 로마의 충돌을 주로 다루었다. 아피아노스의 사료 선택은 세심하고, 한니발 전쟁에 대한 그의 설명은 유익하다.

폴리아이누스(기원후 2세기 무렵): 마케도니아의 저술가. 군사 전략을 다룬 여덟 권짜리 책을 집필했다. 한니발이 성공을 거둔 여러 전투를 다룬 소수의 책이다.

카시우스 디오(기원후 164?~229): 아프리카 총독으로 지내기도 했던 로마 원로원 의원이자 역사가. 로마사 80권을 집필했는데, 한니발을 포함한 로마의 여러 적을 공평하게 다루려 했다.

유스티누스(기원후 2~4세기): 카르타고 초기 역사를 집필한 폼포니우스 트로구스(기원전 1세기)의 《필리포스의 역사》는 사라졌지만, 이중 일부를 보존한 후기 로마 작가.

암미아누스 마르켈리누스(기원후 330?~395): 로마 군사 지휘관이자 위대한 로마 역사가들의 막내. 한니발을 다룬 이전 시대 작가들의 저술에서 유용한 정보 일부를 후대를 위해 보존했다.

현대

지난 몇 년간 한니발의 삶과 그가 살았던 세상을 밝히는 뛰어난 책이 많이 나왔다. 최근 카르타고인에 관한 연구가 많이 늘어나는 건 특히 환영할 만한 일인데, 이 주제가 로마인에게 편향적인 고대 그리스·로마 역사가들에 의해 주로 묵살되었기 때문이다.

한니발이 태어난 도시의 전반적 역사를 다룬, 가장 훌륭하고 읽기 쉬운 책은 리처드 마일스Richard Miles의 《카르타고는 반드시 파멸해야 한다: 고대 문명의 흥망Carthage Must Be Destroyed: The Rise and Fall of an Ancient Civilization》이다. 또한 중요한 책은 덱스터 호요스Dexter Hoyos의 《카르타고인The Carthaginians》, 그리고 조지핀 퀸Josephine Quinn의 《페니키아인을 찾아서In Search of The Phoenicians》이다. 이보다 오래되었지만 여전히 무척 유용한 책은 서지 랜슬Serge Lancel의 《카르타고의 역사Carthage: A History》인데, 어떤 독자가 읽어도 시간을 들일 가치가 충분하고, 특히 물질적 문화의 여러 양상을 자세히 다루었다. 마지막으로, 최근 카르타고인과 그들의 삶에 관해 여러 우수한 학자들이 쓴 에세이를 모은 책이 있다. 캐럴라이나 로페스루이스Carolina López-Ruiz와 브라이언 R. 도크Brian R. Doak가 편집한 《지중해 세력인 페니키아와 카르타고에 관한 옥스퍼드 안내서The Oxford Handbook of the Phoenician and Punic Mediterranean》가 그것이다. 이 책은 페니키아인의 탐험과 카르타고 지배하의 스페인부터 카르타고의 종교, 영아 희생 제의에 이르기까지 여러 주제를 다룬 최신 연구서다.

지중해 쪽 로마에 관한 연구서라면 케임브리지대학의 메리 비어드Mary Beard가 무척 읽기 쉽게 쓴 책 《SPQR: 고대 로마사SPQR: A History of Ancient Rome》가 있다.● 나는 이 책 이상으로 한니발의 철천지원수의 흥망을 잘 다룬 책을 알지 못한다. 2차 포에니 전쟁은 로버트 L. 오코넬Robert L. O'Connell이 쓴 《칸나이의 유령: 한니발과 로마 공화국의 가장 암울했던 시기The Ghosts of Cannae: Hannibal and the Darkest Hour of the Roman Republic》에서 가장 매력적으로 서술되었다. 이브 맥도널드Eve MacDonald 는 《한니발: 그 생애와 전설Hannibal: The Life and Legend》에서 카르타고 지휘관의 삶을 훌륭하게 논의했다. 패트릭 N. 헌트Patrick N. Hunt의 《한니발》도 마찬가지로 훌

● 한국어판 제목은 《로마는 왜 위대해졌는가》.

류한 전기인데, 특히 알프스산맥을 따라 한니발이 지나간 행군로에 관해 매우 유용한 정보를 제공한다. 에이드리언 골스위시Adrian Goldsworthy는 여러 저술에서 로마군과 카르타고군에 관해 논의했는데, 특히 《칸나이: 한니발의 가장 위대한 승리와 포에니 전쟁Cannae: Hannibal's Greatest Victory and The Punic Wars》은 군사 분야의 열광적인 애호가라면 반드시 읽어야 할 책이다. 또한 배리 스트라우스Barry Strauss가 쓴 《명장들: 알렉산드로스, 한니발, 카이사르, 그리고 리더십의 천재Masters of Command: Alexander, Hannibal, Caesar, and the Genius of Leadership》를 추천한다. 이 책은 고대 세계의 가장 위대한 세 장군으로부터 현대적인 교훈을 이끌어낸다.

Aubet, Maria Eugenia. *The Phoenicians and the West: Politics, Colonies, and Trade*. Cambridge: Cambridge University Press, 2001.

Badischen Landesmuseum Karlsruhe. *Hannibal ad portas: Macht und Reichtum Karthagos*. Theiss: Stuttgart, 2004.

Beard, Mary. *SPQR: A History of Ancient Rome*. New York: WW Norton, 2015.

Cunliffe, Barry. *The Ancient Celts*. New York: Penguin, 1997.

Fantar, M'hamed Hassine. *Carthage: La cité punique*. Paris: Editions CNRS, 1995.

Freeman, Philip. *Alexander the Great*. New York: Simon & Schuster, 2011.

Fronda, Michael P. *Between Rome and Carthage: Southern Italy during the Second Punic War*. Cambridge: Cambridge University Press, 2014.

Gabriel, Richard A. *Hannibal: The Military Biography of Rome's Greatest Enemy*. Lincoln, Nebraska: Potomac Books, 2011.

Goldsworthy, Adrian. *The Punic Wars*. London: Cassell, 2000.

_____. *The Complete Roman Army*. London: Thames and Hudson, 2003.

_____. *Cannae: Hannibal's Greatest Victory*. New York: Basic Books, 2019.

Hoyos, Dexter. *The Carthaginians*. New York: Routledge, 2010.

_____. ed. *A Companion to the Punic Wars*. Malden, Massachusetts: Wiley/ Blackwell, 2015.

_____. *Carthage's Other Wars: Carthaginian Warfare Outside the "Punic Wars" against Rome*. Yorkshire: Pen & Sword Books, 2019.

Hunt, Patrick N. *Hannibal*. New York: Simon & Schuster, 2017.

Lancel, Serge. *Carthage: A History*. Oxford: Blackwell, 1995.

Lopez-Ruiz, Carolina. "Phoenician Literature." In *The Oxford Handbook of the Phoenician and Punic Mediterranean*, edited by Carolina Lopez-Ruiz and Brian R. Doak, 257–269. Oxford: Oxford University Press, 2019.

Lopez-Ruiz, Carolina, and Doak, Brian R., eds. *The Oxford Handbook of the Phoenician and Punic Mediterranean*. Oxford: Oxford University Press, 2019.

MacDonald, Eve. *Hannibal: The Life and Legend*. New Haven: Yale University Press, 2015.

McCarty, Matthew M. "The Tophet and Infant Sacrifice." In *The Oxford Handbook of the Phoenician and Punic Mediterranean*, edited by Carolina Lopez-Ruiz and Brian R. Doak, 311–325. Oxford: Oxford University Press, 2019.

Miles, Richard. *Carthage Must Be Destroyed: The Rise and Fall of an Ancient Civilization*. New York: Penguin, 2010.

O'Connell, Robert L. *The Ghosts of Cannae*. New York: Random House, 2011.

Quinn, Josephine Crawley. *In Search of the Phoenicians*. Princeton: Princeton University Press, 2018.

Scullard, H. H. *Scipio Africanus: Soldier and Politician*. Ithaca: Cornell University Press, 1970.

Strauss, Barry. *Masters of Command: Alexander, Hannibal, Caesar, and the Genius of Leadership*. New York: Simon & Schuster, 2012.

주

1 한니발의 맹세 이야기는 사실이든 아니든 폴리비오스(3.11)가 가장 잘 전한다. 한니발은 만년에 카르타고에서 추방되어 시리아의 안티오코스 왕에게 기탁하면서 이 이야기를 왕에게 들려주었다고 폴리비오스는 기록했다. 한니발이 이처럼 어릴 적 맹세를 왕에게 말해준 것은, 로마에 대한 자신의 영원한 적개심을 확신시키고, 공통의 적인 로마를 상대로 전쟁을 해야 한다고 설득하기 위해서였다. 리비우스는 같은 이야기를 두 번 반복했는데 약간 차이가 있다(21.1, 35.19). **2** 카르타고 건국에 대한 가장 상세한 설명은 유스티누스, 《에피토메(Epitome)》, 18.4 참조. **3** 페니키아인에 관한 종합적이고 가장 최신의 설명은 Quinn, *In Search of the Phoenicians* 참조. **4** 〈이사야〉 23:8. **5** 카르타고 초기 역사는 다음 자료가 상세히 다루었다. Lancel, *Carthage*, 1 – 109; Miles, *Carthage Must Be Destroyed*, 58 – 95; Hoyos, *The Carthaginians*, 6 – 58. **6** 히밀코의 항해에 관한 소수의 세부 사항만이 로마 작가 루피우스 페스투스 아비이누스가 쓴 《해안(Ora Maritima)》에 간략하게 드러나 있고, 그 이전엔 대 플리니우스가 짧게 언급한 바 있다(《자연사》, 2.169). 히밀코의 탐험은 《주항(周航, Periplus)》이라는 책에 기록되었는데, 카르타고의 바알 함몬 사원에서 원본 명문을 가져왔으므로 믿을 만한 기록이라고 한다. **7** 폴리비오스(3.22-23)는 이 협정 문서를 로마에서 발견하여 요약만 기록했다. 또 고대 라틴어로 쓰여 있어서 읽기가 무척 어려웠다고 언급했다. 문서는 교역 무대, 그리고 카르타고인이 로마의 영토에 정착지를 세워서는 안 된다는 내용으로 되어 있다. **8** 아리스토텔레스, 《정치학》, 2.1272b. **9** 인신 공양이 실제로 치러졌는지 여부, 그리고 정말 그랬다면 어떤 상황에서 얼마나 자주 그런 의식이 치러졌는가 하는 문제는 카르타고를 연구하는 사람들 사이에서 굉장히 논쟁적인 주제. 여러 뛰어난 학자들이 한정된 증거를 무척 다른 방식으로 해석하기 때문이다. 다음을 참고할 것. Lancel, *Carthage*,

193 – 256; Miles, *Carthage Must Be Destroyed*, 68 – 73; Hoyos, *The Carthaginians*, 100 – 105; McCarty, "The Tophet and Infant Sacrifice." **10** 카시우스 디오, 43.24. **11** 포에니 전쟁 이전 시기 군사 충돌에 관해서는 Hoyos, *The Carthaginians* 참조. **12** 디오도로스, 14.41 – 75. **13** 디오도로스, 20.14. **14** 1차 포에니 전쟁을 다룬, 가장 훌륭한 고대 저작은 폴리비오스의 책이다(1.20-63). 현대 연구서로는 다음을 추천한다. Goldsworthy, *The Punic Wars*, 65 – 140; Hoyos, *The Carthaginians*, 129 – 222. **15** 폴리비오스, 1.88, 3.10. **16** 로마 역사가 코르넬리우스 네포스(《하밀카르》, 4)는 "그는 말, 무기, 인력, 자금으로 아프리카 전역을 풍요롭게 했다"라고 기록했다. **17** 발레리우스 막시무스, 9.3. **18** 코르넬리우스 네포스, 《한니발》, 13.2. **19** 투키디데스, 《펠로폰네소스 전쟁사》, 2.45.2. **20** 리비우스, 24.41.7; 실리우스 이탈리쿠스, 《푸니카 (Punica)》, 3.97,106. **21** 리비우스, 21.4. **22** 3.15. **23** 폴리비오스, 2.13. **24** 폴리비오스, 2.36. **25** 리비우스, 21.3. 고대 인물의 연설이 늘 그렇듯이, 연설의 화자가 정말 이런 말을 했을지 의심스럽지만, 연설에서 느껴지는 감정은 사실인 듯하다. **26** 폴리비오스, 3.13; 리비우스, 21.5. **27** 폴리비오스, 3.13.6. **28** 폴리비오스, 3.14; 리비우스, 21.5. **29** 폴리비오스(3.17)는 놀라울 정도로 사군툼 공격에 대해 언급하지 않아서 이 부분의 주된 사료는 리비우스(21.7-16)를 참고했다. 리비우스는 사군툼 포위 공격을 그리스의 트로이 공격에 견줄 수 있는 드라마(혹은 멜로드라마)로 바꿔놓았다. 실리우스 이탈리쿠스는 그의 서사시 《푸니카》(1-2)에서 이 전쟁을 더 낭만적으로 묘사했다. **30** 조나라스, 8.22.2 – 3. 리비우스, 21.16과 폴리비오스, 3.20을 비교해보라. **31** 폴리비오스, 3.33.1 – 4. **32** 폴리비오스, 3.35. **33** 리비우스, 21.23.1. **34** 폴리비오스, 3.40. **35** 폴리비오스, 3.49.5; 리비우스, 21.31.4. **36** 한니발이 알프스를 넘을 때 지났을 경로를 다룬 가장 뛰어난 현대 저술은 Hunt, *Hannibal*. **37** 폴리비오스, 9.24.4 – 8. **38** 폴리비오스, 3.54. **39** 리비우스, 21.37. **40** 폴리비오스, 3.60.7-8. **41** 폴리비오스, 3.56.4; 리비우스, 21.38.5. **42** 폴리비오스, 3.63.4. **43** 폴리비오스, 3.64 – 66; 리비우스, 21.45 – 46. 리비우스는 실제로는 아들 스키피오가 아버지를 구한 게 아니라 리구리아인 노예가 구했을 수도 있다는 점을 인정한다. **44** 폴리비오스, 3.66 – 67. **45** 폴리비오스, 3.69; 리비우스, 21.48. **46** 폴리비오스, 3.68-70; 리

비우스, 21.49−51. **47** 폴리비오스, 3.71−74; 리비우스, 21.54−57. **48** 리비
우스, 21.62. **49** 폴리비오스, 3.78.1−4. **50** 폴리비오스, 3.78−79; 리비우스,
22.2. **51** 폴리비오스, 3.82−84; 리비우스, 22.5−7. **52** 폴리비오스, 3.86; 리비
우스, 22.8. **53** *Thesaurus Linguae Etruscae*, 890. **54** 폴리비오스, 3.87−88.
55 폴리비오스, 3.90−91. **56** 리비우스, 22.14.3. **57** 폴리비오스, 3.93−94; 리
비우스, 22.16. **58** 폴리비오스, 3.97. **59** 폴리비오스, 3.100; 리비우스, 22.18.
60 폴리비오스, 3.101. **61** 폴리비오스, 3.103; 플루타르코스,《파비우스》, 8. **62**
리비우스, 22.33. **63** 폴리비오스, 3.110. **64** 폴리비오스, 3.111. **65** 폴리비오스,
3.112−116; 리비우스, 22.46. **66** 리비우스, 22.49-51; 폴리비오스, 3.117. **67**
리비우스, 22.51.1−4. **68** 리비우스, 22.58. **69** 리비우스, 22.57.2−3. **70** 리비
우스, 22.59−61. **71** 리비우스, 23.11−13. **72** 리비우스, 23.1−8. **73** 리비우스,
23.14−16. **74** 리비우스, 24.34. **75** 폴리비오스, 9.5−6; 리비우스, 26.7−11.
76 리비우스, 26.18. **77** 폴리비오스, 10.7−15; 리비우스, 26.19−47. **78** 리비우
스, 27.15. **79** 리비우스, 27.36−51; 폴리비오스, 11.1. **80** 폴리비오스, 11.20−
24; 리비우스, 28.12−15. **81** 리비우스, 29.30−33. **82** 리비우스, 29.6−10. **83**
리비우스, 30.6. **84** 리비우스, 30.12−15. **85** 폴리비오스, 15.5−8; 리비우스,
30.30. **86** 폴리비오스, 15.9−15. **87** 폴리비오스, 15.18; 리비우스, 30.37. **88**
코르넬리우스 네포스,《한니발》, 7.5. **89** 발레리우스 막시무스, 5.3.2b. **90** 코르
넬리우스 네포스,《한니발》, 1.

한니발

로마의 가장 위대한 적수

1판 1쇄 2022년 10월 17일

지은이 | 필립 프리먼
옮긴이 | 이종인

펴낸이 | 류종필
편집 | 이은진, 이정우
마케팅 | 이건호
경영지원 | 김유리
표지 디자인 | 석운디자인
본문 디자인 | 이미연
교정교열 | 문해순

펴낸곳 | (주) 도서출판 책과함께
　　　 주소 (04022) 서울시 마포구 동교로 70 소와소빌딩 2층
　　　 전화 (02) 335-1982
　　　 팩스 (02) 335-1316
　　　 전자우편 prpub@daum.net
　　　 블로그 blog.naver.com/prpub
　　　 등록 2003년 4월 3일 제2003-000392호

ISBN 979-11-91432-84-8 03990